W0179979

Kindler
Taschenbücher

Geist und Psyche

Karen Horney
Neue Wege in der
Psychoanalyse

Kindler
Taschenbücher

Aus dem Amerikanischen übertragen von Heinz Neumann.
Die Originalausgabe erschien im Verlag W. W. Norton Comp., New York,
unter dem Titel NEW WAYS IN PSYCHOANALYSIS.

Kindler Verlag GmbH, München
Ungekürzte Ausgabe
Lizenzausgabe mit Genehmigung
des Verlages W. W. Norton & Comp., New York
Redaktion: Wolf Keienburg
Korrekturen: M. Flach
Gesamtherstellung: Friedrich Pustet, Regensburg
Printed in Germany
ISBN 3 463 18090 1

INHALT

Einleitung

Meine Absicht, eine kritische Neuwertung der psychoanalytischen Theorien zu vollziehen, hat ihren Ursprung in der Unzufriedenheit mit den therapeutischen Erfolgen. Ich fand, daß nahezu jeder Patient uns vor Probleme stellte, für die unser bisheriges psychoanalytisches Wissen keine Lösung bot und die daher ungelöst blieben.

Wie wohl die meisten Analytiker, schrieb ich zuerst die daraus entstandene Unsicherheit meinem eigenen Mangel an Erfahrung, an Verständnis oder genügender Klarheit zu. Ich erinnere mich, erfahrenere Kollegen mit allerlei Fragen geplagt zu haben, so etwa, was Freud oder sie selbst unter dem »Ich« verstünden, warum sadistische Triebe mit der »analen Libido« in Verbindung gebracht und warum so viele verschiedene Charakterzüge als Ausdruck einer latenten Homosexualität betrachtet würden – Fragen, auf die ich jedoch keine befriedigende Antwort erhielt.

Ich hatte meine ersten akuten Zweifel an der Gültigkeit psychoanalytischer Theorien, als ich Freuds Auffassung über die weibliche Psychologie kennenlernte, Zweifel, die dann bestärkt wurden durch seine Theorie vom Todestrieb. Aber es dauerte mehrere Jahre, bis ich die psychoanalytischen Lehren kritisch zu durchdenken begann.

Wie man in diesem Buch sehen wird, ist das theoretische System, das Freud allmählich entwickelt hat, so konsequent durchgeführt, daß es, wenn man sich einmal darin verstrickt hat, schwer ist, irgendwelche Beobachtungen zu machen, die nicht von seinem Denken beeinflußt sind. Nur dadurch, daß man die strittigen Voraussetzungen erkennt, auf denen dieses System errichtet ist, erhält man ein klareres Bild der in den einzelnen Theorien enthaltenen Fehlerquellen. In aller Aufrichtigkeit darf ich sagen, daß ich mich zu der in diesem Buch enthaltenen Kritik deswegen für berechtigt halte, weil ich die Freudschen Theorien über 15 Jahre hindurch beständig angewandt habe.

Der Widerstand, den viele Psychiater und auch Laien der orthodoxen Psychoanalyse entgegenbringen, ist nicht nur, wie man annimmt, gefühlsmäßiger Art, sondern entspringt auch dem strittigen Charakter mancher Theorien. Die völlige Ablehnung der Psychoanalyse, zu der diese Kritiker oft ihre Zuflucht nehmen, ist bedauerlich, weil sie dabei das Kind mit dem Bade ausschütten und übersehen, was die Psychoanalyse an Wesentlichem zu bieten hat. Mir erging es so, daß sich mir, je mehr ich mich gegen eine Reihe psychoanalytischer Theorien kritisch verhielt, um so mehr der konstruktive Wert der Grundeinsichten Freuds erschloß und neue Wege für das Verständnis psychologischer Probleme eröffneten.

So ist der Zweck dieses Buches nicht, zu zeigen, was an der Psychoanalyse falsch ist, sondern ihr im Gegenteil durch Ausscheiden ihrer strittigen Elemente zu voller Entfaltung der in ihr liegenden Möglichkeiten zu verhelfen. Nach meinen theoretischen Überlegungen und praktischen Erfahrungen glaube ich, daß der Umfang der lösbaren Probleme sich beträchtlich vergrößert, wenn wir uns von gewissen historisch bestimmten theoretischen Voraussetzungen losmachen und die auf dieser Grundlage entstandenen Theorien fallenlassen.

Meine Überzeugung ist, kurz gesagt, daß die Psychoanalyse über die Grenzen hinauswachsen sollte, die ihr dadurch gesetzt sind, daß sie eine Psychologie der Triebe und eine genetische Psychologie ist. Was letzteres anlangt, so betrachtet Freud individuelle Eigenheiten des späteren Lebensalters gern als nahezu direkte Wiederholungen infantiler Triebe oder Reaktionen; daher glaubt er, daß Störungen verschwinden, wenn die ihnen zugrundeliegenden infantilen Erlebnisse geklärt werden. Wenn wir diese einseitige Betonung des Genetischen aufgeben, erkennen wir, daß die Beziehung zwischen späteren Eigentümlichkeiten und frühen Erlebnissen komplizierter ist als Freud annimmt; es gibt nicht so etwas wie eine isolierte Wiederholung isolierter Erlebnisse, sondern die Gesamtheit der infantilen Erlebnisse trägt zur Formung einer bestimmten charakterlichen Struktur bei, und aus eben dieser Struktur erwachsen spätere Schwierigkeiten. Auf diese Weise rückt die Analyse des gegenwärtigen Charaktergefüges in den Vordergrund des Interesses.

Was die triebbezogene Orientierung der Psychoanalyse betrifft: wenn gewisse Charakterzüge nicht mehr als letztes Ergebnis triebhafter, nur durch das Milieu modifizierter Kräfte erklärt werden, liegt das ganze Schwergewicht auf den charakterbildenden Lebensbedingungen, und wir müssen erneut die für die Entstehung neurotischer Konflikte verantwortlichen Faktoren der Umgebung erforschen; so werden Störungen im Bereiche der Beziehungen zum Mitmenschen zum Hauptfaktor bei der Entstehung von Neurosen. Eine vorwiegend soziologische Orientierung ersetzt dann eine mehr anatomisch-physiologische. Wenn die einseitige Betrachtung des in der Libido-Theorie enthaltenen Lust-Prinzips aufgegeben wird, gewinnt das Sicherheitsbedürfnis mehr Gewicht, und die Rolle der Angst und das von ihr erzeugte Streben nach Sicherheit erscheint in neuem Licht. Der entscheidende Faktor bei Entstehung von Neurosen ist dann weder der Ödipus-Komplex noch irgendeine Art kindlichen Lust-Strebens, sondern entscheidend sind alle jene widrigen Einflüsse, die einem Kind das Gefühl der Hilflosigkeit und Wehrlosigkeit geben und es die Welt als potentiell bedrohlich empfinden lassen. Auf Grund dieser Furcht vor möglichen Gefahren muß das Kind gewisse »neurotische Tendenzen« entwickeln, die ihm gestatten, mit einiger Sicherheit der Welt gegenüberzutreten. Narzißtische, masochistische, perfektionistische Neigungen erscheinen in diesem Licht nicht als Ausflüsse triebhafter Kräfte, sondern bedeuten in erster Linie Versuche des Individuums, Wege durch eine Wildnis voll unbekannter Gefahren zu finden. Die bei Neurosen auftretende Angst ist dann nicht der Ausdruck einer Furcht des »Ich« vor der Überwältigung durch triebhafte Kräfte oder vor der Bestrafung durch ein hypothetisches »Über-Ich«, sondern erklärt sich aus dem Versagen einer spezifischen Sicherheitsvorrichtung.

Der Einfluß, den diese grundsätzliche Veränderung des Gesichtspunktes auf die einzelnen psychoanalytischen Begriffe hat, wird in den folgenden Kapiteln erörtert werden. Es genügt, hier einige allgemeine Folgerungen aufzuzeigen:

Sexuelle Probleme werden, obwohl sie manchmal das symptomatische Bild beherrschen mögen, nicht mehr als dynamischer Mittelpunkt der Neurosen angesehen. Sexuelle Schwierigkeiten sind mehr das Ergebnis als die Ursache des neurotischen Charakters.

Moralische Probleme gewinnen andererseits an Bedeutung.

Jene Moralprobleme, mit denen der Patient sich angeblich herumschlägt (»Über-Ich«, neurotische Schuldgefühle) wichtig zu nehmen, scheint in eine Sackgasse zu führen. Das sind pseudo-moralische Probleme und sie müssen als solche aufgedeckt werden. Aber man wird auch dem Patienten helfen müssen, den echten moralischen Problemen, die in jeder Neurose stecken, ehrlich ins Gesicht zu sehen und zu ihnen Stellung zu nehmen.

Schließlich werden, wenn das »Ich« nicht mehr nur als Organ für die Betätigung oder Hemmung von Triebregungen betrachtet wird, jene menschlichen Fähigkeiten wie Willenskraft, Urteil, Entschlossenheit wieder in ihren Wert eingesetzt. Das von Freud beschriebene »Ich« erscheint dann nicht als universales, sondern als neurotisches Phänomen. Die Verbiegung des natürlichen individuellen Ich muß dann als Hauptfaktor bei der Entstehung und Unterhaltung von Neurosen erkannt werden.

Neurosen stellen so eine besondere Art des Lebenskampfes unter schwierigen Bedingungen dar. Ihr eigentliches Wesen besteht in Störungen des Verhältnisses zwischen dem Ich und den anderen und in den auf dieser Grundlage entstehenden Konflikten.

Der Wechsel in der Betonung der bei Neurosen als entscheidend angesehenen Faktoren vergrößert die Aufgaben psychoanalytischer Therapie beträchtlich. Das Ziel der Therapie ist dann nicht, dem Patienten zu helfen, seiner Triebe Herr zu werden, sondern seine Angst in solchem Maße zu verringern, daß er sich von seinen »neurotischen Neigungen« frei machen kann. Über diese Absicht hinaus wird ein gänzlich neues therapeutisches Ziel sichtbar, nämlich den Menschen wieder zu sich selbst zurückzuführen, ihm seine Natürlichkeit wiederzugewinnen und seinen eigenen Schwerpunkt in sich selbst zu finden helfen.

Man sagt, der Schriftsteller profitiere durch das Schreiben eines Buches selbst am meisten. Ich weiß, daß mir die Abfassung dieses Buches sehr von Nutzen war. Die Notwendigkeit, Gedanken zu formulieren, hat mir bedeutend geholfen, sie zu klären. Ob andere davon profitieren werden, weiß niemand im voraus. Ich glaube, es wird viele Analytiker und Psychiater geben, die meine eigenen Ungewißheiten hinsichtlich der

Gültigkeit vieler theoretischer Sätze erlebt haben. Ich erwarte nicht, daß sie meine Formulierungen durchweg akzeptieren, denn diese sind weder vollständig noch endgültig. Sie sind auch nicht als Beginn einer neuen psychoanalytischen »Schule« gedacht. Jedoch hoffe ich, sie klar genug dargestellt zu haben, daß andere ihre Gültigkeit selbst zu prüfen imstande sind. Und ich hoffe auch, daß diejenigen, die ernsthaft an einer Anwendung der Psychoanalyse in der Erziehung, der Sozialarbeit und der Anthropologie interessiert sind, manche Hilfe bei der Klärung der ihnen begegnenden Probleme erfahren werden. Schließlich hoffe ich, daß jene Laien wie auch Psychiater, die gern die Psychoanalyse als eine Konstruktion aus überraschenden aber unerwiesenen Thesen abgelehnt haben, aus dieser Untersuchung ein anderes Verhältnis zur Psychoanalyse gewinnen, sie als eine Wissenschaft von Ursache und Wirkung und als ein feines Werkzeug von einzigartigem Wert erkennen, das uns hilft, uns selbst und die Menschen um uns zu verstehen.

Während der Zeit meiner dunkel empfundenen Zweifel an der Gültigkeit psychoanalytischer Theorien ermutigten und spornten mich zwei Kollegen an, Harald Schultz-Henke und Wilhelm Reich. Schultz-Henke stellte den Heilwert von Kindheitserinnerungen in Frage und betonte die Notwendigkeit, vor allem die akute Konfliktlage zu analysieren. Reich, der zwar zu jener Zeit ganz von der Problematik der Libido-Theorie in Anspruch genommen war, wies auf die Notwendigkeit hin, zuerst die defensiven Charakterzüge, die der Neurotiker entwickelt hat, zu untersuchen.

Andere Einflüsse auf die Entwicklung meiner kritischen Haltung waren mehr allgemeiner Natur. Eine Erläuterung gewisser philosophischer Begriffe, die mir von Max Horkheimer zuging, half mir, die geistigen Voraussetzungen von Freuds Denken zu erkennen. Die größere Freiheit von Dogmatismen, die ich in Amerika fand, enthob mich der Verpflichtung, psychoanalytische Theorien für unantastbar zu halten und gab mir den Mut, die von mir als richtig erkannten Gedankengänge zu verfolgen. Die Bekanntschaft mit einer Kultur, die vielfach so andersartig ist als die europäische, verhalf mir zu der Einsicht, daß viele neurotische Konflikte letzten Endes von kulturellen Bedingungen bestimmt sind. In dieser Hinsicht ist mein Wissen durch die Bekanntschaft mit dem Werk Erich Fromms erweitert worden, der in einer Reihe von Abhandlungen und Vorlesungen den Mangel einer kulturpsychologischen Orientierung in Freuds Werken kritisiert hat. Er hat mir auch neue Perspektiven auf viele Probleme der Individual-Psychologie eröffnet, so etwa auf die zentrale Bedeutung, die der Verlust des Ich für die Neurosen zur Folge hat. Ich bedauere, daß zu der Zeit, da ich dieses Buch schrieb, seine systematische Darstellung der Rolle der sozialen Faktoren in der Psychologie noch nicht veröffentlicht war und daß ich ihn daher in vielen Fällen nicht zitieren konnte, wo ich es gern getan hätte.

I.

Grundlagen der Psychoanalyse

Die Meinungen sind darüber geteilt, worin eigentlich die Hauptprinzipien der Freudschen Psychologie bestehen. Ist es der Versuch, die Psychologie zu einer Naturwissenschaft zu machen, der Versuch, unser Fühlen und Wollen letzten Endes auf »triebhafte« Quellen zurückzuführen? Ist es die Ausweitung des Begriffes der Sexualität, die so große moralische Entrüstung hervorgerufen hat? Ist es der Glaube an die allgemeine Bedeutung des Ödipus-Komplexes? Ist es die Annahme, daß eine Persönlichkeit sich in ein »Es«, ein »Ich« und ein »Über-Ich« aufteilen läßt? Ist es die Theorie, daß sich Erlebnisse aus frühester Kindheit zwangsmäßig im Leben wiederholen, und die Hoffnung, durch eine Wiedererweckung solcher Erlebnisse eine Heilung erzielen zu können?

Zweifellos sind das alles wichtige Bestandteile der Freudschen Psychologie. Aber es hängt von der subjektiven Bewertung ab, ob man ihnen eine zentrale Stellung in dem Gesamtsystem zuerkennt oder sie mehr als theoretische Randergebnisse betrachtet. Wie später gezeigt wird, sind alle diese Theorien anfechtbar und müssen mehr als historischer Ballast der Psychoanalyse angesehen werden denn als ihr wesentlicher Gehalt.

Welches aber sind nun die konstruktiven und – wenn ich die weitere Entwicklung vorauszusagen wage – die unvergänglichen Werte, die Freud der Psychologie und Psychiatrie geschenkt hat? Um eine allgemeine Feststellung vorwegzunehmen: Auf dem Gebiet der Psychologie und Psychotherapie ist seit Freuds grundlegenden Entdeckungen nichts von Bedeutung geschaffen worden, was in seiner Denkrichtung nicht von ihnen beeinflußt gewesen wäre; wo man sie außer acht ließ, verminderte sich der Wert der neuen Erkenntnisse.

Eine der Schwierigkeiten, die grundsätzlichen Ideen Freuds darzustellen, besteht darin, daß sie häufig an anfechtbare Doktrinen gebunden sind. Um ihren wesentlichen Gehalt zu erfassen, ist es notwendig, sie von gewissen theoretischen Einkleidungen zu befreien. Was daher wie eine Populärdarstellung aussehen mag, ist der absichtliche Versuch, die elementaren Grundsätze zu verdeutlichen.

Die Freudschen Lehren, daß psychische Prozesse streng determiniert sind, daß Handlungen und Gefühle durch unbewußte Motive bestimmt sein können und daß die uns antreibenden Kräfte emotioneller Art sind, halte ich für die grundlegendsten und bedeutendsten seiner Entdeckungen. Da diese Lehren in engem Zusammenhang miteinander stehen, kann man mehr oder weniger willkürlich mit einer von ihnen beginnen. Es scheint mir jedoch, daß die Lehre von den unbewußten Motivationen, wenn man sie ernst nimmt, es verdient, zuerst genannt zu werden. Sie gehört zu jenen Konzeptionen, die allgemein anerkannt sind, die aber in ihrer vollen Bedeutung oft nicht ganz verstanden werden. Vielleicht ist sie auch für den schwer zu begreifen, der nicht an sich selbst schon Einstellungen und Wünsche entdeckt hat, deren Macht ihm unbekannt war.

Von Kritikern der Psychoanalyse wird behauptet, daß wir in Wahrheit niemals Dinge zu Tage bringen, die dem Patienten gänzlich unbewußt waren, daß er ihre Existenz empfunden habe und sich nur nicht darüber klar war, wie wichtig sie in ihrer Wirkung auf sein Leben waren. Um diese Streitfrage zu klären, wollen wir uns erinnern, was tatsächlich geschieht, wenn eine bislang unbewußte Haltung aufgedeckt wird. Hier ein typisches Beispiel: Auf Grund der während der Analyse gemachten Beobachtungen wird einem Patienten gesagt, er scheine unter dem Zwang zu stehen, niemals irgendwelche Fehler zu machen, immer recht haben zu müssen und alles besser zu wissen als sonst jemand, wobei er alle diesbezüglichen Bemühungen hinter der Maske rationaler Skepsis verberge. Wenn der Patient einsieht, daß diese Erklärung vielleicht richtig ist, mag er sich wohl ins Gedächtnis zurückrufen, daß er beim Lesen von Kriminalgeschichten stets von der Unfehlbarkeit der Beobachtungen und Schlüsse des Meisterdetektivs gepackt war; daß er auf der Schule sehr ehrgeizig war; daß er bei Diskussionen nie gut abschneidet und leicht von der Meinung anderer beeinflußt wird, daß er aber dann stundenlang darüber grübeln kann, was er hätte sagen sollen; daß er, als er einen Fehler beim Nachsehen eines Fahrplanes gemacht hatte, nachher ernstlich darüber außer

Fassung geriet; daß er stets Hemmungen hatte, etwas zu sagen oder zu schreiben, das nicht über allen Zweifel erhaben war und daß er daher nicht so produktiv war, wie er sonst hätte sein können; daß er sich jeder Kritik gegenüber empfindlich verhält; daß er seine eigene Intelligenz oft bezweifelte; daß ihn tödliche Ermüdung überkam, als er die von einem Zauberkünstler gezeigten Tricks nicht sofort verstand.

Was war dem Patienten bewußt und was nicht? Er war sich zu Zeiten der ungeheuren Wichtigkeit dieses »Rechthabenmüssens« bewußt, aber er war sich nicht im geringsten klar über die wichtige Wirkung, die diese Einstellung auf sein Leben hatte. Er betrachtete sie als eine unbedeutende Eigentümlichkeit. Er war sich auch nicht bewußt, daß bestimmte Reaktionen und Hemmungen in gewisser Weise damit zusammenhingen; auch war ihm selbstverständlich nicht klar, warum er immer recht haben mußte. Das heißt aber, daß dem Patienten nichts von dem bewußt war, auf was es hier wesentlich ankam.

Einwendungen gegen die Lehre von den unbewußten Motivationen werden von einem viel zu formalistischen Standpunkt aus gemacht. Sich einer inneren Haltung bewußt sein, heißt nicht nur, um ihre Existenz wissen, sondern auch um ihre Kraft und ihren Einfluß, um ihre Folgen und um ihre Funktionen. Wenn dies fehlt, so bedeutet das: die Einstellung war unbewußt – selbst wenn gelegentlich ein Schimmer von Wissen das Bewußtsein erreicht hat. Der weitere Einwand, daß wir niemals wirklich unbewußte Neigungen entdecken, ist in zahlreichen Beispielen von den Tatsachen widerlegt worden. Man denke z. B. an einen Patienten mit der bewußten Einstellung, andere Menschen unterschiedslos zu lieben. Unsere Versicherung, sie gefielen ihm keineswegs, sondern er fühle sich nur zu dieser Haltung verpflichtet, kann ihm sofort einleuchten; er fühlt, daß er sich dessen stets dunkel bewußt war, es aber nicht anzuerkennen wagte. Auch unsere weitere Andeutung, sein vorwiegendes Gefühl anderen gegenüber sei Verachtung, mag ihm nicht als gänzlich neue Enthüllung vorkommen; er wußte, daß er gelegentlich Menschen verachtete, ohne jedoch ganz die Tiefe und das Ausmaß solcher Empfindungen zu ermessen. Wenn wir aber dann noch hinzufügen, daß diese Verachtung dem Bedürfnis entspringt, andere Leute herabzusetzen, so wird ihn das als ein ihm gänzlich fremder Zug überraschen.

Die Wichtigkeit von Freuds Auffassung über die unbewußten Motivationen liegt nicht in der Feststellung, daß es unbewußte Vorgänge gibt, sondern in zwei besonderen damit verbundenen Einsichten. Die eine besagt, daß Triebe, die man aus dem Bewußtsein verdrängt oder nicht zum Bewußtsein kommen läßt, dennoch weiter existieren und wirksam bleiben. Das bedeutet z. B., daß wir verstimmt oder deprimiert sein können, ohne zu wissen warum; daß wir unsere wichtigsten Entscheidungen treffen können, ohne die eigentlichen Beweggründe zu kennen; daß unsere Interessen, unsere Überzeugungen, unsere Zuneigungen von Kräften bestimmt sind, die wir nicht kennen. Die andere Erkenntnis – ihres theoretischen Beiwerks entkleidet – besagt, daß unbewußte Motive unbewußt bleiben, weil wir daran interessiert sind, ihrer nicht bewußt zu werden. In diese allgemeine Formel gepreßt, bietet diese Lehre den Schlüssel sowohl für das praktische wie für das theoretische Verständnis psychischer Phänomene. Sie bedeutet, daß der Patient sich gegen jeden Versuch, unbewußte Motive bewußt zu machen, notwendigerweise wehren muß. Das ist in bündiger Form der Begriff des »Widerstandes«, der von höchstem Wert für die Therapie ist. Unterschiedliche Auffassungen über die Beschaffenheit jener Interessen, die dem Bewußtwerden von Trieben im Wege stehen, sind demgegenüber von geringerer Bedeutung.

Erst nachdem Freud das Wesen unbewußter Vorgänge und ihre Wirkung erkannt hatte, konnte er zu einer anderen grundlegenden Überzeugung gelangen, die sich seitdem als überaus konstruktiv erwiesen hat: die Arbeitshypothese, daß psychische Vorgänge ebenso streng determiniert sind wie physikalische. Sie gestattet, psychischen Manifestationen zu Leibe zu gehen, die bis dahin als zufällig, bedeutungslos oder mysteriös angesehen wurden, wie Träume, Phantasien, Fehlleistungen im täglichen Leben. Sie begünstigte das Wagnis, Phänomene psychologisch zu verstehen, die bis dahin organischen Reizen zugeschrieben wurden; man erkannte z. B. die psychische Grundlage von Angst-Träumen, die psychischen Folgen der Masturbation, die psychische Bedingtheit der Hysterie, die psychischen Determinanten bei funktionellen

Krankheiten oder bei Überarbeitung. Sie gestattete einen aufschlußreichen Zugang zu Geschehnissen, die bis dahin äußeren Faktoren zugeschrieben worden waren und daher noch nicht einmal das Interesse der Psychologen erregt hatten: sie ermöglichte das Verständnis für psychische Faktoren bei Unfällen, bei der Bildung und Beibehaltung von Gewohnheiten, man begriff jene sich wiederholenden Lebenserfahrungen, für die man früher das Schicksal verantwortlich machte.

Die Bedeutung von Freuds Denken liegt hinsichtlich dieser Probleme nicht darin, wie er sie löste – der Wiederholungszwang z. B. bietet gewiß keineswegs eine befriedigende Lösung –, sondern sie dem Verständnis erschlossen zu haben. Jedenfalls ist die Lehre, daß psychische Prozesse determiniert sind, eine jener Voraussetzungen, ohne die wir in unserer täglichen analytischen Arbeit nicht einen Schritt weiterkämen. Ohne sie könnten wir nicht hoffen, auch nur eine einzige Reaktion des Patienten zu verstehen. Ferner ermöglicht sie uns die Erkenntnis von Lücken in unserem Verständnis für die Situation eines Patienten, sie ermöglicht Fragestellungen, die zu einem vollständigeren Begreifen führen. Wir werden z. B. finden, daß ein Patient, der übertriebene Phantasien über seine eigene Bedeutung hegt und infolgedessen auf seine Umwelt äußerst feindlich reagiert, weil diese seine Bedeutung nicht anerkennt, zuletzt die Empfindung für die Wirklichkeit verliert. Wir beobachten, daß ein derartiges Unwirklichkeitsgefühl sich während solcher feindlicher Reaktionen einstellt, und wir werden zu der vorsichtigen Annahme gelangen, daß diese Neigung zum Unwirklichen eine Flucht in die Phantasie und eine völlige Entwertung einer untragbaren Wirklichkeit darstellt. Wenn wir jedoch an die Lehre von der Determiniertheit der psychischen Prozesse denken, erkennen wir, daß irgendein spezifischer Faktor oder eine Gruppe von Faktoren zu unserem Verständnis fehlen müssen, da wir an anderen Patienten von ganz ähnlichem Charakter diesen Verlust des Wirklichkeitssinnes nicht beobachten.

Dasselbe gilt für die Bewertung quantitativer Faktoren. Führt z. B. eine unbedeutende Provozierung, etwa ein leicht ungeduldiger Ton in unserer Stimme, dazu, die Angstgefühle des Patienten beträchtlich zu vermehren, so wird dieses Mißverhältnis zwischen Ursache und Wirkung den Analytiker zu

Fragen veranlassen, wie etwa: wenn eine leichte und momentane Ungeduld solch heftige Angstzustände hervorrufen kann, dann scheint der Patient über unsere Haltung ihm gegenüber von Grund auf unsicher zu sein; was erklärt diesen Grad der Unsicherheit? Weshalb ist unsere Haltung ihm gegenüber von solch überragender Wichtigkeit? Fühlt er sich vielleicht äußerst abhängig von uns, und warum? Ist eine ebenso große Unsicherheit in all seinen Beziehungen vorhanden oder gibt es besondere Gründe, aus denen er sie in bezug auf uns übertreibt? Kurz, die Arbeitshypothese, daß psychische Prozesse eindeutig determiniert sind, führt uns entschieden weiter und ermutigt uns, tiefer in die psychologischen Zusammenhänge einzudringen.

Das dritte Grundprinzip psychoanalytischen Denkens, das teilweise in den beiden bereits erwähnten enthalten ist, hat man die dynamische Persönlichkeitsauffassung genannt. Richtiger gesagt bedeutet dies; es ist die allgemeine Voraussetzung, daß die Motive für unsere Einstellung und unser Verhalten in emotionellen Kräften liegen, und die spezifische Tatsache, daß wir, um die Struktur einer Persönlichkeit zu verstehen, Konflikte zwischen emotionellen Trieben annehmen müssen.

Was die erste Annahme anlangt, so ist es kaum nötig, auf ihren konstruktiven Wert und ihre unendliche Überlegenheit über psychologische Lehren hinzuweisen, die sich mit rationalen Motivationen, bedingten Reflexen und der Entstehung von Angewohnheiten befassen. Nach Freud sind diese Kräfte triebhafter Natur: sexuell oder destruktiv. Wenn wir jedoch von diesen theoretischen Aspekten absehen und für »Libido« emotionelle Antriebe, Impulse, Bedürfnisse oder Leidenschaften einsetzen, sehen wir den wesentlichen Kern dieser Voraussetzung und können ihren schöpferischen Wert für das Verstehen der Persönlichkeit ermessen.

Die speziellere These über die Bedeutung innerer Konflikte ist der Schlüssel zum Verständnis von Neurosen geworden. Der anfechtbare Teil dieses Befundes bezieht sich auf die Natur der betreffenden Konflikte. Für Freud bestehen Konflikte zwischen den »Trieben« und dem »Ich«. Er hat seine Trieblehre mit seiner Auffassung von den Konflikten verquickt, und diese Kombination ist heftigen Angriffen ausgesetzt worden. Auch ich halte Freuds triebbezogene Orientierung für eines der größten Hindernisse in der psychoanalytischen Entwicklung. Was sich jedoch unter dem Druck dieser Polemik vollzogen hat, ist, daß die Betonung sich von dem wesentlichen Teil der Konzeption – nämlich der zentralen Rolle der Konflikte – auf den anfechtbaren, die Trieblehre, verlagert hat. Es ist nicht zweckmäßig, hier umständlich zu erklären, warum ich dieser Auffassung fundamentale Bedeutung zuschreibe, aber es wird aus dem ganzen Buch hervorgehen, daß selbst, wenn die ganze Trieblehre fallengelassen wird, dennoch die Tatsache bestehen bleibt, daß Neurosen im wesentlichen das Ergebnis von Konflikten sind. Dies trotz theoretischer Behinderungen erkannt zu haben, ist der Beweis für Freuds Weitsicht.

Freud hat nicht nur die Bedeutung der unbewußten Vorgänge für die Charakter- und Neurosenbildung enthüllt, er hat uns auch sehr viel über die Dynamik dieser Vorgänge gelehrt. Einen Affekt oder Trieb aus dem Bewußtsein auszuschließen, das hat Freud Verdrängung genannt. Den Vorgang des Verdrängens kann man mit der Vogel-Strauß-Politik vergleichen: der verdrängte Affekt oder Trieb ist ebenso wirksam wie er vorher war, aber wir tun so, als ob er nicht existiere. Der einzige Unterschied zwischen einer Verdrängung und einer Vorspiegelung im üblichen Sinne ist, daß wir im ersteren Fall subjektiv davon überzeugt sind, wir hätten den Impuls gar nicht. Einen Trieb einfach zu verdrängen, reicht für gewöhnlich nicht dazu aus, ihn, wenn er eine gewisse Bedeutung hat, von sich fern zu halten. Zu diesem Zwecke sind andere Verteidigungsmaßnahmen notwendig, bei denen man im großen und ganzen etwa zwei Gruppen unterscheiden kann: solche, die eine Veränderung des Triebes selbst bewirken, und solche, die nur seine Richtung verändern.

Genau genommen verdient eigentlich nur die erste Gruppe von Abwehrmaßnahmen Verdrängung genannt zu werden, weil sie es zustande bringt, die Existenz eines bestimmten Affektes oder Impulses völlig dem Bewußtsein zu entziehen. Die beiden wichtigen Schutzvorrichtungen, mittels deren dieses Ergebnis zustande kommt, sind Reaktionsbildungen und Projektionen. Reaktionsbildungen können einen kompensierenden Charakter haben. Bestehende **Grausamkeit** kann kompensiert werden durch übertriebene äußere Freundlichkeit. Die Neigung, andere Menschen auszunutzen, kann, wenn sie verdrängt wird, in Überbescheidenheit umschlagen oder in eine Scheu, irgendein Verlangen zu äußern. Eine verdrängte Feindseligkeit kann von Gleichgültigkeit überdeckt werden, ein verdrängtes Zärtlichkeitsverlangen den Anschein betonter Gleichgültigkeit haben.

Dasselbe Ergebnis wird durch die Projektion eines Affektes auf andere Personen erzielt. Der Vorgang der Projektion unterscheidet sich nicht wesentlich von der Tendenz, naiverweise anzunehmen, die anderen fühlten oder reagierten in der gleichen Art wie wir selbst. Manchmal kann eine Projektion nur darin bestehen. Wenn z. B. ein Patient sich selbst wegen seiner Verstrickung in alle Arten von Konflikten verachtet, kann er nur annehmen, daß der Arzt ihn gleichfalls verachtet. Insofern ist eine Projektion keineswegs mit unbewußten Vorgängen verknüpft. Aber der Glaube, ein Trieb oder ein Gefühl sei in einer anderen Person vorhanden, kann dazu benutzt werden, seine Existenz im eigenen Inneren zu leugnen. Eine solche Verlagerung hat manche Vorteile. Wenn z. B. die Wünsche eines Ehegatten nach außerehelichen Beziehungen auf die Ehefrau projiziert werden, hat der Ehemann sein Bedürfnis nicht nur seinem Bewußtsein entzogen, sondern kann sich infolgedessen auch der Frau überlegen fühlen und sich für berechtigt halten, an ihr, in Form von Verdächtigungen und Vorwürfen, alle möglichen sonst unbegründeten feindlichen Affekte auszulassen.

Wegen aller dieser Vorteile ist diese Art der Abwehr häufig. Hinzuzufügen wäre nicht eine Kritik der Theorie, sondern nur eine Warnung, nicht alles als Projektion zu deuten, ohne dafür den Beweis zu haben, und ferner überaus sorgsam zu sein bei der Suche nach den seelischen Faktoren, die projiziert werden. Wenn z. B. ein Patient fest davon überzeugt ist, daß der Analytiker ihn nicht mag, so kann dieses Gefühl eine Projektion der Abneigung des Patienten gegen den Arzt sein, aber es kann auch eine Projektion seiner Abneigung gegen sich selbst sein. Schließlich braucht es überhaupt keine Projektion zu sein, sondern kann vor allem dem Patienten als Rechtfertigung dienen, sich mit dem Analytiker gefühlsmäßig nicht zu sehr einzulassen, falls dies die Gefahr einer zu großen Abhängigkeit für ihn bedeutet.

Die andere Gruppe von Schutzmaßnahmen läßt den Impuls selbst unverändert, ändert aber seine Richtung. Was in dieser Gruppe verdrängt wird, ist nicht der Affekt selbst, sondern sein Verhältnis zu einer bestimmten Person oder Situation. Die Gefühlsregung wird von dieser Person oder von dieser Situation in irgendeiner Form getrennt, wobei die wichtigsten Möglichkeiten folgende sind:

Zunächst kann ein auf eine bestimmte Person bezogener Affekt auf eine andere verlagert werden. Das ist ein sehr häufiger Vorgang bei Äußerungen von Ärger; der Grund ist gewöhnlich Furcht vor der betreffenden Person oder Abhängigkeit von der Person, gegen die sich wirklich der Ärger richtet; der Grund kann auch in dem unklaren Bewußtsein liegen, daß der Ärger gerade gegen diese Person nicht angebracht ist. Daher kann ein Gefühl von Ärger auf Personen verlagert werden, vor denen man keine Angst hat, wie Kinder oder Dienstboten, auf Personen, von denen man nicht abhängig ist, wie angeheiratete Verwandte oder Angestellte, oder auf Personen, denen gegenüber man seinen Ärger rechtfertigen kann, wie z. B. bei einer Verlagerung des Ärgers über den Ehegatten auf den Kellner, der betrogen hat. Auch kann jemand, der sich selbst auf die Nerven fällt, seine Reizbarkeit gegen irgend jemanden in seiner Umgebung auslassen.

Zweitens kann ein auf einen Menschen gerichteter Affekt auf Dinge, Tiere, auf Tätigkeiten und Situationen verlagert werden. Ein sprichwörtliches Beispiel ist der Ärger über eine Fliege an der Wand. Ärger kann auch von der betreffenden Person auf Gedanken oder Tätigkeiten verlagert werden, die jene Person hegt. Hier erweist der Grundsatz, daß psychische Vorgänge determiniert sind, wiederum seine Brauchbarkeit, weil die Wahl des Objektes, auf das ein Affekt verlagert wird, genau determiniert ist. Wenn z. B. eine Ehefrau glaubt, sie sei ihrem Gatten vollauf ergeben, jedoch ihren in Wahrheit gegen ihn gehegten Groll auf seine berufliche Tätigkeit verlagert, so ist sicher ihr Wunsch, den Gatten ganz zu besitzen, der für die Verlagerung ausschlaggebende Faktor.

Drittens kann ein auf eine andere Person gerichteter Affekt auf das eigene Ich gewendet werden. Das hervorragendste Beispiel dafür bieten Vorwürfe gegen andere, die in Selbstbezichtigungen umgewandelt werden. Der Wert dieser Erkenntnis liegt darin, daß Freud hier ein Problem aufgezeigt hat, das bei vielen Neurosen entscheidend ist. Das Problem ergibt sich aus der Beobachtung, daß häufig die Unfähigkeit, Kritik, Tadel oder Unwillen zu äußern, verbunden ist mit der Neigung, etwas an sich selbst auszusetzen.

Viertens kann ein auf eine bestimmte Person oder Situation bezogener Affekt völlig vage und verschwommen geäußert werden. Ein ganz bestimmter Ärger über sich selbst oder über andere kann z. B. als ein allgemein verschwommener Zustand von Gereiztheit in Erscheinung treten. Eine mit einem ganz bestimmten Dilemma verbundene Angst kann als unbestimmtes Angstgefühl ohne irgendeinen Inhalt erscheinen.

Eine andere aufschlußreiche Informationsquelle wird die Frage, wie am Bewußtwerden verhinderte Affekte zur Entladung gebracht werden können. Freud sah hier vier verschiedene Wege.

Erstens: Obgleich alle die oben erwähnten Schutzmaßnahmen dazu dienen, den Affekt oder seine tatsächliche Bedeutung und Richtung am Bewußtwerden zu hindern, gestatten sie ihm dennoch sich zu äußern, wenn auch manchmal auf Umwegen. Eine Mutter z. B., die in ihrer Beschützerrolle zu weit geht, kann eben dadurch ein beträchtliches Maß von Feindseligkeit zur Entladung bringen. Wenn Feindschaft auf einen anderen projiziert wird, so kann das Individuum seine eigene Feindseligkeit gleichsam als Antwort auf die vermutliche Feindschaft anderer abreagieren. Wenn ein Affekt lediglich verlagert wird, kann er dennoch, obgleich in der falschen Richtung, entladen werden.

Zweitens: Verdrängte Gefühle oder Triebe können auf rationaler Ebene zum Austrag gebracht werden, oder besser gesagt, wie Erich Fromm gezeigt hat, wenn man sie in gesellschaftlich anerkannten Formen äußert[1]. Die Tendenz zu besitzen oder zu herrschen kann sich in Formen der Liebe äußern; persönlicher Ehrgeiz in Form der Hingabe an eine Sa-

---

[1] *Erich Fromms* Beitrag in Studien über Autorität und Familie, herausgeg. von *Max Horkheimer* (1936).

che; die Neigung, herabzusetzen, in Form eines intelligenten Skeptizismus; feindliche Aggressivität in Form eines Wahrheitsfanatismus. Während der Vorgang der Rationalisierung in groben Zügen immer bekannt gewesen ist, hat Freud nicht nur seine Reichweite und die Subtilität seiner Anwendung aufgezeigt, sondern er hat uns auch gelehrt, ihn zur Aufdeckung unbewußter Triebe in der Therapie systematisch zu verwerten.

In dieser letzten Hinsicht ist es wichtig zu wissen, daß die Rationalisierung auch dazu benutzt wird, Verteidigungs-Positionen zu behaupten und zu rechtfertigen. Eine Unfähigkeit, jemand zu beschuldigen oder seine eigenen Interessen zu verteidigen, kann sich dem Bewußtsein als freundliche Rücksichtnahme auf die Gefühle anderer oder als Fähigkeit, andere Leute zu verstehen, darstellen. Eine Weigerung, das Vorhandensein unbewußter Kräfte in seinem Inneren zuzugeben, kann zu einem Vergehen gegen den Glauben an die Willensfreiheit rationalisiert werden. Die Unfähigkeit, das zu erlangen, was man möchte, mag als Selbstlosigkeit erscheinen, eine hypochondrische Angst als Pflicht, auf sich selbst achtzugeben.

Der Wert dieser Theorie wird nicht durch die Tatsache gemindert, daß sie in ihrer praktischen Anwendung oft mißbraucht wird. Man kann einem guten Operationsmesser nicht vorwerfen, daß damit falsche Operationen ausgeführt werden können. Man sollte sich jedoch darüber klar sein, daß man sich eines gefährlichen Werkzeuges bedient, wenn man mit der Rationalisierungstheorie arbeitet. Man sollte nicht ohne triftigen Beweis annehmen, eine vorgefundene Einstellung oder Überzeugung sei die Rationalisierung von irgend etwas anderem. Rationalisierung ist vorhanden, wenn andere Beweggründe als die bewußt angewandten die eigentlich treibenden sind. Wenn z. B. jemand eine schwierige, aber gewinnbringende Stellung nicht annimmt, weil sie ihn zu Kompromissen bezüglich seiner Überzeugung zwingen würde, kann er tatsächlich diese Überzeugungen so tief empfinden, daß ihre Verteidigung ihm wichtiger ist als finanzieller Gewinn oder Prestige. Die andere Möglichkeit aber besteht, daß der primäre Beweggrund für seine Entscheidung nicht seine Überzeugungen sind, wenn sie auch existieren, sondern die

Furcht, den Posten nicht hinreichend ausfüllen zu können, oder sich kritischen Angriffen auszusetzen. Im letzteren Falle hätte er die Stelle trotz der nötigen Kompromisse angenommen, wenn seine Besorgnisse ihm nicht im Wege gewesen wären. Natürlich sind hier alle Variationen im Gewichtsverhältnis der beiden Motive möglich. Wir können aber nur von einer Rationalisierung sprechen, wenn die Furchtmotive tatsächlich die einflußreicheren sind. Ein Hinweis auf die Möglichkeit, dem bewußten Motiv zu mißtrauen, wäre z. B. dann gegeben, wenn uns zur Kenntnis käme, daß die betreffende Person bei anderen Gelegenheiten sich ohne weiteres auf Kompromisse einließ.

Drittens: Verdrängtes Fühlen oder Denken kann in unbeabsichtigtem Benehmen zum Ausdruck kommen. Freud hat solche Äußerungen in seinen Forschungen über die Psychologie des Witzes und die Irrtümer des täglichen Lebens aufgezeigt; diese Entdeckungen sind, obwohl in manchen Einzelheiten anfechtbar, eine wichtige Quelle psychoanalytischer Einsichten geworden. Gefühle und Einstellungen können auch völlig versehentlich im Ton der Stimme und in Gesten geäußert werden, ferner darin, daß man etwas sagt oder tut, ohne seinen eigentlichen Sinn zu erfassen. Wenn man diesbezügliche Beobachtungen dem Patienten zugänglich macht, so bilden sie gleichfalls einen wertvollen Bestandteil psychoanalytischer Therapie.

Viertens können schließlich verdrängte Wünsche oder Ängste in Träumen und Phantasien wieder auftauchen. Ein verdrängter Rachetrieb kann in Träumen ausgelebt werden. Gefühle der Überlegenheit über einen anderen, denen man in seinem Bewußtsein nicht Raum zu geben wagt, können in Träumen verwirklicht werden. Diese Einsicht wird sich wahrscheinlich als noch fruchtbarer erweisen als bisher, besonders wenn wir sie dahin erweitern, daß sie nicht nur konkrete Träume und Phantasien umfaßt, sondern auch unbewußte Illusionen. Vom therapeutischen Gesichtspunkt aus ist ihre Erforschung insofern wichtig, als das, was oft als der Widerstand des Patienten gegen seine Genesung beschrieben wird, häufig nur sein Widerwille gegen die Preisgabe seiner Illusionen ist.

Da ich auf Freuds Traumtheorie nicht mehr zurückkomme, benütze ich diese Gelegenheit, zu zeigen, was ich als ihren Hauptwert betrachte. Von vielen Eigentümlichkeiten der Traumwelt abgesehen, deren Verständnis Freud uns gelehrt hat, betrachte ich als seinen wichtigsten Beitrag auf diesem Gebiet seine Arbeits-Hypothese, daß Träume der Ausdruck von Wunschbildern sind. Ein Traum gibt oft den Anhaltspunkt für bestehende Triebkräfte, wenn man seinen versteckten Inhalt erkennt und untersucht, welche Tendenz im Traum enthalten ist, und welches darunter verborgene Bedürfnis die Äußerung jener besonderen Tendenz nötig machte.

Um ein vereinfachtes Beispiel zu geben: angenommen, der wesentliche Inhalt eines Traumes sei der, daß der Patient den Analytiker als unwissend, anmaßend und häßlich darstellt. Die Auffassung, daß innere Neigungen in Träumen zum Ausdruck kommen, weist uns zunächst darauf hin, daß dieser Traum eine Tendenz zum Diffamieren (etwa einer bestimmten Ansicht) enthält und zweitens, daß wir nach dem eigentlichen Bedürfnis suchen müssen, das den Patienten dazu treibt, den Analytiker herabzusetzen. Diese Frage kann ihrerseits zu der Erkenntnis führen, daß sich der Patient durch irgendeine Äußerung des Analytikers gedemütigt fühlte oder daß er seine Überlegenheit für gefährdet hielt und sie durch die Herabsetzung des Arztes wieder geltend machen konnte. Die Erkenntnis einer solchen Folge von Reaktionen kann zu der weiteren Frage führen, ob diese Art der Reaktion typisch für den Patienten ist. Bei Neurosen besteht die wichtigste Funktion der Träume in dem Versuch, entweder eine Beruhigung seiner Angstgefühle zu finden oder eine Kompromißlösung von Konflikten, die im wirklichen Leben unlösbar sind. Wenn solch ein Versuch fehlschlägt, kann ein Angsttraum folgen.

Freuds Traumtheorie ist oft bekämpft worden. Es scheint mir jedoch, daß zwei Dinge bei solchen Polemiken oft vermengt worden sind: das Prinzip, nach welchem Interpretationen gemacht werden sollten – und die faktischen Interpretationen, zu denen man gelangt. Freud hat uns methodische Richtlinien gegeben, die notwendigerweise formaler Natur sind. Die tatsächlichen Ergebnisse, zu denen man auf Grund dieser Prinzipien gelangt, hängen völlig davon ab, welche Triebe, Reaktionen, Konflikte man bei einem Individuum für wesentlich hält. Daher kann dasselbe Prinzip die Grundlage ganz verschiedener Interpretierungen bilden, ohne daß das Prinzip durch diese Differenzen entwertet würde.

Ein anderer grundlegender Beitrag Freuds liegt darin, daß er die Natur neurotischer Angstzustände und ihre Rolle bei Neurosen dem Verständnis erschlossen hat. Da dieser Punkt später im einzelnen behandelt wird, genügt es, ihn hier nur zu erwähnen.

Aus demselben Grunde kann ich mich über Freuds Erkenntnisse hinsichtlich des Einflusses von Kindheitserlebnissen kurz fassen. Die anfechtbaren Punkte liegen hier hauptsächlich in drei Thesen: jene nämlich, daß ein ererbter Reaktionsfundus wichtiger ist als der Einfluß der Umgebung; daß die entscheidenden Erlebnisse sexueller Natur sind; und daß Erlebnisse im späteren Lebensalter zum großen Teil eine Wiederholung von Kindheitserlebnissen sind. Selbst wenn man diese anfechtbaren Punkte beiseite läßt, bleibt dennoch der Kern der Freudschen Entdeckungen: daß nämlich Charakter und Neurosen von frühen Erlebnissen in einem Ausmaß geformt werden, wie man es bisher nicht vermutet hätte. Unnötig, den revolutionierenden Einfluß aufzuzeigen, den diese Erkenntnis hatte, nicht nur auf die Psychiatrie, sondern auch auf Erziehung und Ethnologie.

Der Grund, warum zu den strittigen Ergebnissen Freuds auch die Betonung der sexuellen Erfahrungen gezählt wurde, wird später erläutert werden. Trotz aller Einwände gegen seine Überbewertung der Sexualität jedoch sollte man nicht vergessen, daß Freud den Weg bereitet hat dafür, Sexualprobleme als Tatsachen auf eine natürliche Weise zu betrachten und ihren Sinn und ihre Bedeutung zu verstehen.

Nicht weniger wichtig ist, daß Freud uns grundlegende methodische Werkzeuge für die Therapie gegeben hat. Die Hauptideen, die zur psychoanalytischen Therapie wesentlich beigetragen haben, beziehen sich auf die Begriffe der Übertragung, des Widerstandes und auf die Methode der freien Assoziation.

Der Begriff der Übertragung – abgesehen von den theoretischen Streitigkeiten darum, ob sie im wesentlichen eine Wiederholung infantilen Verhaltens ist – besagt, daß die Beobachtung, die Erkenntnis und die Erörterung der Gefühlsreaktionen des Patienten auf die psychoanalytische Situation der unmittelbarste Weg ist zum Verständnis seiner charakterlichen Struktur und der daraus erwachsenden Schwierigkeiten. Sie ist das stärkste und faktisch unentbehrliche Werkzeug des analytischen Heilverfahrens geworden. Ganz abgesehen von der Wichtigkeit für die Therapie glaube ich, daß die Zukunft der Psychoanalyse von einer sorgfältigeren und tiefergehenden Beobachtung und einem besseren Verständnis für die Reaktionen des Patienten abhängt. Diese Überzeugung gründet sich auf die Auffassung, daß der Kernpunkt aller menschlichen Psychologie darin liegt, die Vorgänge zu begreifen, die bei der Bildung menschlicher Beziehungen am Werke sind. Die enge psychoanalytische Beziehung, die eine der Formen der menschlichen Beziehungen darstellt, verschafft uns unerhörte Möglichkeiten zum Verständnis dieser Vorgänge. Daher wird ein genaueres und tieferes Verständnis dieser einen Beziehung der größte Dienst an der Psychologie sein, den die Psychoanalyse letzten Endes zu bieten hat.

Mit Widerstand bezeichnet man die Energie, mit der man verdrängte Gefühle oder Gedanken vor ihrem Bewußtwerden schützt. Diese Einsicht beruht, wie schon erwähnt, auf unserer Erkenntnis, daß der Patient guten Grund hat, sich gewisser Triebe nicht bewußt zu werden. Daß es hierbei anfechtbare Fragen und, meiner Meinung nach, falsche Auffassungen über die Art dieser Interessen gibt, schmälert nicht die grundsätzliche Wichtigkeit der Erkenntnis ihrer Existenz. Viel Mühe ist aufgewendet worden, um die Art und Weise zu erforschen, in der der Patient seine Position verteidigt, wie er kämpft, Rückzüge macht und dem, worauf es ankommt, ausweicht; und je mehr wir in der Lage sind, die zahlreichen individuellen Formen solcher Kämpfe zu erkennen, desto rascher und wirksamer wird die psychoanalytische Therapie sich vollziehen.

Der besondere Umstand, der in der Psychoanalyse eine genaue Beobachtung ermöglicht, ist die dem Patienten auferlegte Verpflichtung, alles, was er denkt oder fühlt, zu äußern, ohne Rücksicht auf verstandes- oder gefühlsmäßige Bedenken. Das dieser Hauptregel psychoanalytischer Therapie zugrundeliegende Arbeitsprinzip besteht darin, daß eine Kontinuität der Gedanken und Gefühle vorliegt, auch wenn sie nicht in Erscheinung tritt. Es zwingt den Analytiker, scharf auf die Reihenfolge zu achten, in der Gedanken und Gefühle aufsteigen, und es befähigt ihn allmählich, vorsichtige Schlüsse hinsichtlich der Triebe und Reaktionen zu ziehen, die hinter den manifesten Äußerungen des Patienten stehen. Die Idee der freien Assoziation, wie sie in der Therapie verwendet wird, gehört zu jenen analytischen Begriffen, deren Wert bei weitem noch nicht erschöpft ist. Nach meinen Erfahrungen wird sich diese Idee um so wertvoller erweisen, je weiter wir es in unserer Kenntnis möglicher psychischer Reaktionen, Zusammenhänge und möglicher Äußerungsformen bringen.

Die Beobachtung des Inhaltes und Ablaufs der Äußerungen eines Patienten, zusammen mit allgemeinen Beobachtungen seines Benehmens – Gesten, Tonfall usw. – gestattet Folgerungen über die ihnen zugrundeliegenden Vorgänge. Wenn diese Folgerungen, in Form mehr oder weniger behutsamer Deutungen, dem Patienten mitgeteilt werden, setzen sie ihrerseits neue Assoziationen in Gang, die die Annahmen des Analytikers bestätigen oder widerlegen, sie durch Eröffnung neuer Aspekte erweitern oder auf speziellere Zustände begrenzen und überhaupt emotionelle Reaktionen auf diese Deutungen sichtbar machen.

Diese Methode ist mit dem Argument angegriffen worden, daß Deutungen willkürlich seien, daß die einer Deutung folgenden Assoziationen provoziert und von ihr beeinflußt seien und daß daher die ganze Prozedur von äußerst subjektivem Charakter sei. Wenn solche Einwände irgendwelche Bedeutung haben und mehr sind als der Schrei nach einer Art von Objektivität, wie sie auf psychologischem Gebiete unmöglich zu erreichen ist, so kann sich das nur auf folgende Möglichkeit beziehen: eine falsche Deutung, einem beeinflußbaren Patienten gegenüber autoritativ geäußert, kann ihn in der gleichen Weise irreführen, wie ein beeinflußbarer Schüler irregeführt wird, etwas durchs Mikroskop zu sehen, wenn der Lehrer ihm sagt, wonach er suchen soll. Derartiges ist natürlich möglich. Die Gefahr irreführender Deutungen kann nicht ausgeschlossen werden. Sie kann nur vermindert werden. Diese Gefahr wird um so geringer, je mehr psychologisches Wissen und Verständnis der Analytiker hat, je weniger er nach Bestätigung festgelegter Theorien sucht, je weniger autoritativ seine Deutung ist und je weniger er sich durch seine eigenen Probleme in seinen Beobachtungen beeinflussen läßt. Die Gefahr wird weiterhin vermindert, wenn die mögliche Willfährigkeit eines Patienten ständig in Rechnung gestellt und schließlich analysiert wird.

Diese einleitende Betrachtung soll die fruchtbaren Entdeckungen Freuds nicht erschöpfend darstellen. Sie befaßt sich nur mit jenen Grundlagen psychologischen Vorgehens, die sich nach meiner Erfahrung als besonders konstruktiv erwiesen haben. Es war möglich, sie verhältnismäßig kurz darzustellen, da sie das Werkzeug sind, mit dem ich arbeite, und da in jedem der folgenden Kapitel ihre Gültigkeit und Brauchbarkeit auseinandergesetzt werden wird. Sie sind sozusagen der geistige Hintergrund des ganzen Buches. Auf viele andere bahnbrechende Wahrnehmungen Freuds wird später noch hingewiesen werden.

II.

Einige allgemeine Voraussetzungen der Freudschen Lehre

Es ist eines der Kennzeichen des Genies, daß es die visionäre Kraft und den Mut hat, allgemein verbreitete Vorurteile als solche zu erkennen. In dieser wie in mancher anderen Hinsicht verdient Freud ein Genie genannt zu werden. Es ist geradezu unglaublich, wie häufig er sich von ehrwürdigen Denkgewohnheiten losgemacht und psychische Zusammenhänge in neuem Lichte betrachtet hat.

Es erscheint banal, wenn man andererseits hinzufügt, daß niemand, selbst nicht ein Genie, sich völlig aus seiner Zeit lösen kann; daß also trotz aller visionären Kühnheit jedes Denken dem Einfluß des Zeitgeistes unterworfen bleibt. Diesen Einfluß auf Freuds Werk zu erkennen, ist nicht nur vom historischen Gesichtspunkt aus interessant, sondern es ist auch für diejenigen wichtig, die sich bemühen, die verwickelte und scheinbar undurchdringliche Struktur der psychoanalytischen Theorien genauer zu verstehen.

Mein historisches Interesse wie meine Kenntnis der Geschichte der Psychoanalyse und Philosophie ist viel zu begrenzt, als daß sie mir gestatteten, die Beeinflussung des Freudschen Denkens durch die philosophischen Lehren des 19. Jahrhunderts oder durch die psychologischen Schulen seiner Zeit ganz zu durchschauen. Ich beabsichtige nur, mich auf bestimmte Voraussetzungen der Freudschen Lehre zu konzentrieren, um seine besondere Art, psychologische Probleme anzugreifen und zu lösen, besser verständlich zu machen. Die stark von philosophischen Gedankengängen durchsetzten Teile der psychoanalytischen Lehre werden ohnedies später erörtert werden; so soll dieses Kapitel nicht den Einfluß dieser Gedanken im einzelnen aufzeigen, sondern sie nur kurz umreißen.

Da ist zuerst Freuds biologische Orientierung. Freud war immer stolz darauf, ein Naturwissenschaftler zu sein und hat betont, daß die Psychoanalyse eine Naturwissenschaft sei. Hartmann, der eine ausgezeichnete Darstellung der theoretischen Grundlagen der Psychoanalyse[1] veröffentlicht hat, erklärte: »Daß die Psychoanalyse auf biologischer Grundlage ruht, ist ihr bedeutendster methodischer Vorteil.« Bei der Bewertung der Theorien Adlers äußert Hartmann z. B. die Ansicht, daß es von ungeheurem Vorteil gewesen wäre, wenn Adler eine organische Grundlage für den Machtwillen gefunden hätte, den er für den allerwichtigsten Faktor bei den Neurosen hielt.

Der Einfluß von Freuds biologischer Orientierung ist dreifacher Art: er wird sichtbar in der Tendenz, seelische Äußerungen als das Ergebnis chemisch-physiologischer Kräfte zu betrachten; in der Tendenz, seelische Erlebnisse und die Reihenfolge ihres Auftretens als primär von konstitutionellen oder Erbfaktoren bestimmt anzusehen; und schließlich auch in der Tendenz, seelische Unterschiede zwischen den beiden Geschlechtern als Folge anatomischer Unterschiede zu erklären.

Die zuerst genannte Tendenz ist der bestimmende Faktor bei Freuds Trieblehre: der Libido-Theorie und der Theorie vom Todestrieb. Insofern Freud überzeugt ist, daß das seelische Leben von emotionellen Trieben bestimmt wird, und insofern er für diese wiederum eine physiologische Basis voraussetzt, gehört er zu den Trieb-Theoretikern. Freud faßt Triebe auf als innere somatische Reize, die ständig an der Arbeit sind und zu einer Spannungslösung drängen. Er hat wiederholt darauf hingewiesen, daß diese Deutung die Triebe an die Grenze zwischen organischen und seelischen Vorgängen stellt.

Die zweite Tendenz – Betonung der konstitutionellen oder Erbfaktoren – hat vor allem viel zu der Lehre beigetragen, daß die Libido gewisse Phasen durchläuft, die von der Vererbung vorgeschrieben sind: die orale, anale, phallische und genitale Entwicklungsstufe. Sie ist vor allem auch für die These verantwortlich, daß der Ödipus-Komplex eine regelmäßige Erscheinung sei.

Die dritte Tendenz ist eine der entscheidenden Faktoren in Freuds Auffassung der weiblichen Psychologie. Sie ist höchst zugespitzt ausgedrückt in dem Satz: »Anatomie ist Schick-

[1] *Heinz Hartmann,* Die Grundlagen der Psychoanalyse (1927).

sal[2]«, der auch in Freuds Begriff der Bisexualität auftritt, und sie ist z. B. erkennbar in der Doktrin, daß der weibliche Wunsch, ein Mann zu sein, wesentlich der Wunsch ist, einen Penis zu besitzen, und daß der Widerstand des Mannes dagegen, gewisse »feminine« Züge zu zeigen, letztlich seine Kastrationsfurcht ist.

Ein weiterer historisch bestimmter Einfluß ist negativer Art. Es ist die Folge der Forschungsarbeit unserer Soziologen und Anthropologen, daß wir unsere Naivität in Dingen der Kulturfaktoren neuerdings verloren. Das 19. Jahrhundert wußte wenig über die Unterschiede der Kulturen, und das Bestreben war vorherrschend, Besonderheiten der Kultur des eigenen Landes der allgemein menschlichen Natur zuzuschreiben. Im Einklang damit glaubte Freud, daß der Menschentyp, den er sah, und das Bild, das er beobachtete und zu deuten versuchte, Allgemeingültigkeit für die ganze Welt habe. Seine ungenügende kulturpsychologische Orientiertheit ist eng mit seinem biologischen Denken verflochten. Hinsichtlich des Einflusses der Umgebung – der Familie im besonderen, der Kultur im allgemeinen – interessiert ihn vor allem die Art und Weise, in der sie das, was er als »triebhafte Kräfte« ansah, formt. Andererseits ist er geneigt, kulturelle Phänomene als das Ergebnis hauptsächlich biologischer Triebgefüge zu betrachten.

Ein drittes Charakteristikum für Freuds Verhalten gegenüber psychologischen Problemen ist, daß er ausdrücklich jedes Werturteil meidet, sich moralischer Wertung enthält. Diese Einstellung ist folgerichtig für den erklärten Naturwissenschaftler, der sich nur für berechtigt hält, seine Beobachtungen niederzuschreiben und zu interpretieren. Teilweise ist sie, wie Erich Fromm[3] gezeigt hat, von der Toleranzlehre beeinflußt, die das ökonomische, politische und philosophische Denken der liberalen Ära beherrschte. Wir werden später sehen, wie entscheidend sich diese Einstellung auf gewisse

[2] *Sigmund Freud:* »Einige psychologische Folgen des anatomischen Unterschiedes zwischen den Geschlechtern« im International Journal of Psychoanalysis (1927).
[3] *Erich Fromm:* »Die gesellschaftliche Bedingtheit der psychoanalytischen Therapie« in Zeitschrift für Sozialforschung (1935).

theoretische Begriffe, wie etwa den des »Über-Ich«, und auch auf die psychoanalytische Therapie auswirkte.

Ein viertes Element Freudschen Denkens ist seine Neigung, seelische Faktoren als Gegensatzpaar zu betrachten. Dieses dualistische Denken, das gleichfalls tief in der philosophischen Mentalität des 19. Jahrhunderts wurzelt, zeigt sich überall bei Freuds theoretischen Formulierungen. Jede von ihm vertretene Trieblehre will die Gesamtheit psychischer Manifestationen als zwei einander schroff entgegengesetzte Triebrichtungen verstanden wissen. Der bedeutsamste Ausdruck dieser Geisteshaltung ist der Dualismus, der für Freud zwischen den Trieben und dem »Ich« besteht und den er als die Grundlage neurotischer Konflikte und neurotischer Angst betrachtet. Sein dualistisches Denken erscheint auch in seiner Auffassung von »Weiblichkeit« und »Männlichkeit« als entgegengesetzten Polen. Die in dieser Denkart liegende Starrheit verleiht ihr einen gewissen mechanistischen Charakter, im Gegensatz zum dialektischen Denken. Auf dieser Ebene läßt sich auch Freuds Auffassung verstehen, daß die in einer Gruppe enthaltenen Elemente sich zu denen der anderen Gruppe im Gegensatz befinden, z. B. daß das »Es« alle nach Befriedigung verlangenden emotionellen Regungen enthält, während das »Ich« nur eine zensierende und hemmende Funktion hat. In Wirklichkeit sind im »Ich« sowohl wie im »Es« – wenn man diese Einteilung beibehält – starke, zielgerichtete Strebungen enthalten. Die mechanistische Denkform erklärt auch den Gedanken, daß die auf der einen Seite verausgabten Energien automatisch die Gegenseite schwächen, so daß z. B., wenn man anderen seine Liebe zuwendet, die Eigenliebe dadurch eine Schwächung erfährt. Schließlich offenbart sich diese Denkrichtung in dem Glauben, daß gewisse widersprechende Triebrichtungen, wenn sie einmal da sind, so bleiben, wie sie sind – im Gegensatz zu der Einsicht, daß es eine ständige Wechselwirkung zwischen ihnen geben kann, z. B. in Form des »circulus vitiosus«.

Ein wichtiges Charakteristikum, das sich mit dem einen bereits erwähnten eng berührt, ist schließlich Freuds mechanistisch-evolutionistisches Denken. Da sein Sinn und Gehalt nicht allgemein bekannt, für ein Verständnis der zentralen psychoanalytischen Theorien jedoch von besonderer Wichtigkeit ist, möchte ich es etwas ausführlicher als die anderen Einflüsse behandeln.

Unter »evolutionistischem Denken« verstehe ich die Voraussetzung, daß heute bestehende Verhältnisse nicht in derselben Form von Anfang an bestanden haben, sondern sich aus früheren Zuständen entwickelt haben. Diese vorausgegangenen Entwicklungsstufen mögen mit den gegenwärtigen Formen wenig Ähnlichkeit haben, aber diese würden ohne jene undenkbar sein. Diese Evolutionstheorie beherrschte das wissenschaftliche Denken des 18. und 19. Jahrhunderts und sie stand in scharfem Gegensatz zum theologischen Denken jener Zeit. Sie bezog sich vorwiegend auf die unbelebte Natur, aber auch auf biologische und organische Erscheinungen. Darwin war sein hervorragendster Vertreter auf biologischem Gebiet. Auch auf die Psychologie hatte jener Gedanke starken Einfluß.

Mechanistisch-evolutionistisches Denken ist eine Spezialform des Evolutionismus. Es besagt, daß Erscheinungen der Gegenwart nicht allein von der Vergangenheit bedingt sind, sondern überhaupt nur Elemente des Vergangenen enthalten; nichts wirklich Neues werde im Verlauf der Entwicklung geschaffen; was wir heute sehen, ist nur das Alte in veränderter Form. Der folgende Satz von William James illustriert die mechanistische Denkart: »Der Punkt, an dem wir als Evolutionisten festhalten müssen, ist, daß alle neuauftretenden Formen in Wirklichkeit nur Ergebnisse einer Umgruppierung der ursprünglichen und unveränderten Stoffe sind[4].« Über die Entwicklung des Bewußtseins erklärt James: »In diesem Ablauf gibt es keine Neuschöpfungen, kein Faktor tritt in einer späteren Entwicklungsstufe auf, der nicht von Anfang an dagewesen wäre.« Das Bewußtsein, so glaubt er, könne nicht als neue Eigenschaft im Verlauf der tierischen Entwicklung aufgetaucht sein, und daher muß diese Eigenschaft auch den Einzellern zugesprochen werden. Dieses Beispiel zeigt auch deutlich, auf welchen Punkt sich die Aufmerksamkeit des mechanistischen Denkens konzentriert. Der Brennpunkt ist genetischer Art und fragt lediglich danach, wann und in

---

[4] *William James*, Principles of Psychology (1891).

welcher Form etwas früher erschienen ist und in welchen Formen es wieder erscheint oder sich wiederholt.

Der Unterschied zwischen mechanistischem und nichtmechanistischem Denken erhellt aus vielen vertrauten Beispielen. Bei der Umwandlung von Wasser in Dampf würde der Mechanist voraussetzen, daß Dampf nur eine andere Erscheinungsform des Wassers sei. Der Nicht-Mechanist würde umgekehrt hervorheben, daß Dampf, obwohl er sich aus dem Wasser entwickelt hat, dabei eine völlig neue Eigenschaft angenommen hat, die von anderen Gesetzen bestimmt wird und andere Wirkungen hervorruft. Bei der Entwicklung der Maschinen während des 19. und 20. Jahrhunderts würde der Mechanist vor allem auf die verschiedenen Arten von Maschinen und Fabriken hinweisen, die bereits im frühen 18. Jahrhundert bestanden und würde diese Entwicklung nur als eine quantitative betrachten. Der Nicht-Mechanist würde darauf hinweisen, daß die Vermehrung an Quantität eine Veränderung der Qualität mit sich brachte; daß die quantitative Entwicklung ganz neue Probleme aufwarf, so eine neue Produktionsskala, das Entstehen einer ganz neuen Angestelltenschicht, neuer Arbeiten von Arbeitsproblemen usw.; daß die Veränderung nicht einfach eine Wachstumsfrage ist, sondern ganz neue Faktoren mit sich bringt. Mit anderen Worten, der Nachdruck würde auf der Tatsache liegen, daß Quantität in Qualität verwandelt wird. Der nichtmechanistische Standpunkt wäre also der, daß es in der organischen Entwicklung niemals eine einfache Wiederholung oder eine Rückkehr auf frühere Entwicklungsstufen geben könne.

In der Psychologie ist das einfachste Beispiel für diese Unterschiede der Auffassung die Frage des Lebensalters. Dem mechanistischen Denken zufolge wäre der Ehrgeiz eines Mannes von 40 Jahren eine Wiederholung dessen, den er im Alter von 10 Jahren hatte. Dagegen wäre die nichtmechanistische Auffassung folgende: Wenn auch Bestandteile des kindlichen Ehrgeizes höchstwahrscheinlich in dem des Erwachsenen enthalten sind, ist dennoch der Ehrgeiz des letzteren völlig anders geartet als der des Knaben, eben gerade wegen der verschiedenen Alter. Der von grandiosen Vorstellungen über seine Zukunft erfüllte Knabe hofft, diese Phantasien eines Tages zu verwirklichen. Ein Mann von vierzig jedoch wird sich mehr oder weniger über die Unmöglichkeit, jene Ambitionen zu erfüllen, klar sein. Er ist sich der verpaßten Gelegenheiten bewußt, er weiß um seine eigenen Grenzen oder um äußere Hindernisse. Wenn er dennoch seinen ehrgeizigen Phantasien nachhängt, werden sie notwendig einen Beigeschmack von Hoffnungslosigkeit und Verzweiflung haben.

Freuds Denken ist evolutionistisch, aber in einer mechanistischen Form. Schematisch gesehen besagt seine Auffassung, daß in unserer Entwicklung nach dem fünften Lebensjahre nichts ausgesprochen Neues mehr eintritt und daß Reaktionen oder Erfahrungen der späteren Jahre nur die des frühen Lebensalters wiederholen. Diese Auffassung taucht in vielfacher Form in der psychoanalytischen Literatur auf. Dem Problem der Angst nachgehend, untersuchte Freud z. B., wo sich frühere Äußerungen dieser Art finden lassen, und gelangte dabei zu dem Schluß, daß die Geburt die erste Manifestierung von Angst darstellt und daß spätere Angstzustände als Wiederholung der ursprünglichen Geburtsangst angesehen werden müssen. Diese Denkrichtung erklärt auch, warum Freud gern Spekulationen darüber nachgeht, ob bestimmte Entwicklungsstadien als Wiederholungen stammesgeschichtlicher Ereignisse aufzufassen seien – so betrachtet er z. B. die Latenzzeit als Überbleibsel der Eiszeit. Es erklärt z. T. auch sein Interesse für Anthropologie. In »Totem und Tabu« setzt er auseinander, daß das seelische Leben der Primitiven von besonderem Interesse ist, weil es wohlerhaltene Vorstadien unserer eigenen Entwicklung repräsentiere. Der theoretische Versuch, zu beweisen, daß Empfindungen der Vagina aus Empfindungen in Mund oder Anus übertragen werden, mag, obwohl nicht weiter wichtig, als weitere Illustration für diese Denkweise erwähnt werden.

Der allgemeinste Ausdruck des mechanistisch-evolutionistischen Denkens von Freud findet sich in seiner Theorie vom Wiederholungszwang. Im einzelnen kann man seinen Einfluß feststellen in seiner Theorie der Fixierung, die die Lehre von der Zeitlosigkeit des Unbewußten enthält, in der Theorie von der Regression, in der Idee der Übertragung. Ganz allgemein erklärt es das Ausmaß, in dem Triebe als infantil bezeichnet werden, und die Tendenz, das Gegenwärtige aus dem Vergangenen zu erklären.

Ich habe diese Grundvoraussetzungen von Freuds Denken ohne kritischen Kommentar dargestellt. Auch späterhin werde ich ihre Gültigkeit nicht zu erörtern versuchen, weil das über die Kompetenz und auch über das Interesse eines Psychiaters hinausgeht. Das Interesse des Psychiaters an diesen philosophischen Grundlagen liegt darin, festzustellen, ob sie zu konstruktiven und brauchbaren Erkenntnissen führen oder nicht. Wenn ich die Erörterung dieser Erkenntnisse und ihre Ergebnisse vorausnehmen darf, so lautet mein Urteil, daß die Psychoanalyse sich von der Erbschaft der Vergangenheit losmachen muß, wenn sie ihre großen Möglichkeiten zur Entwicklung bringen soll.

III.

Die Libido-Theorie

Die Theorie, daß psychische Kräfte chemisch-physiologischen Ursprungs sind, erscheint in Freuds Trieblehren. Freud hat nacheinander drei dualistische Trieblehren vorgelegt. Er hat dabei beständig als den einen der beiden Triebe den Sexualtrieb angesehen, hinsichtlich des anderen hat er jedoch seinen Standpunkt geändert. Unter den Triebtheorien nimmt die Libido-Theorie einen besonderen Platz ein, weil es eine Sexualtheorie ist, eine Lehre von der Entwicklung des Geschlechtslebens und seines Einflusses auf die Persönlichkeit.

Auf Grund klinischer Beobachtungen richtete sich Freuds Aufmerksamkeit auf die Bedeutung der Sexualität bei der Entstehung von Geistesstörungen. Die hypnotische Behandlung, die er hysterischen Patienten gegenüber anwandte, zeigte, daß vergessene sexuelle Vorgänge häufig die Wurzel des Übels waren. Spätere Beobachtungen schienen die früheren insofern zu bestätigen, als die Mehrzahl der Neurotiker faktisch sexuelle Schwierigkeiten irgendwelcher Art hat. Bei manchen Neurosen stehen sexuelle Probleme im Vordergrund des Gesamtbildes, wie z. B. bei Impotenz oder bei Perversionen.

Freuds erste Triebtheorie besagte, daß unser Leben in der Hauptsache vom Konflikt zwischen dem Sexualtrieb und den »Ich-Trieben« bestimmt ist. Unter den letzteren verstand er die Gesamtsumme der die Selbsterhaltung und Selbstbehauptung betreffenden Triebe, und er stellte die These auf, daß jeder Trieb oder jede Haltung, die nicht dem reinen Existenzbedürfnis dient, sexueller Herkunft sei.

Aber selbst wenn man der Sexualität noch so großen Einfluß auf das seelische Leben beimaß, so war es doch unmöglich, die vielfältigen Begierden und Haltungen, die offenbar nichts mit Sexualität zu tun haben, sexuell zu deuten – z. B. Habgier, Geiz, Mißtrauen und andere charakterliche Eigenarten, künstlerischer Ehrgeiz, irrationale Feindseligkeiten, Angstzustände. Der Sexualtrieb, wie wir ihn zu sehen gewohnt sind, konnte sich nicht gut über einen so ungeheuren

Bereich ausdehnen. Wenn Freud alle diese psychischen Erscheinungen sexuell erklären wollte, mußte er den Begriff der Sexualität erweitern. Dies war jedenfalls der theoretische Grund für eine solche Erweiterung. Freud selbst hat immer erklärt, daß er auf Grund seiner empirischen Funde den Begriff der Sexualität erweitern mußte. Richtig ist, daß er eine große Zahl klinischer Beobachtungen gesammelt hatte, bevor er seine Libido-Theorie niederzulegen begann.

Die Libido-Theorie enthält zwei Hauptsätze, die kurz als Erweiterung des Begriffs der Sexualität und als die Idee von der Umformung der Triebe bezeichnet werden können.

Die Tatsachen, denen zufolge Freud sich für berechtigt hielt, den Begriff der Sexualität zu erweitern, waren kurz die folgenden. Sexuelles Begehren richtet sich nicht ausschließlich auf andersgeschlechtliche Objekte, es kann auf Personen des gleichen Geschlechts, auf die eigene Person oder auf Tiere gerichtet sein. Ferner ist das sexuelle Ziel nicht immer die Vereinigung der Genitalien, sondern andere Organe, besonders Mund und Anus, können die Genitalien ersetzen. Und sexuelle Erregung wird nicht nur durch einen Partner erweckt, mit dem Geschlechtsverkehr gewünscht wird, sondern auch durch sadistische, masochistische, voyeuristische, exhibitionistische Betätigungen, um nur die wichtigsten zu erwähnen. Solche Betätigungen sind nicht nur auf sexuell Perverse beschränkt, man findet Anzeichen davon auch bei sonst gesunden Personen. Unter dem Druck langer Enthaltsamkeit können sich z. B. normale Personen dem gleichen Geschlecht zuwenden; unreife Menschen können zu jeder Perversität verleitet werden. Spuren solcher Betätigungen können im normalen sexuellen Vorspiel vorkommen, wie beim Küssen oder bei Aggressivitäten; sie kommen auch in Träumen und Phantasien vor und scheinen oft ein wesentlicher Bestandteil neurotischer Symptome zu sein. Schließlich hat das infantile Lustverlangen eine gewisse Ähnlichkeit mit bei den Perversionen vorkommenden Wünschen, so Daumenlutschen, intensive lustbetonte Aufmerksamkeit auf die Vorgänge der Defäkation und Urinierung, sadistische Vorstellungen und Betätigungen, sexuelle Neugier, die Lust, sich nackt zu zeigen oder andere nackt zu beobachten.

Da die Sexualtriebe leicht an verschiedene Objekte gebunden und sexuelle Erregung und Befriedigung auf verschiedene Art gefunden werden kann, schloß Freud, daß der Sexualtrieb nicht etwas Einheitliches, sondern etwas Zusammengesetztes sei. Die Sexualität ist nicht eine auf das andere Geschlecht gerichtete Triebkraft, die nach genitaler Befriedigung strebt; der heterosexuelle Genitaltrieb ist nur ein Ausdruck einer nichtspezifischen Sexualenergie, der Libido. Die Libido kann auf die Genitalien konzentriert sein, aber sie kann sich mit gleicher Intensität auf den Mund, den Anus oder andere »erogene« Zonen lokalisieren, wobei sie diesen Zonen den Wert von Genitalien verleiht.

Neben den oral und anal gerichteten Trieben stellte Freud noch andere Komponenten der Sexualität fest – Sadismus, Masochismus, Exhibitionismus und Voyeurismus, die sich trotz aller Bemühung nicht zufriedenstellend auf eine bestimmte Körpergegend lokalisieren ließen. Da die nicht-genitalen Äußerungen der Libido in der frühen Kindheit vorherrschend sind, werden sie »prägenital« genannt. Um das fünfte Lebensjahr werden sie bei normaler Entwicklung den Genitaltrieben untergeordnet und bilden so die Einheit, die gemeinhin »Sexualität« genannt wird.

Störungen in der Entwicklung der Libido können in zwei Hauptformen vorkommen; entweder durch Fixierung – einige der Partialtriebe können sich ihrer Überleitung in die Sexualität des Erwachsenen widersetzen, weil sie »konstitutionell[1]« zu stark sind – oder durch Regression – unter dem Druck der Nichtbefriedigung kann eine bereits erreichte einheitliche Sexualität sich in ihre Partialtriebe aufspalten. In beiden Fällen ist die genitale Sexualität gestört. Das Individuum erstrebt dann sexuelle Befriedigung auf den ihm von den prägenitalen Trieben vorgeschriebenen Wegen.

Das in der Libido-Theorie enthaltene Grundprinzip – das zwar nicht ausdrücklich konstatiert wird – ist, daß alle körperlichen Lustempfindungen oder Lustwünsche sexueller Natur sind. Diese Wünsche beziehen sich auf rein organische Lustgefühle, wie die Lust am Saugen, am Defäkieren, am

---

[1] Mit »konstitutionell« meint *Freud* sowohl ererbt wie durch frühe Erfahrungen erworben. Jedenfalls ist das eine Definition in seiner Abhandlung »Analysis Terminable and Interminable« im International Journal of Psychoanalysis (1937).

Verdauen, an Muskelbewegungen, Hautempfindungen und auch die in Beziehung zu anderen erlebte Lust wie Geschlagenwerden, sich anderen zur Schau stellen, andere zu beobachten oder bei ihren körperlichen Verrichtungen zuzusehen, oder anderen Schmerz zuzufügen. Freud erkannte, daß dieses Prinzip nicht bewiesen werden konnte auf Grund von Kindheitsbeobachtungen. Über welches Beweismaterial aber verfügt er nun?

Freud weist darauf hin, daß der Ausdruck der Befriedigung bei einem Baby nach der Nahrungsaufnahme ganz ähnlich ist wie der eines Erwachsenen nach dem Geschlechtsverkehr. Sicher wollte er diesen Vergleich nicht als schlüssigen Beweis anführen. Aber man wundert sich immerhin, warum er überhaupt angeführt wird, da niemand je daran gezweifelt hat, daß Saugen, Essen, Laufen usw. Lust bereiten können. Der Vergleich übersieht nur die zweifelhafte Frage, ob denn das Lustgefühl des Säuglings sexueller Art ist. Obgleich sich der sexuelle Charakter von körperlichen Lustempfindungen oder von Lustwünschen während der Kindheit nicht sicher feststellen läßt, weist – nach Freud – die Tatsache darauf hin, daß solche Sensationen aufs engste mit bestimmten sexuellen Betätigungen Erwachsener verknüpft sind, wie sie bei Perversionen, beim sexuellen Vorspiel oder bei Masturbationsphantasien in Erscheinung treten. Das ist zwar richtig, aber es ist zu beachten, daß sowohl bei Perversionen wie beim sexuellen Vorspiel die letzte Befriedigung den Genitalien vorbehalten bleibt. Nach Freuds Annahme müßte die Erregung des Mundes bei »Fellatio« in Qualität und Intensität derjenigen der Vagina gleichen. In Wirklichkeit ist die Erregung der Mundschleimhaut bei »Fellatio« wie beim Küssen von geringerer Bedeutung. Orale Betätigung ist nur eine Vorbedingung für genitale Befriedigung, so wie Schlagen oder Geschlagenwerden, sich Exhibieren, den Körper anderer ganz oder teilweise nackt sehen oder sie in gewissen Positionen erblicken eine Vorbedingung für die genitale Erregung sein mag. Freud kannte diesen Einwand, betrachtete ihn aber nicht als Beweis gegen seine Theorie.

Kurz, Freud hat sehr viel zu unserer Kenntnis über die verschiedenen Faktoren, die sexuelle Erregung bewirken oder eine Befriedigung bedingen, beigetragen. Aber er hat nicht bewiesen, daß diese Faktoren selbst sexueller Art sind. Ferner sind in seiner Beweisführung unzulässige Verallgemeinerungen enthalten. Aus der Tatsache, daß bei bestimmten Personen sexuelle Befriedigung davon abhängt, daß sie Akten der Grausamkeit beiwohnen, folgert nicht, daß Grausamkeit ganz allgemein ein integraler Bestandteil des Geschlechtstriebes ist.

Als weiterer Beweis für die sexuelle Natur körperlichen Lustbegehrens führt Freud an, daß häufig nichtsexuelles körperliches Verlangen abwechselt mit sexueller Begierde. Bei Neurotikern können Perioden zwanghaften Essensdranges abwechseln mit Perioden sexueller Betätigung. Mit Essen und Verdauung beschäftigte Menschen haben oft geringes Interesse am sexuellen Verkehr. Ich werde später auf diese Beobachtung und die sich daraus ergebenden Schlüsse zurückkommen. Hier nur soviel: Freud hat als mögliche Erklärung die Tatsache übersehen, daß ein Lustbegehren durch ein anderes zu ersetzen nicht beweist, daß dieses andere in irgendeiner Form dem ersten verwandt ist. Wenn jemand ins Kino gehen möchte, es aber nicht kann und statt dessen Radio hört, so folgt daraus nicht, daß das Gefallen am Kino und das Vergnügen des Radiohörens artgleich sind. Wenn ein Affe eine Banane nicht erreichen kann und ein Ersatzvergnügen im Schaukeln findet, so ist das kein zwingender Beweis dafür, daß Schaukeln eine Komponente des Eßtriebes oder der beim Essen gefundenen Lust darstellt.

Angesichts all dieser Betrachtungen muß man den Schluß ziehen, daß die Libido-Idee unbewiesen ist. Was als Beweis geboten wird, besteht aus nicht gerechtfertigten Analogien und Verallgemeinerungen, und die Gültigkeit des auf die erogenen Zonen bezüglichen Materials ist höchst zweifelhaft.

Wenn der Libido-Begriff nur zu einer besonderen Deutung sexueller Abweichungen oder infantiler Lustwünsche führte, wäre die Frage seiner Gültigkeit nicht so wesentlich. Aber seine wirkliche Bedeutung liegt in der Lehre von der Umformung der Triebe, die es ermöglicht, die meisten Charakterzüge, Wünsche und Einstellungen zum Ich und zur Umwelt, sofern sie nicht dem reinen Existenzkampf dienen, auf einen libidinösen Ursprung zurückzuführen. Die in dieser Lehre liegende Tendenz wird noch deutlicher in Freuds zweiter

Triebtheorie, die den Dualismus zwischen Narzißmus und Objekt-Libido behandelt, und sie bleibt auch spürbar in seiner dritten Theorie vom Dualismus zwischen Libido und destruktivem Trieb. Da ich diese beiden Theorien später behandele, werde ich in der nachfolgenden Erörterung über die Ausdrucksformen der Libido die Tatsache außer acht lassen, daß einige der als libidinös bezeichneten Haltungen – wie etwa Sadismus und Masochismus – von Freud später als Mischungen libidinöser und destruktiver Triebe betrachtet worden sind.

Nach Freud gibt es mehrere Wege, wie die Libido den Charakter form... ...Haltungen und Wünsche leitet. Manche Haltungen ... ...Ausdruck zielgehemmter (unerfüllter) libidinöser ...hen. So wird nicht nur das Machtstreben, son... ...n Selbstbehauptung als eine zielgehemmte ... ...ismus gedeutet. Jede Art von Zuneigung ... ...nte Äußerung libidinöser Wünsche. Jed... ...gkeit anderen gegenüber macht sich als ... ...passiven Homosexualität verdächti...

Dem Begriff ... ...ens eng verwandt ist der Begriff ... ...er Triebe. Nach dieser Auffassun... ...ng und Befriedigung, die ursp... ...n« Trieb lokalisiert war, in ... ...nlicher Art übergeleitet werden ... ...üngliche Libido-Energie in eine allgeme... ...m umwandelt. Tatsächlich besteht kein klarer ...erschied zwischen Sublimierung und Zielhemmung; der gemeinsame Nenner für beide Begriffe ist die dogmatische Feststellung, daß verschiedene Charakterzüge als Ausdruck einer entsexualisierten Libido zu betrachten sind, auch wenn sie nicht selbst libidinöser Natur sind. Ein Grund, warum die Unterscheidung keine scharfe ist, ist der, daß der Ausdruck Sublimierung ursprünglich den Sinn der Umformung eines Naturtriebes in etwas sozial Wertvolles enthielt. Es wäre jedoch schwer zu sagen, ob eine Umformung wie die Benutzung narzißtischer Selbstliebe für die Bildung von Ich-Idealen eine Sublimierung oder eine zielgehemmte Form von Selbstliebe ist.

Die Bezeichnung »Sublimierung« bleibt meist für die Umformung »prägenitaler« Triebe in nichtsexuelle Haltungen vorbehalten. Im Sinne dieser Auffassung ist ein Charakterzug wie etwa Geiz eine sublimierte anal-erotische Lust, die aus dem Anhalten des Kots besteht; die Lust am Malen ist entsexualisierte Lust am Spielen mit Kot; sadistische Triebe können als Vorliebe für Chirurgie oder für berufliche Tätigkeit in leitenden Stellungen wieder in Erscheinung treten, und sie können sich auch in allgemeiner nichtsexueller Neigung zum Unterdrücken, Verletzen und Ausnützen äußern; masochistische Sexualtriebe können ebenfalls in gewisse Charakterzüge umgeformt werden, wie z. B. in den Hang, sich ungerecht behandelt, beleidigt oder gedemütigt zu fühlen; orale Libidotendenz kann ganz allgemein in Rezeptivität, Erwerbssinn oder Habgier umgewandelt werden, urethraler Erotizismus kann in Ehrgeiz umgeformt werden. Rivalitätssucht wird auch als entsexualisierte Weiterführung einer sexuellen Rivalität mit Eltern oder Verwandten angesehen, der Wunsch, etwas zu schaffen, wird zum Teil als entsexualisierter Wunsch nach einem Kind von seinem eigenen Vater, zum Teil als Ausdruck von Narzißmus erklärt; sexuelle Neugier kann in die Neigung zu wissenschaftlicher Forschung sublimiert werden oder auch der Grund für Hemmungen auf diesem Gebiet sein.

Gewisse Haltungen werden nicht als direkte oder modifizierte Folge libidinöser Triebe betrachtet, sondern als Nachbildung einer ähnlichen Haltung im Sexualleben. Freud spricht von der »Vorbildlichkeit« der Sexualtriebe für das Leben im allgemeinen. Praktische Folge dieser Idee ist die Annahme, daß Schwierigkeiten in der nichtsexuellen Sphäre gelöst werden, wenn man Schwierigkeiten in der Sexualsphäre beseitigt, eine Annahme, die sich oft nicht bewahrheitet. Der Grund, Gefühle unterdrücken zu müssen, liegt z. B., wenn man rein schematisch nach dieser Auffassung deutet, in der Unfähigkeit, sich selbst sexuell hinzugeben. Ursprüngliche Frigidität würde dann auch sexuellen Faktoren zuzuschreiben sein, so der Nachwirkung früher sexueller Traumen oder inzestuöser Fixierungen, homosexueller Neigungen, sadistischen oder masochistischen Elementen, welch letztere ja im wesentlichen als sexuelle Phänomene betrachtet werden.

Wieder erhebt sich eine Schwierigkeit hinsichtlich der Klassifizierung: ist eine bestimmte Art des Verhaltens masochistisch, weil sie automatisch dem sexuellen Leitbild folgt? Oder sind die nichtsexuellen masochistischen Tendenzen eine entsexualisierte, zielgehemmte Äußerung der sexuellen Tendenzen? Aber tatsächlich kommt es auf diese Unterschiede nicht an, da die betreffenden Eingruppierungen alle nur verschiedene Ausdrucksformen der gleichen Grundanschauung sind: den Menschen treibt es ursprunghaft und rücksichtslos zur Befriedigung gewisser Elementartriebe; diese sind so mächtig, daß sie ihn nicht nur auf direkten, sondern auch auf höchst seltsamen Abwegen den Zielen zutreiben, die sie ihm vorschreiben. Selbst wenn der Mensch glaubt, den erhabensten Gefühlen, etwa religiöser Art, nachzugehen oder sich der edelsten Tätigkeit, der Kunst oder Wissenschaft hinzugeben, dient er dennoch, ohne es zu wissen, seinen Herren, den Trieben.

Dieselbe dogmatische Überzeugung liegt der Tendenz zugrunde, gewisse Charakterzüge als Überreste früherer libidinöser Beziehungen oder als Ausdruck einer latent vorhandenen libidinösen Haltung gegenüber anderen Personen zu betrachten. Die beiden hier auftretenden Hauptprobleme betreffen den Versuch, gewisse Haltungen als die Folge einer früheren Identifikation mit einem anderen Menschen oder als Äußerung einer latenten Homosexualität zu erklären.

Andere Charakterzüge werden als Reaktionsbildungen gegen libidinöse Wünsche betrachtet. Von den Reaktionsbildungen nimmt man an, daß sie ihre Energie von der Libido selbst empfangen: so stellen Reinlichkeit und Ordentlichkeit eine Reaktionsbildung gegen anal-erotische Impulse dar; Freundlichkeit eine Reaktionsbildung gegen Sadismus; Sittsamkeit eine Reaktionsbildung gegen Exhibitionismus oder Habgier.

Eine weitere Gruppe von Gefühlsäußerungen oder Charakterzügen werden als unumgängliche Folge triebhafter Wünsche betrachtet. So wird Abhängigkeit von anderen als direktes Ergebnis oral-erotischer Begierden angesehen; Minderwertigkeitsgefühle erscheinen als Ergebnis der Verarmung der »narzißtischen« Libido, z. B. als Folge einer an andere gespendeten und nicht erwiderten »Liebe«. Eigensinn wird auf die anal-erotische Sphäre bezogen und als Folge eines auf dieser Grundlage erfolgten Zusammenstoßes mit der Umgebung betrachtet.

Schließlich werden wichtige Gefühlsäußerungen wie Furcht und Feindseligkeit als Reaktionen auf eine Nichtbefriedigung libidinöser Triebe verstanden. Wenn man die wichtigsten positiven Triebe als im Ursprung libidinös auffaßt, so folgert daraus, daß vor allem die Versagung libidinöser Wünsche jeder Art die zu fürchtende Gefahr ist. Daher wird z. B. die Furcht vor Liebesverlust, die für Freud gleichbedeutend ist mit der Furcht vor dem Verlust einer von gewissen Personen erwarteten libidinösen Befriedigung, als eine fundamentale Furcht betrachtet. Und Feindseligkeit wird, wenn man sie nicht als Äußerung sexueller Eifersucht deutet, ganz einseitig auf Triebversagung bezogen. Von der neurotischen Angst nimmt man an, daß sie letzten Endes aus Enttäuschung hervorgehe, insofern als nach dieser Auffassung die Nichtbefriedigung der Triebe, sei sie nun durch äußere Umstände oder innere Faktoren wie Furcht und Hemmung auferlegt, eine Hochspannung des Trieblebens erzeugen soll. Anfänglich glaubte Freud, daß Angst erweckt werden könnte, wenn die Libido an ihrer Entladung durch äußere oder innere Gründe verhindert würde, eine Auffassung, die er später in eine mehr psychologisch bestimmte abänderte. Aber Angst blieb der Ausdruck einer erhöhten Libidospannung, wenn sie auch als Gefühl der Furcht und Hilflosigkeit vor einer solchen Spannung definiert wurde.

Um zusammenzufassen: nach Freud kann ein Charakterzug – ein Verhalten oder ein Begehren – eine direkte, eine zielgehemmte oder eine sublimierte Äußerung libidinöser Triebe sein. Es kann von sexuellen Eigentümlichkeiten geformt werden; es kann eine Reaktionsbildung auf libidinöse Impulse oder auf ihre Nichtbefriedigung darstellen; es kann der innere Rückstand libidinöser Bindungen sein. Angesichts dieses Versuches, der Libido einen so überragenden Einfluß im psychischen Leben zuzuschreiben, ist gegen die Psychoanalyse oft der Vorwurf des Pan-Sexualismus[2] erhoben worden. Dieser wurde mit dem Argument zurückgewiesen, daß

[2] Vgl. z. B. *J. Jastrow*, The House That Freud Built (1932).

die Libido etwas anderes ist, als was man gewöhnlich unter Sexualität versteht, und daß ferner die Psychoanalyse auch Kräfte innerhalb der Persönlichkeit betrachtet, die den Sexualtrieben Einhalt tun. Mir scheint, daß solche Argumente ziemlich wertlos sind. Worauf es ankommt, ist die Frage, ob die Sexualität tatsächlich so großen Einfluß auf den Charakter hat, wie Freud annimmt. Um diese Frage zu beantworten, müssen wir kritisch die Umstände erörtern, unter denen, nach Freuds Auffassung, das charakterliche Verhalten durch die instinktiven Triebe hervorgerufen oder motiviert wird.

Hinter der Annahme, daß gewisse Gefühlsregungen und Triebe zielgehemmte Äußerungen der Sexualität sind, stehen einige wertvolle klinische Beobachtungen. Zuneigung und Zärtlichkeit kann zielgehemmte Sexualität sein; sie kann der Vorbote sexueller Begierde sein; und eine sexuelle Beziehung kann in eine bloße Zuneigung übergehen. Das Verlangen, andere zu beherrschen und in ihr Leben einzugreifen, kann eine gemilderte und gleichsam rationalisierte Form sadistischer Neigungen sein, obwohl der sexuelle Ursprung und Charakter der letzteren zweifelhaft sind. Aber es gibt keinen Beweis für die Verallgemeinerung, daß infolgedessen alle Äußerungen von Zuneigung oder Macht zielgehemmten Trieben entspringen. Es ist nicht erwiesen, daß eine Zuneigung nicht aus verschiedenen nichtlibidinösen Quellen erwachsen kann, daß es z. B. nicht ein Ausdruck mütterlichen Sorgens und Behütens sein kann. Was auch gänzlich vernachlässigt wird, ist die Tatsache, daß ein Zuneigungsbedürfnis ein Beruhigungsmittel gegen Angstzustände sein kann, in welchem Fall sich ein völlig anderes Bild ergibt, das nichts mit Sexualität zu tun hat – selbst wenn es eine sexuelle Färbung annimmt[3]. Ähnlich kann der Wunsch, andere zu beherrschen, obwohl vielleicht ein Ausdruck sadistischer Impulse, dennoch etwas völlig anderes sein als Sadismus. Ein sadistisches Machtbegehren erwächst aus Schwäche, Angst und Racheimpulsen, während ein nichtsadistisches Machtstreben aus Kraftgefühl, aus Befähigung zum Führen oder aus Hingabe an eine Sache entsteht. Das Dogma, daß sexuelle Elemente das Begehren und Ver-

[3] Vgl. *Karen Horney*, Der neurotische Mensch unserer Zeit (1951). Kap. 6–9.

halten bestimmen, erscheint wohl noch aufdringlicher in der Lehre von der Sublimierung. Das Material zu dieser Theorie ist dürftig und nicht überzeugend. Die Beobachtung lehrt, daß ein Kind nach allem und jedem fragen kann, wenn seine sexuelle Neugier erwacht ist, und daß seine allgemeine Neugier nachläßt, wenn seine sexuelle Neugier befriedigt ist. Aber zu folgern, daß daher jeder Wissensdurst eine »entsexualisierte« Form sexueller Neugier sei, ist eine ungerechtfertigte Verallgemeinerung. Ein besonderes Interesse für irgendeine Art der Forschung mag viele Wurzeln haben. Einige davon werden häufig auf spezifische Kindheitserlebnisse zurückgehen, aber dennoch sind sie nicht notwendig oder vorwiegend sexueller Natur. Wenn gegen solche Kritik der Einwand erhoben wird, daß die Psychoanalyse niemals »überdeterminierende« Faktoren übersehen hat, wird das, worauf es ankommt, nur vernebelt. Es ist eine erwiesene These, daß jedes psychische Phänomen in mehrfacher Weise bestimmt ist. Argumente dieser Art ändern nichts an der anfechtbaren Behauptung, daß der libidinöse Ursprung der entscheidende sei.

Man hat, wiederum auf Grund evidenter Beweise, darauf hingewiesen, daß Triebe oder Gewohnheiten auf nichtsexuellem Gebiet ihre Entsprechung finden in ähnlichen Eigenheiten des libidinösen Bereichs. Ein Mensch sächlich mehr als verführerisch; nach den Voraussetzungen gierig im Essen oder Trinken sein, kann Appetitstörungen oder funktionelle Magenleiden haben. Ein knickriger Mensch mag manchmal an Verstopfung leiden. Eine zu Masturbation neigende Person kann dem gleichen Zwang unterliegen, Patiencen zu legen, kann darüber das gleiche Schamgefühl empfinden, den gleichen wiederholten Entschluß zum Beenden dieser Neigung fassen.

Wenn körperliche Manifestationen wie die erwähnten oft mit ähnlichem psychischem Verhalten verbunden sind, so ist es natürlich für den Theoretiker verführerisch, die ersteren als Triebgrundlage und das letztere als daraus in irgendeiner Form hervorgehend zu betrachten. Es ist tatsächlich mehr als verführerisch; nach den Voraussetzungen einer Triebtheorie ist zum Beweis eines Kausalzusammenhanges nicht mehr erforderlich, als das gleichzeitige Vorkommen der beiden Faktorengruppen. Wenn man allerdings diese Voraussetzungen nicht anerkennt, ist das häufige Zusammentreffen dieser Wesenszüge keineswegs ein Beweis. Es ist es so wenig, wie das so häufige gleichzeitige Auftreten von Tränen und Kummer ein Beweis dafür ist, daß Kummer eine emotionelle Folge von Tränen ist, wie ältere Psychologen angenommen haben[4]. Heute würden wir sagen, Tränen seien eine physische Äußerung von Kummer, nicht aber dieser ein emotionelles Ergebnis der Tränen.

Mit anderen Worten: sollte nicht die beim Essen oder Trinken gezeigt Gier eher eine der vielen Äußerungen einer allgemeinen Gier sein als deren Ursache? Sollte nicht eine funktionelle Verstopfung eine der vielen Äußerungen einer allgemeinen Tendenz zum Besitzen- und Herrschen-Wollen sein? Die gleichen Angstgefühle, die eine Person zur Masturbation treiben können, können sie dazu bringen, Patiencen zu legen. Es ist keineswegs selbstverständlich, daß das Schamgefühl über diesen Hang, Patiencen zu legen, daher rührt, daß hierbei letzten Endes einer verbotenen sexuellen Lust nachgegangen wurde. Wenn es sich z. B. um einen Typus handelt, für den der Anschein der Vollkommenheit wichtiger als alles andere ist[5], kann die bloße Andeutung einer Nachlässigkeit und eines Mangels an Selbstbeherrschung genügen, ihn zur Selbstverdammung zu veranlassen.

Unter diesem Gesichtspunkt läßt sich ein Kausalzusammenhang aus einer Ähnlichkeit zwischen nichtsexuellen Trieben oder Gewohnheiten und libidinösen Manifestationen nicht ableiten. Die Gier, das Besitzstreben, das zwanghafte Patiencenlegen müssen anders erklärt werden. Es würde uns zu weit abführen, hier ins Detail zu gehen. Grob umrissen ausgedrückt, müssen z. B. bei dem zwanghaften Patiencenlegen andere Faktoren betrachtet werden, die mehr den bei der Spielleidenschaft auftretenden entsprechen: der Widerstand gegen eigene Anstrengung aus dem Anspruch heraus, sich von anderen tragen zu lassen, verbunden mit dem Gefühl, eine hilflose Beute des Zufalles zu sein, und daher der Versuch, das Glück mit Gewalt auf seine Seite zu ziehen, die ungleichen Chancen auszuwetzen.

[4] *William James*, Principles of Psychology (1891).
[5] Vgl. 13. Kapitel, Der Begriff des »Über-Ich«.

Im Falle von Gier und Besitzstreben wäre an jene Charakter-Strukturen zu denken, die in der psychoanalytischen Literatur als »oral« oder »anal« beschrieben werden; aber anstatt diese Züge auf die »orale« oder »anale« Sphäre zu beziehen, wären sie als Erwiderung auf die Gesamtheit der Erlebnisse im Kindheitsmilieu zu verstehen. Als Folge dieser Erlebnisse erwirbt das Individuum in beiden Fällen ein Gefühl tiefer Hilflosigkeit gegenüber einer potentiell feindlich empfundenen Welt, einen Mangel an spontanem Selbstbehauptungswillen und einen Zweifel an seiner Fähigkeit, etwas aus eigener Initiative zu schaffen oder zu meistern. Dann müßte man zu verstehen suchen, warum ein Individuum die Tendenz entwickelt, sich anderen anzuhängen und aus ihnen herauszulocken, was nur möglich ist – und auch die Mittel findet, die anderen der Ausbeutung gefügig zu machen, sei es durch ein gewinnendes Lächeln, durch Einschüchterung oder durch ausdrückliche oder stillschweigende Versprechen –, und warum ein anderer Sicherheit und Befriedigung darin findet, sich von anderen zurückzuziehen und sich von der Welt durch eine Mauer von Stolz und Mißtrauen abzuschließen. Bei diesem Typus werden sich oft andere körperliche Äußerungen der Verschlossenheit finden, z. B. verbissene Lippen oder auch Verstopfung.

Der Unterschied in der Auffassung kann folgendermaßen ausgedrückt werden: ein Mensch hat nicht schmale Lippen wegen der Straffheit seines Mundschließmuskels, sondern beide sind straff, weil seine Charakteranlage auf ein Ziel hin gerichtet ist, nämlich fest zu halten, was er hat und nie etwas wegzugeben, sei es Geld, Liebe oder irgendeine Art spontanen Fühlens. Wenn ein Individuum dieser Art in Träumen Personen durch Kot symbolisiert, würde die Erklärung der Libido-Theorie dahin gehen, daß es die Menschen verachtet, weil sie ihm Kot sind, während ich sagen würde: Menschen in Form von Kot symbolisieren ist Ausdruck einer vorhandenen Menschenverachtung. Ich würde die Gründe für diese Verachtung in seinem allgemeinen Verhalten gegenüber anderen und gegenüber sich selbst suchen: also etwa Selbstverachtung wegen neurotischer Schwächen, Furcht, von anderen ebenfalls verachtet zu werden, und daraus entspringende Versuche, durch die Verachtung anderer ein die Selbstachtung begünstigendes Gleichgewicht herzustellen. Ferner gibt es in einer tieferen Schicht oft den sadistischen Trieb, über andere zu triumphieren, indem man sie erniedrigt. In ähnlicher Weise kann man bei einem Menschen, der den Sexualverkehr als eine Form von Darmentleerung betrachtet, rein deskriptiv von einer »analen« Auffassung des Geschlechtsverkehrs sprechen, aber eine Deutung hinsichtlich der hier wirksamen Antriebe würde die Gesamtheit der emotionellen Störungen in den Beziehungen zu Frauen und wahrscheinlich auch zu Männern untersuchen müssen. Der »anale Begriff des Geschlechtsverkehrs« erscheint dann als Äußerung eines sadistischen Triebes, Frauen in den Schmutz zu ziehen.

Die Dürftigkeit des Materials für die Lehre von der Sublimierung erhellt auch aus der Tatsache, daß häufig die angenommene körperliche Grundlage für die Sublimierung nur in der Theorie existiert. Ebenso wie Kummer auch ohne Tränenvergießen erlebt wird, kann Habgier ohne irgendwelche Besonderheiten der Verdauung oder anderer körperlicher Funktionen bestehen, Wissensdurst ohne Besonderheiten im Essen oder Trinken, tiefgehendes Interesse an wissenschaftlicher Forschung, ohne daß sexuelle Neugier je von Bedeutung gewesen wäre.

Die These, daß das Gefühlsleben ein Abbild des sexuellen Lebens sei, hat die wichtige Funktion erfüllt, die Ähnlichkeiten zwischen dem Allgemeinverhalten und dem Sexualleben oder den Sexualfunktionen eines Menschen aufzudecken. Nie hat man jemals früher geahnt, daß die Unfähigkeit, einen Berghang auf Skis hinabzuleiten, oder die Neigung, andere zu verleumden, etwas mit Frigidität zu tun habe, oder daß das Gefühl, sexuell mißbraucht zu werden, in irgendeinem Zusammenhang stände zu der Veranlagung, sich durch einen Vorgesetzten betrogen oder gedemütigt zu fühlen. Es gibt in der Tat Beweismaterial genug dafür, daß sexuelle Störungen und Schwierigkeiten in Form charakterlicher Eigenarten in Erscheinung treten. Wenn jemand sich gefühlsmäßig gern von anderen abschließt, wird er auch sexuelle Beziehungen bevorzugen, bei denen er seine Absonderung bewahren kann. Ein übelwollender Mensch, der anderen gern jedes Vergnügen mißgönnt, wird auch seinem Sexualpartner die Befriedigung mißgönnen. Ein Sadist, der bei anderen stets gern Erwartungen erweckt, die er dann enttäuscht, wird auch einen Sexualpartner gern der erwarteten Befriedigung berauben, eine Tendenz, bei der »ejaculatio praecox« als ein wirksamer Faktor auftreten kann. Eine Frau mit der Neigung, die Märtyrerrolle zu spielen, wird auch den Sexualakt als eine Form von Grausamkeit und Demütigung empfinden und auf diese Vorstellung hin so widerstrebend reagieren, daß sie damit eine Befriedigung verhindert.

Freuds Ansicht geht jedoch über die Feststellung, daß sexuelle und nichtsexuelle Schwierigkeiten zusammenfallen, hinaus. Er hielt daran fest, daß die sexuellen Besonderheiten die Ursache und die anderen die Folge sind. Diese Theorie hat zu der falschen Annahme geführt, daß bei einem Menschen alles in Ordnung sei, wenn sein Sexualleben zufriedenstellend funktioniere. Tatsächlich können die sexuellen Funktionen bei Neurosen gestört sein, brauchen es aber nicht. Es gibt eine beträchtliche Anzahl schwerer Neurotiker, deren Konflikte sie zu produktiver Arbeit unfähig machen, die von Angstzuständen heimgesucht werden, die typisch zwangsneurotische oder schizoide Züge aufweisen, aber dessenungeachtet vollständigste Befriedigung beim Sexualverkehr erreichen. Ich beziehe mich bei dieser Feststellung nicht auf oberflächliche Behauptungen von Patienten, sondern auf die Tatsache, daß diese Patienten klar zu unterscheiden vermögen, ob sie einen vollen Orgasmus hatten oder nicht.

Analytiker, die Anhänger der Libido-Theorie sind, haben diese Tatsache bestritten. Der Wunsch, sie in Frage zu stellen, ist verständlich, da es sich hier um einen Angelpunkt handelt. Was davon abhängt, ist nicht nur die spezielle These von der »Vorbildlichkeit« der Sexualität für das sonstige Verhalten, sondern die Hauptthese der Libido-Theorie von der Macht der Sexualität, den Charakter zu bestimmen. Die Regressionstheorie hängt davon gleichfalls ab. Neurosen sind, nach Freud, in der Hauptsache das Ergebnis einer Regression von der »genitalen« Ebene zur »prägenitalen«. Daher kann eine gute Sexualfunktion nicht mit neurotischen Störungen zusammenfallen. Um diese Tatsache mit der Libido-Theorie in Einklang zu bringen, wird folgendes behauptet: Wenn auch die sexuellen Funktionen mancher Neurotiker zufriedenstellend sein mögen, so sind sie es doch nur in physiologischer Hinsicht und die Betreffenden sind ständig »psychosexuell« gestört, d. h. es treten ständig Störungen in den psychischen Beziehungen zum Sexualpartner auf.

Dieses Argument ist trügerisch. Selbstverständlich gibt es bei jeder Neurose Störungen in den seelischen Beziehungen zum Geschlechtspartner. Aber diese gestatten eine andere Deutung. Wer wie ich Neurosen als letztes Ergebnis gestörter menschlicher Beziehungen betrachtet, muß diese Störungen notwendig bei jeder Art von Beziehungen sexueller oder nichtsexueller Natur sehen. Überdies behauptet die Libido-Theorie, daß sogar physiologisch eine gute Sexualfunktion nur möglich ist, nachdem die »prägenitalen« Triebe ausreichend überwunden sind. Daher zeigt die Tatsache, daß jemand ein gut funktionierendes Sexualleben und dennoch neurotische Störungen haben kann, den grundlegenden Irrtum der Libido-Theorie, der, um es zu wiederholen, darin besteht, daß der Charakter einer Persönlichkeit in beträchtlichem Maß von der Art ihrer Sexualität abhängen soll.

Die Entdeckung, daß bestimmte Verhaltensweisen Reaktionsbildungen gegen vorhandene gegenteilige Triebe sein können, wäre überaus konstruktiv, wenn sie nicht hartnäckig verallgemeinert würde. Daß übertriebene Freundlichkeit eine Reaktionsbildung gegen sadistische Züge sein kann, schließt nicht die Möglichkeit einer echten Freundlichkeit aus, die aus grundsätzlich guten Beziehungen zu anderen entspringt. Daß Großzügigkeit eine Reaktionsbildung gegen Habgier sein kann, widerlegt nicht die Existenz einer natürlich vorhandenen Großzügigkeit[6].

Freuds Neigung, die Triebversagung in den Mittelpunkt der Erörterung zu stellen, führt in mehrfacher Hinsicht irre. Der Umstand, daß ein Neurotiker sich ständig unbefriedigt fühlt, ist durch besondere Verhältnisse bedingt und erlaubt keine Verallgemeinerung über die Bedeutung der Triebversagung. Die Gründe, warum der Neurotiker sich so leicht unbefriedigt fühlt und warum er auf dieses Gefühl unangemessen reagiert, liegen vor allem in drei Faktoren: viele seiner Erwartungen und Ansprüche sind von Angstzuständen ausgelöst, wodurch sie zwingend werden und so die Nichtbefrie-

---

[6] Vgl. 11. Kapitel, Das »Ich« und das »Es«.

digung zu einer Bedrohung seiner Sicherheit machen; ferner sind seine Erwartungen oft nicht nur unmäßig, sondern auch widersprechend und machen daher ihre Erfüllung in Wirklichkeit unmöglich; schließlich werden seine Wünsche häufig von dem unbewußten Antrieb ausgelöst, hämisch über andere zu triumphieren, indem er ihnen seinen Willen aufzwingt – wenn die Nichtbefriedigung dann als demütigende Niederlage empfunden wird, so sind die daraus folgenden feindlichen Reaktionen eine Antwort nicht auf die Nichtbefriedigung von Wünschen, sondern auf die subjektive Demütigung, die der Betreffende erlebt.

Nach der Freudschen Theorie soll die sexuelle Triebversagung als solche Feindseligkeitsgefühle erwecken. Tatsächlich jedoch können gesunde Personen – Kinder wie Erwachsene – ein beträchtliches Maß von Versagung ohne irgendwelche Reaktionen von Feindseligkeit ertragen. Diese Überbetonung der Triebversagung hat eine praktische Folge für die Erziehung: sie ist geeignet, die Aufmerksamkeit von jenen Faktoren im Verhalten der Eltern abzulenken, die bei der Entstehung feindseliger Einstellungen von Belang sind – es sind, kurz gesagt, die Unzulänglichkeiten der Eltern selbst[7] – und veranlaßt so Erzieher wie Anthropologen, den Nachdruck auf unwesentliche Faktoren zu legen, wie Entwöhnung, Erziehung zur Sauberkeit, Geburt von Geschwistern. Der Nachdruck sollte nicht auf dem »Was«, sondern auf dem »Wie« liegen.

Ferner soll die Nichtbefriedigung, als die Quelle triebhafter Spannung, die tiefste Ursache neurotischer Angstzustände sein[8]. Diese Deutung hat viel dazu beigetragen, das Verstehen der neurotischen Angst zu erschweren, insofern als sie uns daran hindert, zu erkennen, daß die neurotische Angst nicht die Antwort des »Ich« auf eine erhöhte Triebspannung ist, sondern das Ergebnis widerstreitender Züge im Charakter einer Persönlichkeit.

Die Lehre von der Triebversagung hat auch viel dazu beigetragen, die Möglichkeiten psychoanalytischer Therapie zu beeinträchtigen. Die der Triebversagung zugeschriebene Rol-

[7] Vgl. 4. Kapitel, Der Ödipus-Komplex.
[8] Vgl. 12. Kapitel, Die Angst.

le hat zu dem Vorschlag geführt, eine Technik der Triebversagung bei der Analyse anzuwenden, um die Reaktion des Patienten darauf zum Vorschein zu bringen. Die Folgen dieser Prozedur werden in Verbindung mit anderen Problemen der Therapie erörtert werden[9].

Und schließlich: wenn Freud in latenter Homosexualität eine Erklärung sieht für Unterwürfigkeit und Neigung zu Schmarotzertum oder für die Reaktionen dagegen, so beruht meiner Meinung nach eine solche Deutung auf einem Mangel an Verständnis für den eigentlichen masochistischen Charakter[10], und dieser Mangel ist wiederum auf die Auffassung zurückzuführen, Masochismus sei letzten Endes ein sexuelles Phänomen.

Die Libido-Theorie ist also, kurz gesagt, in allen ihren Behauptungen unerwiesen. Das ist um so bemerkenswerter, als sie einer der Eckpfeiler ist, auf dem psychoanalytisches Denken und Heilverfahren beruhen. Die Annahme, jedes Lustbegehren sei im Grunde ein Begehren nach libidinöser Befriedigung, ist willkürlich. Was als Beweismaterial hierfür geboten wird, sind unverbürgte und oft grobe Verallgemeinerungen einiger guter Beobachtungen. An vorhandenen Ähnlichkeiten zwischen körperlichen Funktionen und geistigem Verhalten oder Bestreben wird demonstriert, daß dieses von jenen bestimmt wird. Von Besonderheiten auf sexuellem Gebiet wird kurzerhand erklärt, sie verursachten ähnliche und gleichzeitige Charaktereigentümlichkeiten.

Der Mangel an stichhaltigem Beweismaterial ist jedoch nicht der schwerwiegendste Einwand gegen die Libido-Theorie. Eine Theorie kann unerwiesen und dennoch ein brauchbares Mittel sein, den Umfang unserer Einsichten zu erweitern und zu vertiefen. Mit anderen Worten, sie kann dennoch eine gute Arbeitshypothese sein. Tatsächlich erkennt Freud selbst, daß die Theorie auf unsicherem Boden steht, wenn er sie »unsere Mythologie[11]« nennt; aber dennoch hält ihn ein solches Eingeständnis nicht davon ab, sie als erklä-

---

[9] Vgl. 9. Kapitel, Der Begriff der Übertragung.
[10] Vgl. 15. Kapitel, Masochistische Phänomene.
[11] *Sigmund Freud*, Neue Vorlesungen zur Einführung in die Psychoanalyse (1933).

rendes Prinzip zu nutzen. Bis zu einem gewissen Grad hat sich die Libido-Theorie für bestimmte Feststellungen als konstruktiv erwiesen. Sie hat dazu beigetragen, daß wir sexuelle Schwierigkeiten vorurteilslos betrachten und ihre Wichtigkeit erkennen; sie hat uns dazu verholfen, daß wir Ähnlichkeiten zwischen charakterlichen und sexuellen Eigentümlichkeiten erkennen und die häufige Übereinstimmung gewisser Züge z. B. des oralen und analen Charakters sehen. Und sie war auch der Aufklärung gewisser damit zusammenhängender funktioneller Störungen förderlich.

Ihre eigentliche Schwäche liegt auch nicht darin, daß sie vielen Verhaltensweisen und Trieben einen sexuellen Ursprung zuschreibt. Tatsächlich kann man nämlich nicht nur den physiologischen Ursprung der »prägenitalen« Triebe fallenlassen, sondern auch die These, daß diese sexueller Natur seien, ohne daß dadurch das Wesen der ganzen Theorie zunichte gemacht würde. Alexander hat, obwohl er das nicht ausdrücklich feststellt, die Theorie der prägenitalen Sexualität aufgegeben und statt dessen eine Lehre von den drei Elementartrieben aufgestellt, die er bezeichnet als: Empfangen oder Nehmen, Zurückhalten, Geben oder Ausscheiden.

Aber ob wir nun von Geschlechtstrieben sprechen oder mit Alexander von Elementartrieben, ob wir sie oral-libidinös nennen oder Elementartriebe des Empfangens oder Nehmens, ändert nichts Wesentliches an der grundsätzlichen Denkweise. Obwohl Alexanders Versuch einen entschiedenen Fortschritt darstellt, bleibt die wesentliche Voraussetzung bestehen, daß nämlich der Mensch dazu getrieben wird, gewisse primäre, biologisch gegebene Bedürfnisse zu befriedigen und daß diese mächtig genug sind, einen entscheidenden Einfluß auf seine Persönlichkeit und so auf sein Leben überhaupt auszuüben.

Diese Voraussetzung aber bedingt die wirkliche Gefährlichkeit der Libido-Theorie. Ihr Hauptkennzeichen und ihr Hauptmangel liegt in dem Umstand, daß sie eine Triebtheorie ist. Obgleich sie uns die vielfältigen Formen erkennen läßt, in denen ein einzelner Trieb sich in einer Persönlichkeit manifestiert, erweckt sie doch die Illusion, daß die libidinösen Manifestationen die letzten Quellen aller Charakterzüge seien. Diese Illusion wird noch genährt durch die Feststellung, nur solche Deutungen seien »tief«, die auf mutmaßliche biologische Wurzeln eines Charakterzuges hinweisen. Der Anspruch der Psychoanalyse, eine Tiefenpsychologie zu sein, wird dadurch bezeugt, daß sie sich mit den unbewußten Antrieben befaßt: eine Deutung ist tief, wenn sie bis zu verdrängten Wünschen, Gefühlen, Ängsten hinabreicht. Aber nur solche Deutungen als tief anzusehen, die eine Verbindung zu infantilen Trieben herstellen, ist eine aus theoretischen Vorurteilen geborene Illusion. Es ist auch eine schädliche Illusion, und zwar aus drei Gründen.

Erstens begünstigt sie eine verzerrte Auffassung über die menschlichen Beziehungen, über das »Ich«, über das Wesen neurotischer Konflikte und neurotischer Angst, über die Rolle der Kultur-Faktoren. Diese Konsequenzen werden in späteren Kapiteln behandelt werden.

Zweitens stellt sie einen Versuch dar, eine ganze Maschine nur von einem Rad aus zu verstehen, anstatt einzusehen, wie die gegenseitige Beziehung aller Teile bestimmte Wirkungen hervorruft, und ferner zu erkennen, warum ein Rad sich gerade an dieser oder jener Stelle befindet und so und nicht anders zu arbeiten hat. Anstatt z. B. sexual-masochistische Züge als Ausdruck der gesamten Charakterveranlagung zu sehen, wird diese in ihrer verwickelten inneren Beschaffenheit als das Ergebnis sexueller Erregungen erklärt, die das betreffende Individuum bei schmerzhaften Erlebnissen, etwa beim Geschlagenwerden, hatte. Aber anstatt den Wunsch einer Frau, ein Mann zu sein – falls er besteht – aus ihrer ganzen Persönlichkeit heraus zu verstehen und diese wiederum aus der Gesamtheit ihrer Lebensumstände, besonders der Kindheit, wird der entgegengesetzte Weg eingeschlagen: die gesamte Veranlagung wird als Folge des Penis-Neids angesehen. So verwickelte Wesenseigentümlichkeiten wie krankhafter Ehrgeiz, Unzulänglichkeitsgefühle, Männerfeindschaft, Eigendünkel, allgemeine Unzufriedenheit, Schwierigkeiten bei Menstruation oder Schwangerschaft, masochistische Neigungen entstammen nach dieser Ansicht letzten Endes einer biologischen Quelle: dem Penis-Neid.

Drittens führt jene Illusion dazu, Grenzen der Therapie zu sehen, wo sie nicht bestehen. Biologische Faktoren als die »ultima causa movens« zu betrachten, führt in der Therapie auf steinigen Grund, da man, wie Freud zeigt, nicht ändern kann, was biologisch bestimmt ist[12].

Was an die Stelle dieser Auffassung zu setzen ist, wurde bei der Erörterung der einzelnen Thesen der Libido-Theorie gezeigt und wird im weiteren Verlauf deutlich gemacht werden. Im Prinzip gibt es zwei Antworten auf diese Frage: eine speziellere hinsichtlich der Macht der Kräfte, die Freud als triebhaft betrachtet; und eine umfassendere hinsichtlich der Natur der Triebe selbst.

Was der Überzeugung zugrunde liegt, daß gewisse Strebungen triebhafter oder elementarer Art sind, ist ihre anscheinend unwiderstehliche Gewalt, mit der sie sich dem Individuum aufzwingen und es, ob es will oder nicht, bestimmten Zielen zutreiben. Die Triebe suchen Befriedigung, selbst wenn sie dabei gegen die Interessen des Individuums als Ganzem verstoßen. Die theoretische Grundlage dieses Teils der Libido-Theorie ist die These, daß der Mensch vom Lustprinzip beherrscht werde.

Aber es sind die neurotischen Patienten, die diesen anscheinend vernunftwidrigen und blinden Drang gewisser Triebe aufweisen. Freud ist sich darüber klar, daß in dieser Hinsicht zwischen dem Neurotiker und dem Nichtneurotiker ein Unterschied besteht. Der Gesunde kann eine gesuchte Befriedigung, wenn sie zur Zeit nicht erreichbar ist, hinausschieben und er kann ständige und überlegte Anstrengungen machen, sie später zu erlangen. Für den Neurotiker können alle diese Triebe gebieterisch und unaufschiebbar sein. Um diesen Unterschied zu erklären, führt Freud zwei Hilfshypothesen ein. Die eine besagt, daß der Neurotiker nachdrücklicher vom Lustprinzip beherrscht wird und um jeden Preis unmittelbare Befriedigung erreichen muß, da er infantil ist. Die andere besagt, daß die Libido bei Neurotikern eine seltsame Art von Zähigkeit hat. Ich werde später Gelegenheit haben, den allzu großzügigen Gebrauch des Begriffs Infantilismus als eines Erklärungsprinzips zu erörtern. Die Hypothese von der Hartnäckigkeit der neurotischen Libido ist rein spekulativ und man sollte auf sie nur zurückgreifen, wenn es keine psychologischen Erklärungen für das Phänomen gibt.

[12] Vgl. *Sigmund Freud:* »Analysis Terminable and Interminable« a. a. O.

Freuds Beobachtungen über die Unwiderstehlichkeit gewisser Triebe sind, soweit sie Neurotiker betreffen, nicht nur zutreffend, sondern dürfen mit Recht zu seinen konstruktiven Einsichten gezählt werden. Bei Neurosen können Triebe wie der Hang zu Überheblichkeit oder zum Schmarotzerdasein stärker sein als der eigentliche Geschlechtstrieb und sie können eines Menschen Leben durchaus bestimmen. Die Frage ist, wie solche Stärke zu erklären ist. Wie gezeigt, schreibt sie Freud dem triebhaften Suchen nach Befriedigung zu.

Was jedoch tatsächlich all den Trieben ihre besondere Stärke verleiht, ist der Umstand, daß sie sowohl der Befriedigung als der Sicherheit dienen. Der Mensch wird nicht vom Lustprinzip allein beherrscht, sondern von zwei leitenden Prinzipien: Sicherheit und Befriedigung[13]. Da der Neurotiker mehr unter Angstzuständen zu leiden hat als der seelisch Gesunde, muß er unendlich viel mehr Energie zur Aufrechterhaltung seiner Sicherheit aufwenden, und die Notwendigkeit, einer ständig lauernden Angst gegenüber Beruhigung zu finden, macht seine Wünsche so stark und hartnäckig[14]. Der Mensch kann solange auf Nahrung, Geld, Achtung, Liebe verzichten, als er damit nur auf gewohnte Befriedigungen verzichtet, aber er kann auf diese Dinge nicht verzichten, wenn er ohne sie in die Gefahr der Not oder des Hungers käme oder sich hilflos allgemeiner Feindschaft ausgesetzt sähe, mit anderen Worten, wenn er das Gefühl der Sicherheit verlöre.

Daß die treibende Kraft nicht allein das Befriedigungsbedürfnis, sondern die Angst ist, läßt sich mit einer Genauigkeit nachweisen, die derjenigen eines Experimentes nahekommt. Typen, bei denen die rezeptive Neigung, der Hang zum Alleshabenwollen und Schmarotzen ausgeprägt ist, reagieren mit Angstzuständen, die mehr oder weniger mit Wutgefühlen vermengt sind – wenn der Zufluß an Geld, Hilfe oder Wohlwollen aufhört. Die Aussicht, auf eigenen Füßen stehen zu müssen, wirkt erschreckend. Dementsprechend lindert sich

[13] Die Wichtigkeit dieser beiden Prinzipien ist u. a. von *Alfred Adler* und *H. S. Sullivan* hervorgehoben worden, aber keiner von ihnen erkennt hinlänglich die Rolle der Angst, die die Heftigkeit des Strebens nach Sicherheit erklärt.
[14] Vgl. *Karen Horney*, a. a. O., 5. Kapitel.

die Angst, wenn diese Menschen erhalten, was sie sich wünschen. Sie kann gemildert werden durch Essen, Einkaufen, durch das geringste Zeichen der Aufmerksamkeit oder Fürsorge. Herrschsüchtige und rechthaberische Typen genießen nicht nur ihre Rechthaberei und Macht, sondern werden direkt entsetzt, wenn – ihnen ein Fehlurteil unterlaufen ist oder wenn sie sich in einer Menschenmasse befinden (U-Bahn-Angst). Retentive Typen häufen nicht nur Geld, Sammlungen, Wissen auf, sondern schrecken vor jeder Situation zurück, die mit dem Eindringen anderer in ihr Privatleben verbunden ist oder es erforderlich macht, daß sie sich anderen gegenüber eröffnen; sie können Angstzustände beim Sexualverkehr entwickeln; sie können Liebe als eine Gefahr empfinden; sie können in ängstliches Grübeln verfallen, wenn sie anderen selbst unbedeutende Dinge über ihr Leben, besonders über ihre Gefühle, mitgeteilt haben. Ähnliche Beobachtungen werden später hinsichtlich narzißtischer und masochistischer Verhaltensweisen gezeigt werden. Sie beweisen übereinstimmend, daß alle diese Triebe, obgleich sie offene oder versteckte Befriedigung gewähren, ihren Zwangs-Charakter eines »so und nicht anders« der Tatsache verdanken, daß sie eine auf Beruhigung der Angst gerichtete Abwehrstrategie darstellen.

Die Angst nun, gegen die diese Abwehr errichtet wird, habe ich in einer früheren Veröffentlichung[15] als Grundangst bezeichnet und sie als Gefühl der Hilflosigkeit gegenüber einer potentiell feindlichen Welt definiert. Dieser Begriff ist dem psychoanalytischen Denken fremd, soweit dieses auf die Libido-Theorie hin orientiert ist. Der ihm am nächsten kommende psychoanalytische Begriff ist die »reale« Angst, wie sie Freud nennt. Auch bei dieser handelt es sich um eine Furcht vor der Umwelt, aber sie ist völlig auf die triebhaften Kräfte des Individuums bezogen: bei ihr geht es vor allem darum, daß sich das Kind davor fürchtet, die Umwelt würde es mit Kastrierung oder Liebesentzug bestrafen, wenn es verbotenen Trieben nachginge.

Der Begriff der Grundangst ist umfassender als Freuds »reale« Angst. Er besagt, daß die Umwelt gefürchtet wird,

---

[15] *Karen Horney*, a. a. O., 3.–5. Kap.

weil man sie als unzuverlässig, trügerisch, verständnislos, unfair, ungerecht, mißgünstig und unbarmherzig empfindet. Nach dieser Auffassung fürchtet das Kind nicht nur Bestrafung oder Verlassenwerden auf Grund verbotener Triebe, sondern es fürchtet die Umwelt als Bedrohung seiner Gesamt-Entwicklung und seiner durchaus berechtigten Wünsche und Bestrebungen. Es fühlt sich ständig von der Gefahr bedroht, daß es seiner Individualität verlustig gehen, seiner Freiheit beraubt, um sein Glück betrogen würde. Im Gegensatz zu der Kastrationsfurcht ist diese Furcht keine eingebildete[16], sondern sie wurzelt in der Wirklichkeit. In einer Umwelt, in der sich die Grundangst entwickelt, ist das Kind am freien Gebrauch seiner Kräfte gehindert, seine Selbstachtung und sein Selbstvertrauen sind untergraben. Einschüchterung und Isolierung flößen ihm Furcht ein, sein Ausdehnungsdrang ist durch Brutalität, durch Vorschriften oder überängstliche »Liebe« beeinträchtigt.

Der andere wesentliche Faktor bei der Grundangst ist, daß sie ein Kind außerstande setzt, sich gegen Übergriffe entsprechend zu verteidigen. Nicht nur daß es biologisch hilflos[17] und von der Familie abhängig ist, sondern jede Art von Selbstbehauptung wird entmutigt. Es ist gewöhnlich viel zu sehr eingeschüchtert, als daß es seinen Groll oder seine Anklagen äußerte, und wenn es sie äußert, wird es veranlaßt, Schuldgefühle zu haben. Die Feindseligkeit, die verdrängt werden muß, beschleunigt Angstgefühle, weil Feindseligkeit gefährlich ist, wenn sie sich gegen jemand richtet, von dem man sich abhängig fühlt.

Angesichts dieser Umstände nimmt das Kind seine Zuflucht zu bestimmten Abwehrstellungen – man möchte sie als Strategie bezeichnen –, die es zum Lebenskampf befähigter machen und ihm zugleich gewisse Möglichkeiten der Befriedigung gewähren. Welche Einstellungen es entwickelt, hängt völlig von der jeweils gegebenen Kombination von Faktoren ab: ob sein Hauptstreben dahin geht, Macht auszuüben, sich zu unterwerfen, unauffällig zu sein oder sich abzusperren, einen magischen Kreis um sich zu ziehen und je-

[16] Vgl. *Anna Freud*, Das Ich und die Abwehrmechanismen (1936).
[17] Eine Hilflosigkeit, die in der psychoanalytischen Literatur ganz einseitig betont wird.

des Eindringen in seinen persönlichen Bereich zu verhindern, hängt davon ab, welche Wege ihm tatsächlich verschlossen und welche ihm zugänglich sind.

Obwohl Freud die Angst als »das Zentralproblem bei Neurosen« erkannte, hat er dennoch nicht die alles durchdringende Rolle der Angst als einer dynamischen, bestimmten Zielen zutreibenden Kraft gesehen. Wenn man diese Rolle erkennt, erscheint die Rolle der Triebversagung in einem anderen Licht. Es wird nicht nur klar, daß wir einen Mangel an Befriedigung viel leichter ertragen können, als Freud glaubt, sondern daß wir ihn sogar durchaus bejahen können, falls er nämlich Sicherheit gewährleistet.

In diesem Falle erscheint mir die Notwendigkeit, das Verständnis zu erleichtern, wichtiger als meine Abneigung gegen das Einführen neuer Fachausdrücke. Ich schlage vor, solche Triebe, deren Kraft in der Hauptsache von der Suche nach Sicherheit bestimmt wird, als »neurotische Tendenzen« (zwanghafte Bedürfnisse) zu bezeichnen. In vieler Hinsicht decken sich die neurotischen Tendenzen mit dem, was Freud als Triebregungen und als »Über-Ich« betrachtet. Freud sieht in dem »Über-Ich« eine Mischung verschiedener Triebe, während ich darin in erster Linie eine Sicherheitsmaßnahme erblicke, d. h. einen neurotischen Zug zur Vervollkommnung. Freud hält narzißtische oder masochistische Triebe für instinkthaft, während sie nach meiner Ansicht neurotische Tendenzen zur Ich-Steigerung oder Ich-Herabsetzung sind.

Der Vorteil, Freuds »instinktive Triebe« mit meinen »neurotischen Tendenzen« gleichzusetzen, liegt darin, daß es dann leichter ist, seine Ansichten mit den von mir vorgeschlagenen zu vergleichen. Aber es ist zu berücksichtigen, daß diese Gleichsetzung in zweierlei Hinsicht ungenau ist. Nach Freud sind alle Arten feindlicher Aggressivität triebhafter Natur. Wie ich es sehe, ist Aggressivität nur dann ein neurotischer Zug, wenn das Sicherheitsgefühl eines Neurotikers auf seiner Aggressivität beruht. Andernfalls würde ich Feindseligkeit bei Neurosen nicht als neurotischen Zug, sondern als Reaktion auf neurotische Züge betrachten. Die Feindseligkeit eines Narzißten z. B. ist also seine Reaktion auf den Umstand, daß andere die übersteigerten Vorstellungen, die er von sich selbst hat, nicht gelten lassen. Die Feind-

seligkeit des Masochisten ist seine Reaktion auf das Gefühl, schlecht behandelt zu sein oder auf seine Gier nach triumphierender Rache für die Mißhandlung.

Die andere Ungenauigkeit ist ziemlich augenfällig. Es erübrigt sich zu sagen, daß Sexualität im üblichen Sinne kein neurotischer Zug, sondern ein Triebkomplex ist. Aber die Sexualtriebe können auch insofern die Färbung eines neurotischen Zuges annehmen, als viele Neurotiker der sexuellen Befriedigung (durch Masturbation oder Geschlechtsverkehr) bedürfen, um ihre Angstgefühle zu beruhigen.

Eine umfassendere Deutung der als triebhaft angesehenen Impulse hat Erich Fromm mit der These formuliert, daß einzelne für das Verständnis einer Persönlichkeit und ihrer Schwierigkeiten wesentliche Bedürfnisse nicht auf Instinkte zurückgehen, sondern aus der Gesamtheit der Lebensbedingungen hervorgehen. Freud vernachlässigt Einflüsse der Umwelt nicht, aber er betrachtet sie nur als einen die Triebe umformenden Faktor. Die oben gekennzeichnete Formulierung stellt die Umwelt und die mit ihr gegebenen Verwicklungen in den Mittelpunkt. Unter den Faktoren des Milieus jedoch ist der für die Charakterbildung wesentlichste, unter welchen menschlichen Verhältnissen und Beziehungen ein Kind heranwächst. Im Hinblick auf Neurosen bedeutet das, daß die verursachenden Konflikte letzten Endes von Störungen im Bereiche der menschlichen Beziehungen bestimmt werden.

Um den Unterschied der Ansichten in äußerster Kürze zu formulieren: Freud betrachtet unwiderstehliche Bedürfnisse des Neurotikers als Triebe oder ihre Abwandlungen; er meint, der Einfluß der Umwelt beschränke sich darauf, den Trieben ihre besondere Form und Stärke zu geben. Nach der soeben umrissenen Auffassung sind diese Bedürfnisse nicht triebhaft, sondern erwachsen aus dem Bedürfnis des Kindes, mit einer schwierigen Umwelt fertig zu werden. Ihre Stärke, die Freud den elementaren Triebkräften zuschreibt, ist auf den Umstand zurückzuführen, daß sie für den Betreffenden das einzige Mittel sind, ein gewisses Gefühl der Sicherheit zu erlangen.

IV.

Der Ödipus-Komplex

Unter Ödipus-Komplex versteht Freud sexuelle Bindung an einen Elternteil bei gleichzeitiger Eifersucht auf den anderen. Er sieht dieses Erlebnis als biologisch determiniert an, obwohl es im einzelnen Menschen durch die Fürsorge der Eltern für die körperlichen Bedürfnisse des Kindes jeweils hervorgerufen wird. Seine zahlreichen Variationen hängen von der jeweils in der einzelnen Familie bestehenden besonderen Konstellation ab. Auf die Eltern gerichtete libidinöse Wünsche variieren in ihrem Charakter entsprechend den Stufen der Libido-Entwicklung: sie gipfeln in genitalem Verlangen.

Die Annahme, daß eine solche Sachlage biologisch bedingt und daher überall vorhanden sei, hat zu ihrer Stützung zwei weitere Hypothesen notwendig gemacht. Da Freud bei der Mehrzahl der gesunden Erwachsenen keine Spuren des Ödipus-Komplexes fand, nahm er an, daß der Komplex in diesen Menschen erfolgreich verdrängt worden sei, ein Schluß, der, wie McDougall schon gezeigt hat[1], diejenigen nicht überzeugt, die Freuds Auffassung von dem biologischen Charakter des Komplexes nicht teilen. Angesichts vieler Fälle, wo die Hauptbindung zwischen Mutter und Tochter oder zwischen Vater und Sohn bestand, schlug Freud weiterhin eine Erweiterung des Begriffes vor, wonach der homosexuelle – negative – Ödipus-Komplex an Bedeutung dem heterosexuellen – normalen – entspricht; so sei z. B. die homosexuelle Bindung bei einem Mädchen eine normale Vorstufe einer späteren Neigung zum Vater.

Freuds Überzeugung, daß der Ödipus-Komplex überall bestehe, beruht so sehr auf den durch die Libido-Theorie gegebenen Voraussetzungen, daß, wer die Libido-Theorie anerkennt, auch die Lehre von der Allgemeingültigkeit des Ödipus-Komplexes anerkennen muß. Wie bereits angedeutet, beruht nach der Libido-Theorie jede menschliche Beziehung letzten Endes auf triebhaften Kräften.

---

[1] *William McDougall*, Psychoanalysis and Social Psychology (1936).

Wenn man diese Theorie auf die Beziehung zwischen Kind und Eltern anwendet, ergeben sich verschiedene Schlußfolgerungen: der Wunsch, Vater oder Mutter gleich zu sein, kann von Wünschen nach oraler Einverleibung stammen; starke Abhängigkeit von einem Elternteil kann der Ausdruck einer gesteigerten oralen Veranlagung sein; jede Art unterwürfiger Ergebenheit an einen Elternteil des gleichen Geschlechtes ist wahrscheinlich Ausdruck passiver Homosexualität oder masochistischer Neigungen, während ein widerspenstiges Ablehnen eines Elternteils von gleichem Geschlecht vermutlich einen inneren Kampf gegen homosexuelle Tendenzen bedeutet; allgemeiner gesagt, jede Art Zuneigung oder Zärtlichkeit für einen Elternteil ist laut Definition zielgehemmte Sexualität; Furchtgefühle beziehen sich vor allem auf Strafe für verbotene Triebwünsche (Inzestwünsche, Masturbation, Eifersucht) und die vohergesehene Gefahr ist das Verbot der körperlichen Befriedigung (Kastrationsfurcht, Furcht vor Liebesverlust); schließlich kann Feindseligkeit gegenüber einem Elternteil, wenn sie sich nicht auf die Nichtbefriedigung von Trieben bezieht, als letzter Ausdruck sexueller Rivalität verstanden werden.

Da manche dieser Gefühle oder Haltungen bei jeder Beziehung zwischen Kind und Eltern – wie überhaupt bei jeder menschlichen Beziehung – vorhanden sind, ist die Augenscheinlichkeit eines allgegenwärtigen Ödipus-Komplexes in der Tat für jeden zwingend, der die theoretische Voraussetzung anerkennt. Zweifellos können Personen, die späterhin eine Neurose oder Psychose entwickeln, eng an die Eltern gebunden sein, ob diese Bindung nun sexueller Natur ist oder nicht. Es ist Freuds Verdienst, dies trotz bestehender gesellschaftlicher Tabus gesehen und die Konsequenzen erkannt zu haben. Die Frage bleibt jedoch, ob Fixierungen an die Eltern aus biologischen Gründen in einem Kind entstehen oder ob sie das Ergebnis nachweisbarer Umweltbedingungen sind. Ich glaube sicher, daß letzteres zutrifft. Es gibt in der Hauptsache zwei Arten von Bedingungen, die eine stärkere Hinneigung zu einem der beiden Elternteile zur Folge haben. Sie können vereint auftreten oder nicht, in beiden Fällen liegt die Ursache auf seiten der Eltern.

Bei dem einen handelt es sich, kurz gesagt, um sexuelle Stimulation seitens der Eltern. Diese kann in grober sexueller Annäherung an das Kind bestehen; sie kann von sexuell gefärbten Liebkosungen ausgehen oder von einer emotionellen Treibhausatmosphäre, die alle Familienmitglieder umgibt oder nur einige einschließt und andere feindselig ausschließt. Ein derartiges Verhalten der Eltern ist nicht nur die Folge ihres emotionellen oder sexuellen Unbefriedigtseins, sondern hat nach meinen Erfahrungen kompliziertere Ursachen, auf die ich hier nicht näher eingehen möchte, da es zu weit führen würde.

Die zweite Möglichkeit ist gänzlich anderer Art. Während in den Fällen der ersten Gruppe eine natürliche sexuelle Erwiderung auf einen Anreiz erfolgt, ist die zweite Gruppe in keiner Weise mit sexuellen Wünschen des Kindes verbunden – seien sie nun spontaner Art oder durch Anreiz erzeugt –, sondern mit seiner Angst. Angst ist, wie wir später sehen werden, ein Ergebnis sich widerstrebender Neigungen oder Bedürfnisse. Der typische bei einem Kind zu Angst führende Konflikt ist der Widerstreit zwischen dem Gefühl der Abhängigkeit von den Eltern – das noch erhöht wird durch das Gefühl der kindlichen Isoliertheit und Eingeschüchtertheit – und feindseligen Impulsen gegenüber den Eltern. Feindseligkeit kann auf verschiedene Weise in einem Kind entstehen: durch mangelhafte Achtung der Eltern vor dem Kind, durch unvernünftige Forderungen und Verbote, durch Ungerechtigkeit, durch Unzuverlässigkeit, durch Unterdrückung jeder Kritik, ferner dadurch, daß die Eltern das Kind beherrschen und solche Neigungen für Liebe ausgeben, dadurch, daß sie Kinder um des Prestiges oder anderer ehrgeiziger Ziele willen mißbrauchen. Wenn ein Kind über seine Abhängigkeit hinaus in grober oder verfeinerter Form von den Eltern eingeschüchtert wird und daher fühlt, daß jede feindselige Äußerung gegen sie seine Sicherheit gefährdet, dann muß die Existenz solcher feindlicher Impulse Angst erzeugen.

Ein Weg, diese Angst zu verringern, ist, sich an einen Elternteil anzuklammern, und das Kind wird dies tun, wenn es hoffen kann, auf diese Weise wieder beruhigende Zuneigung zu empfangen. Ein solches Sichanhängen aus bloßer Angst wird leicht mit Liebe verwechselt und dem Kind selbst erscheint es als Liebe. Es braucht nicht notwendigerweise eine sexuelle Färbung anzunehmen, jedoch kann dies leicht der Fall sein. Zweifellos hat es dagegen alle Kennzeichen eines neurotischen Liebesbedürfnisses, d. h. eines durch Angst bedingten Liebesbedürfnisses, wie wir es bei erwachsenen Neurotikern beobachten: Abhängigkeit, Unersättlichkeit, ausschließliches Besitzenwollen, Eifersucht gegen jeden, der dazwischentreten könnte.

Das Gesamtbild mag genauso aussehen wie das, was Freud den Ödipus-Komplex nennt: leidenschaftliches Hängen an einem Elternteil und Eifersucht gegen den anderen oder gegen jeden, der diesen Anspruch auf ausschließlichen Besitz zu stören wagt. Nach meiner Erfahrung gehört die große Mehrzahl kindlicher Bindungen an Eltern – wie sich bei der Analyse erwachsener Neurotiker rückblickend herausstellt – zu dieser Gruppe. Aber die bewegende Kraft dieser Bindungen ist von dem, was Freud unter dem Ödipus-Komplex versteht, völlig verschieden. Sie sind viel mehr eine frühe Manifestation neurotischer Konflikte als ein vorwiegend sexuelles Phänomen.

Ein Vergleich zwischen dieser Situation und einer Bindung, die in erster Linie durch sexuelle Reizung bestimmt ist, zeigt mehrere wesentliche Unterschiede. Bei der hauptsächlich durch Angst erzeugten Bindung ist das sexuelle Element nicht von Bedeutung; es kann vorhanden sein, es kann aber auch ganz fehlen. Bei der inzestuösen Bindung ist Liebe das Ziel, bei der durch Angst bedingten Bindung ist Sicherheit das Hauptziel. Daher richtet sich im ersteren Falle die Neigung auf den Elternteil, der Liebe oder sexuelle Wünsche hervorruft; bei der zweiten Gruppe richtet sie sich auf den Elternteil, der mächtiger ist oder mehr Furcht einflößt, da seine Zuneigung gewinnen, den größtmöglichen Schutz verspricht. Wenn im letzteren Fall das gleiche Sich-Anhängen, das ein Mädchen für eine gebieterische Mutter zeigte, sich im Verhalten zu ihrem Ehegatten wiederholt, so bedeutet das nicht, daß der Gatte für das Mädchen an die Stelle der Mutter tritt, sondern daß aus später zu erörternden Gründen das Mädchen noch voller Angst ist und sie in der gleichen Weise zu lindern sucht, wobei es sich nun an den Gatten so wie einst an die Mutter klammert.

Bei beiden Gruppen ist die Bindung an die Eltern nicht ein biologisch gegebenes Phänomen, sondern eine Erwiderung auf einen äußeren Anreiz. Diese These, daß der Ödipus-Komplex nicht biologischer Natur sei, scheint von anthropologischen Beobachtungen bestätigt zu werden, die darauf hindeuten, daß die Entstehung eines solchen Komplexes von dem gesamten Faktorenkreis abhängt, der das Familienleben bestimmt, wie die Rolle der elterlichen Autorität, die Zurückgezogenheit einer Familie, ihre Größe, sexuelle Verbote und dergleichen mehr.

Es bleibt noch die Frage, ob spontane sexuelle Gefühle für die Eltern überhaupt unter »normalen« Bedingungen entstehen, d. h. wenn kein besonderer Anlaß durch Anreizung oder Angst gegeben ist. Unser Wissen beschränkt sich nur auf neurotische Kinder und Erwachsene. Aber mich dünkt, es gibt keinen triftigen Grund, warum ein Kind mit seinen angeborenen sexuellen Trieben nicht auch sexuelle Neigungen zu seinen Eltern oder Geschwistern haben sollte. Es ist freilich fraglich, ob diese spontane sexuelle Anziehung ohne andere Faktoren jemals eine Intensität erreicht, die der Freudschen Beschreibung eines Ödipus-Komplexes entspricht – also das Vorhandensein einer sexuellen Begierde, die stark genug ist, so viel Eifersucht und Furcht zu erwecken, daß diese nur durch Verdrängung beseitigt werden kann.

Die Theorie des Ödipus-Komplexes hat die heutige Erziehung stark beeinflußt. In positiver Richtung insofern, als sie dazu beigetragen hat, daß sich die Eltern des anhaltenden Schadens bewußt werden, den sie ihren Kindern zufügen, wenn sie sie sexuell erregen, wenn sie übermäßig nachsichtig oder aber überängstlich sind und ihnen in sexuellen Dingen zuviel verbieten. In negativer Richtung hat sie die Illusion genährt, daß es genüge, die Kinder sexuell aufzuklären und ihnen die Masturbation nicht zu untersagen, sie nicht zu prügeln, sie nicht den elterlichen Geschlechtsverkehr beobachten zu lassen und sie an einer zu starken Bindung an die Eltern zu hindern. Die Gefahr liegt in der Einseitigkeit solcher Maßnahmen. Selbst wenn man sie genau befolgt, kann der Keim für spätere Neurosen gelegt werden. Inwiefern? Die Antwort ist im Prinzip dieselbe wie die Antwort auf den

Vorwurf, die psychoanalytische Therapie sei nicht erfolgreich genug: es werden zu viele für das Gedeihen des Kindes äußerst erhebliche Faktoren als relativ unbedeutend angesehen, weshalb ihnen der Nachdruck, den sie verdienen, versagt wird. Ich denke hierbei an folgende Punkte im Verhalten der Eltern: wirklich an einem Kind interessiert zu sein, wirkliche Achtung vor ihm zu haben, ihm die richtige Wärme zu geben; und ich meine ferner Eigenschaften wie Zuverlässigkeit und Aufrichtigkeit.

Es kann allerdings sein, daß der durch einseitige sexuelle Orientierung angerichtete Schaden harmloser ist als es zunächst den Anschein hat. Zumindest sind die psychoanalytischen Ratschläge für den Erzieher vernünftig und leicht zu befolgen, da sie sich in der Hauptsache darauf beschränken, gewisse konkrete Fehler zu vermeiden. Aber Ratschläge hinsichtlich der erwähnten, viel wichtigeren Faktoren – Faktoren, die eine dem Heranwachsen günstige Atmosphäre schaffen – sind unendlich viel schwieriger zu befolgen, da sie charakterliche Veränderungen erfordern.

Die Theorie des Ödipus-Komplexes ist vor allem wegen des Einflusses wichtig, den der Komplex angeblich auf spätere Beziehungen haben soll. Freud nimmt an, daß die spätere Haltung den Menschen gegenüber weitgehend eine Wiederholung der Ödipus-Einstellung ist. So würde z. B. das ablehnende Verhalten eines Mannes anderen Männern gegenüber darauf hindeuten, daß er sich gegen homosexuelle Neigungen wehrt, die er für seinen Vater oder Bruder empfand; die Unfähigkeit einer Frau, ihre Kinder spontan zu lieben, würde als Identifizierung mit der eigenen Mutter gedeutet werden.

Die anfechtbaren Punkte einer solchen Denkweise werden später in Verbindung mit der Theorie des Wiederholungszwanges behandelt werden. Hier nur folgendes: Wenn es eine ungerechtfertigte Annahme ist, daß eine inzestuöse Bindung an die Eltern ein normales Vorkommnis im Kindesalter sei, dann ist auch die Gültigkeit von Deutungen zweifelhaft, die spätere Besonderheiten auf infantile Inzestwünsche und auf Reaktionen darauf beziehen. Deutungen dieser Art dienen nur dazu, die Überzeugung des Deuters zu erhärten, daß der Ödipus-Komplex regelmäßig vorkomme und so starke Nachwirkungen habe. Aber eine solche Beweisführung dreht sich im Kreise.

Wenn wir von dem theoretischen Inhalt absehen, so verbleibt nicht der Ödipus-Komplex, sondern die höchst konstruktive Einsicht, daß Beziehungen des frühen Lebensalters in ihrer Ganzheit den Charakter in einem kaum zu überschätzenden Ausmaß formen. Das spätere Verhalten gegenüber anderen ist dann nicht eine Wiederholung des kindlichen, sondern entspringt einer Charakterstruktur, deren Grundlage in der Kindheit gelegt wird.

V.

Der Begriff des Narzißmus

Unter dem Begriff des Narzißmus werden in der psychoanalytischen Literatur verschiedenartigste Phänomene zusammengefaßt. Man zählt dazu: Eitelkeit, Überheblichkeit, ein zu starkes Bedürfnis nach Prestige und Bewunderung, den Wunsch, geliebt zu werden, verbunden mit der Unfähigkeit, andere zu lieben, aber auch Distanzierung von anderen, normale Selbstachtung, Ideale aller Art, den Wunsch nach schöpferischer Betätigung, ängstliche Besorgtheit um Gesundheit, um die äußere Erscheinung und um die geistigen Fähigkeiten. Der Versuch, eine klinische Definition des Narzißmus zu geben, würde uns also in Verlegenheit bringen. Alles was die oben erwähnten Erscheinungen gemeinsam haben, ist das Interesse am eigenen Ich oder vielleicht nur die ichbezüglichen Haltungen. Der Grund für diese verwirrende Vielfalt ist der, daß der Ausdruck in rein genetischem Sinne gebraucht wird, nämlich um anzudeuten, daß als Ursprung dieser Manifestationen die narzißtische Libido vermutet wird.

Im Gegensatz zu der Verschwommenheit der klinischen Definition ist die genetische durchaus präzis: Ein Narzißt ist ein Mensch, der letzten Endes in sich selbst verliebt ist. Oder mit den Worten Gregory Zilboorgs: »Der Ausdruck ›Narzißmus‹ bedeutet nicht bloße Selbstsucht oder Egozentrizität, wie man oft annimmt; er bezeichnet speziell jenen Geisteszustand, jene spontane Haltung, der zufolge das Individuum ausschließlich sich selbst statt andere zum Gegenstand der Liebe wählt. Nicht daß ein solcher Mensch andere nicht liebt oder daß er sie haßt und alles für sich verlangt; aber er ist zuinnerst in sich selbst verliebt und sucht überall nach einem Spiegel, um sein eigenes Bild bewundern und umwerben zu können.«

Der Kern des Begriffs ist die These, daß das Interesse am eigenen Wesen oder seine Überbewertung der Ausdruck einer Verliebtheit in sich selbst sei. Sind wir nicht ebenso blind, so argumentiert Freud, gegenüber Mängeln bei einem anderen

Menschen, neigen wir nicht ebenso dazu, seine guten Eigenschaften überzubewerten, wenn wir in ihn verliebt sind? Daher müssen Menschen, die zur Selbstbespiegelung oder Selbst-Überschätzung neigen, im Grunde zweifellos in sich selbst verliebt sein. Diese These steht in Übereinstimmung mit der Libido-Theorie. Auf dieser Grundlage ist es in der Tat einleuchtend, Egozentrizität als Äußerung der Ich-Liebe und auch normale Selbstachtung und Ideale als ihre entsexualisierten Ableitungen zu betrachten. Aber wenn man die Libido-Theorie nicht anerkennt, scheint die These nur eine dogmatische Behauptung zu sein. Mit wenigen Ausnahmen sind ihr die klinischen Beweise nicht günstig.

Wenn man den Narzißmus nicht genetisch, sondern im Hinblick auf seinen eigentlichen Sinn betrachtet, so sollte er, nach meiner Meinung, im wesentlichen als Ich-Überschätzung oder Selbstverherrlichung beschrieben werden. Also als eine Art seelischer Inflation, die, wie die wirtschaftliche Inflation, größere Werte vortäuscht als in Wirklichkeit vorhanden sind. Das heißt, daß der Betreffende sich selbst liebt und bewundert wegen Werten, die einer entsprechenden Grundlage ermangeln[1]. Und es heißt auch, daß er Liebe und Bewunderung von anderen erwartet für Eigenschaften, die er nicht besitzt oder nicht in dem Maß besitzt, wie er annimmt. Nach meiner Definition ist es nicht narzißtisch, wenn jemand eine Eigenschaft an sich schätzt, die er tatsächlich besitzt oder wenn er sie gern von anderen geachtet sieht. Diese beiden Tendenzen – sich selbst übertrieben wichtig zu nehmen und nach übertriebener Bewunderung anderer zu verlangen – kann man nicht voneinander trennen. Beide sind stets vorhanden, wenn auch bei den verschiedenen Menschentypen die eine oder andere überwiegen mag.

Warum müssen die Menschen sich selbst verherrlichen? Wenn wir mit einer biologischen Antwort nicht zufrieden sind – was heißen würde, dieses Bestreben auf einen Trieb zurückzuführen –, müssen wir irgendeine andere Antwort auf die

---

[1] Die Betonung liegt auf dem Umstand, daß die Grundlage nicht adäquat ist. Das illusorische Bild, das ein Mensch sich selbst und anderen bietet, ist nicht gänzlich phantastisch, sondern kann ein übertriebenes Bild der Möglichkeiten darstellen, die er tatsächlich besitzt.

Frage finden. Wie bei allen neurotischen Erscheinungen finden sich im Grund Störungen in den Beziehungen zur Umwelt, Störungen, die schon in der Kindheit durch die in den vorausgehenden Kapiteln[2] erwähnten Einflüsse der Umgebung entstanden sind. Der Umstand, der zu der Entwicklung narzißtischer Neigungen ganz ausschlaggebend beiträgt, erweist sich als die von Nöten und Ängsten veranlaßte Entfremdung des Kindes von seiner Umwelt. Seine positiven emotionellen Bindungen an andere werden schwach, es verliert die Fähigkeit zu lieben.

Die gleiche ungünstige Umgebung erzeugt Störungen in seinem Ich-Gefühl. In schwereren Fällen bedeuten sie mehr als eine bloße Beeinträchtigung der Selbstachtung; sie bewirken ein völliges Unterdrücken des spontanen individuellen Ich[3]. Verschiedene Einflüsse tragen zu dieser Wirkung bei: die bedingungslose Autorität selbstgerechter Eltern läßt eine Situation entstehen, bei der das Kind um des Friedens willen sich verpflichtet fühlt, sich ihre Maßstäbe zu eigen zu machen; aufopferndes Gebaren der Eltern erweckt im Kind das Gefühl, keine eigenen Rechte zu haben und nur für die Eltern da zu sein; wenn ferner manche Eltern ihre eigenen Ambitionen auf das Kind übertragen und den Jungen als künftiges Genie, das Mädchen als Prinzessin betrachten, entwickeln sie in dem Kind das Gefühl, es werde um imaginärer Eigenschaften willen mehr geliebt als um seiner selbst willen. Alle diese Einflüsse, so verschiedenartig sie sein mögen, lassen im Kind den Eindruck entstehen, daß es, um geliebt oder anerkannt zu werden, so sein muß, wie es die anderen von ihm erwarten. Die Eltern haben ihr eigenes Ich dem Wesen des Kindes so nachdrücklich aufgeprägt, daß es aus Furcht nachgibt und so allmählich verliert, was James das »real me« (d. h. sein eigentliches Ich) nennt. Sein eigener Wille, seine eigenen Wünsche, seine eigenen Gefühle, seine Zuneigungen

---

[2] Vgl. 3. Kapitel, Die Libido-Theorie, und 4. Kapitel, Der Ödipus-Komplex.

[3] *Erich Fromm* war der erste, der in seinen Vorlesungen über die Autorität auf die Bedeutung hinwies, die dieser Ich-Verlust für die Neurosen hat. Auch *Otto Rank* scheint in seiner Auffassung über Willen und Produktivität ähnliches im Sinne zu haben. Vgl. *Otto Rank,* Will Therapy (1936).

und Abneigungen, sein eigener Kummer werden paralysiert[4]. Daher verliert es allmählich die Fähigkeit, seine eigenen Werte richtig einzuschätzen. Es wird von der Meinung anderer abhängig. Es ist schlecht und dumm, wenn andere es für schlecht oder dumm halten, intelligent, wenn andere es intelligent nennen, ein Genie, wenn andere es als solches ansehen. Während bei uns allen die Selbstachtung bis zu einem gewissen Grade von der Einschätzung der anderen abhängt, zählt in diesem Falle lediglich das Urteil der anderen[5].

Eine solche Entwicklung wird auch noch von anderen Einflüssen begünstigt, so von direkten Angriffen auf die Selbstachtung, von herabsetzendem Verhalten der Eltern, die keine Gelegenheit versäumen, das Kind fühlen zu lassen, es sei zu nichts gut; von der Bevorzugung anderer Geschwister, wodurch sein Sicherheitsgefühl untergraben und es veranlaßt wird, diese auszustechen zu wollen. Und es gehören ferner hierher alle jene Faktoren, die direkt die Selbständigkeit, das Selbstvertrauen und die Initiative eines Kindes schwächen.

Es gibt nun mehrere Wege für ein Kind, unter solchen bedrängenden Umständen den Lebenskampf aufzunehmen: es kann sich trotzig den allgemeinen Maßstäben anpassen (»Über-Ich«); es kann sich anspruchslos und als von anderen abhängig geben (masochistische Tendenz); und es kann sich selber übertrieben wichtig nehmen (narzißtische Tendenz). Welcher Weg gewählt oder vorwiegend gewählt wird, hängt von dem besonderen Zusammentreffen von Umständen ab.

Was gewinnt ein Mensch durch die Selbstverherrlichung?

Er entrinnt dem peinlichen Gefühl der Nichtigkeit, indem er sich in seiner Einbildung in etwas Hervorragendes verwandelt. Das gelingt entweder, indem er sich einem bewußten

[4] *Strindberg* beschreibt diesen Vorgang in einem seiner Märchen »Jubal ohne Ich« in Märchen und Fabeln (1920). Ein Knabe hatte von Natur aus einen starken Willen; früher als andere Jungen sprach er von sich in der ersten Person. Aber seine Eltern sagten ihm, er habe kein Ich. Als er etwas älter wurde, sagte er: Ich will. Aber seine Eltern sagten ihm, er habe keinen Willen. Da er einen starken Willen besaß, war er über dieses Urteil verwundert, fügte sich aber darein. Als er heranwuchs, fragte ihn sein Vater, was er werden wolle, aber er wußte es nicht, denn er hatte aufgehört zu wollen, da man es ihm verboten hatte.

[5] Was bleibt, ist nach der Bezeichnung von *William James* das »soziale Ich«: »Das soziale Ich des Menschen ist die Anerkennung, die ihm von seinen Gefährten (seiner Umwelt) zuteil wird.«

Spiel der Phantasie überläßt – sich als Prinz, als Genie, Präsident, General, Forscher vorstellt – oder nur ein unbestimmtes Gefühl der eigenen Wichtigkeit empfindet. Je mehr er anderen, aber auch sich selbst entfremdet ist, desto leichter werden solche Vorstellungen psychische Wirklichkeit. Nicht daß er ihretwegen die Realität verleugnet (wie es der Psychotiker tut) – aber die Wirklichkeit nimmt einen provisorischen Charakter an, wie etwa das Leben für einen Christen, für den das wirkliche Leben erst im Himmel beginnt. Seine Vorstellungen von sich selbst werden ein Ersatz für seine erschütterte Selbstachtung, sie werden sein »eigentliches Ich«.

Indem das Kind sich eine eigene Phantasiewelt schafft, in der es der Held ist, tröstet es sich auch damit, nicht geliebt und geachtet zu werden. Obwohl andere es abweisen, auf es hinabsehen, es nicht um seiner selbst willen lieben, so kann es sich dem Gefühl hingeben, daß dies geschieht, weil es so weit über sie erhaben ist, daß ihr Verständnis gar nicht an es heranreicht. Mein persönlicher Eindruck geht dahin, daß die Illusionen weit mehr vermögen, als geheime Ersatzbefriedigungen zu geben. Ich frage mich oft, ob sie nicht das Individuum vor dem völligen Niederbrechen bewahren, ob sie also nicht im wahrsten Sinne des Wortes lebensrettend sind.

Die seelische Inflation ist schließlich ein Versuch, die Beziehung zu anderen Menschen auf eine positive Grundlage zu stellen. Wenn die anderen einen nicht als den lieben und achten, der er ist, so sollen sie wenigstens auf ihn aufmerksam werden und ihn bewundern. Entgegennahme von Bewunderung ersetzt Liebe – ein folgenreicher Vorgang. Von jetzt an fühlt sich der Betreffende unerwünscht, wenn er nicht bewundert wird. Er verliert jedes Verständnis für die Tatsache, daß Freundlichkeit und Liebe eine objektive, ja sogar eine kritische Haltung in sich bergen können. Alles, was nicht blinde Anbetung ist, gilt ihm nicht mehr als Liebe; er wird es sogar für Feindseligkeit halten. Er wird andere nach dem Maße der Bewunderung oder Schmeichelei beurteilen, die sie ihm zollen. Menschen, die ihn bewundern, sind gut und überlegen, solche, die es nicht tun, sind nicht wert, daß man sich mit ihnen abgibt. So liegt seine Haupt-Genugtuung darin, bewundert zu werden, aber auch sein Sicherheitsgefühl beruht darauf, da es ihm die Illusion vermittelt, er sei stark und die Welt um ihn herum sei freundlich. Es ist jedoch ein Sicherheitsgefühl auf schwachen Füßen. Jeder Mißerfolg kann die verborgene Unsicherheit an die Oberfläche bringen. Tatsächlich ist nicht einmal ein Mißerfolg hierfür nötig: es genügt, daß irgendeinem anderen Menschen Bewunderung dargebracht wird.

So entwickelt sich eine gewisse Kombination von Charakterzügen, die man der Einfachheit halber als narzißtische Grundzüge bezeichnen kann. Ihre weitere Entwicklung hängt ab von dem Ausmaß der Entfremdung vom Ich und der Umwelt und von dem Grad der entstandenen Angstgefühle. Wenn die frühen Erlebnisse nicht allzu einschneidend waren, und die späteren Bedingungen günstig sind, kann der Betreffende diesen »Grundzügen« entwachsen. Andernfalls werden sie im Laufe der Zeit wieder verstärkt infolge von drei Faktoren:

Der eine besteht in einer zunehmenden Unproduktivität. Das Streben nach Bewunderung mag ein mächtiger Antrieb sein, etwas zu erreichen, es mag Qualitäten entwickeln helfen, die gesellschaftlich erwünscht sind oder jemanden liebenswert machen, aber es enthält zugleich die Gefahr, daß alles nur im Hinblick auf die Wirkung getan wird, die es auf andere hat. Ein solcher Mensch wählt eine Frau nicht um ihrer selbst willen, sondern weil ihre Eroberung ihm schmeicheln oder sein Ansehen heben würde. Eine Arbeit wird nicht um ihrer selbst, sondern um des Eindruckes willen getan, den sie machen könnte. Glanz wird wichtiger als Substanz. Daher die Gefahr, daß Oberflächlichkeit, Schauspielerei, Opportunismus die Produktivität lähmen. Selbst wenn der Betreffende auf diese Art zu Ansehen gelangt, fühlt er mit Recht, daß es nicht von Dauer sein kann, wenn er sich auch der Gründe seines diesbezüglichen Unbehagens nicht recht bewußt ist. Das einzige vorhandene Mittel, dieses Unbehagen zu beschwichtigen, besteht darin, die narzißtischen Tendenzen wieder zu verstärken: noch mehr Erfolg zu erjagen und noch übertriebenere Vorstellungen von sich selbst aufzurichten. Manchmal wird ein verwirrendes Talent entwickelt, Unzulänglichkeiten und Fehler zu glorifizieren. Wenn man die schriftstellerischen Erzeugnisse solcher Leute nicht genügend anerkennt, so hat dies seinen Grund natürlich darin, daß sie ihrer Zeit weit voraus sind; wenn sie mit ihrer Familie oder ihren Freunden nicht auskommen können, so liegt das an deren Unzulänglichkeiten.

Ein weiterer Umstand, der die narzißtischen Grundzüge verstärkt, besteht darin, daß der betreffende Mensch sich übertriebenen Erwartungen darüber hingibt, was ihm die Welt schuldet. Er meint, man müsse ihn als genialen Kopf erkennen, ohne daß er sich durch wirkliche Leistung entsprechend auszuweisen hätte. Frauen müßten ihn bevorzugen, ohne daß er sich aktiv darum bemühte. Ganz zuinnerst empfindet er, daß es jeder Frau seiner Bekanntschaft unmöglich sein müßte, sich in einen anderen Mann zu verlieben. Das Charakteristikum solchen Verhaltens liegt in der Erwartung, daß man Bewunderung oder Ruhm ohne Anstrengung und eigene Initiative erlangen könne. Diese eigentümliche Art der Erwartung ist unumstößlich determiniert. Sie ist notwendig infolge der Beeinträchtigung, die der Betreffende in seiner Spontaneität, Originalität und Initiative erfahren hat und wegen seiner Menschenfurcht. Die Umstände, die ihn ursprünglich zur Selbstüberhebung drängten, lähmen auch seine innere Aktivität. Daher besteht er innerlich darauf, daß die Erfüllung seiner Wünsche von anderen kommen müsse[6]. Dieser Vorgang, der in seiner Tragweite unbewußt bleibt, führt in zweifacher Weise zu einer Wiederverstärkung narzißtischer Tendenzen: die Ansprüche an andere müssen durch Hervorhebung des angeblichen eigenen Wertes gerechtfertigt werden; und dieser Wert muß erneut hervorgehoben werden, um die Enttäuschungen, die den übertriebenen Erwartungen unvermeidlich folgen, zu verwinden.

Schließlich gewinnen die narzißtischen Grundzüge noch an Umfang durch die zunehmende Verschlechterung der menschlichen Beziehungen. Illusionen über sich selbst und

---

[6] *H. Schultz-Henke* weist in Schicksal und Neurose (1931) auf die Bedeutung dieses Vorgangs für die Neurosen hin. Er erklärt, daß Folgen, die kurz als Furchtgefühle, Schlaffheit, übertriebene Ansprüche gekennzeichnet werden können, wesentlich zum Verlauf jeder Neurose gehören. Auch *N. L. Blitzsten* betont in »Amphitymia« in Archives of Neurology and Psychiatry (1936) die Bedeutung unvernünftiger Ansprüche gegenüber anderen, sowie den Wunsch, etwas ohne Anstrengung zu erreichen.

jene eigentümliche Art, von den anderen alles zu erwarten, müssen einen Menschen verwundbar machen. Da die Welt seine geheimen Ansprüche nicht anerkennt, fühlt er sich oft verletzt, wird immer feindseliger, isolierter und infolgedessen immer wieder aufs neue veranlaßt, Zuflucht zu seinen Illusionen zu nehmen. Die Klagen über andere mögen gleichfalls zunehmen, weil der Betreffende sie dafür verantwortlich macht, daß es ihm nicht gelingt, seine Illusionen zu verwirklichen. Daher werden Charakterzüge entwickelt, die wir moralisch als nicht einwandfrei ansehen, wie ausgesprochener Egoismus, Rachsucht, Mißtrauen, Mißachtung anderer, soweit sie nicht der eigenen Glorifizierung zu Willen sind. Diese Züge sind jedoch unvereinbar mit der Vorstellung, ein bewunderungswürdiges Wesen und weit über dem schwachen, menschlichen Durchschnitt zu sein. Daher müssen sie verborgen werden. Sie werden entweder verdrängt, in welchem Fall sie nur maskiert auftreten, oder sie werden einfach verleugnet[7]. Die seelische Inflation übernimmt so die Funktion, das bestehende Mißverhältnis zu verbergen, gemäß dem Grundsatz: es kommt nicht in Frage, daß ich, ein so überlegener Mensch, derartige Mängel habe, daher existieren sie gar nicht.

Um die Verschiedenheiten, die man bei Typen mit ausgesprochen narzißtischen Tendenzen findet, zu verstehen, müssen wir zwei wesentliche Punkte berücksichtigen. Erstens ist zu beachten, wieweit dem Phantom des Bewundertwerdens in Wirklichkeit oder nur im Bereiche der Phantasie nachgegangen wird; bei dieser Unterscheidung kommt es letzten Endes auf die quantitativen Umstände der Entstehung an, kurz gesagt, auf das Ausmaß, in dem die geistige Kraft des Individuums gebrochen ist. Der andere Punkt betrifft die Art, in der narzißtische Tendenzen mit anderen Charakterzügen kombiniert sind; sie können z. B. mit perfektionistischen, masochistischen und sadistischen Trieben vermengt sein. Die Häufigkeit solcher Kombinationen erklärt der Um-

---

[7] Aus einer Ich-Inflation entstandene Verdrängungen scheinen weniger radikal zu sein als solche, die aus perfektionistischen Bestrebungen (vgl. 13. Kapitel, Der Begriff des »Über-Ich«) entstehen; häufig werden Tendenzen, die nicht zu dem aufgetriebenen Bild passen, das der Betreffende von sich hat, nur verleugnet oder beschönigt.

stand, daß sie alle ähnlichen Ursprungs sind, daß sie verschiedenartige Lösungen gleichartiger Beschwerden darstellen. Die verwirrende Zahl widersprechendster Eigenschaften, die in der psychoanalytischen Literatur dem Narzißmus zugesprochen werden, entsteht teilweise dadurch, daß man nicht imstande war, den Narzißmus nur als einen spezifischen Zug innerhalb der Gesamtstruktur einer Persönlichkeit zu sehen. Erst die Kombination der Charakterzüge gibt einer Persönlichkeit ihre bestimmte Färbung.

Narzißtische Tendenzen können auch auftreten in Verbindung mit der Neigung, sich von den Menschen zurückzuziehen, eine Neigung, die sich bei Schizoiden findet. In der psychoanalytischen Literatur wird dieses Sichzurückziehen als typisch narzißtischer Zug betrachtet; aber während die Entfremdung von anderen Menschen den narzißtischen Tendenzen entspricht, ist dies bei Distanzierung von anderen nicht der Fall. Im Gegenteil, ein Mensch mit ausgesprochen narzißtischen Neigungen benötigt, obgleich er zur Liebe unfähig ist, dennoch die Umwelt als Quelle der Bewunderung und der Unterstützung. So wäre es richtiger, in diesen Fällen von einer Kombination narzißtischer Triebe mit der Neigung zur Distanzierung von anderen zu sprechen.

Narzißtische Züge kommen in unserer Kultur häufig vor. Die Menschen sind in der Mehrzahl unfähig zu wahrer Freundschaft und Liebe; sie sind egozentrisch, d. h. mit ihrer Sicherheit, Gesundheit, Anerkennung beschäftigt; sie fühlen sich unsicher und neigen zur Überschätzung ihrer persönlichen Bedeutung; ihnen fehlt das Urteil über ihren eigenen Wert, weil sie es anderen überantwortet haben. Diese typisch narzißtischen Merkmale sind keineswegs auf Personen beschränkt, deren Leistungsfähigkeit durch Neurosen beeinträchtigt ist.

Freud erklärt die Häufigkeit dieser Züge aus dem von ihm angenommenen biologischen Ursprung. Diese Annahme zeigt wiederum Freuds Glauben an seine Trieblehre, aber sie zeigt auch, daß er gewohnheitsmäßig kulturpsychologische Faktoren außer acht läßt. Tatsächlich sind die beiden Faktoren-Gruppen, die für die Entstehung narzißtischer Züge bei Neurosen verantwortlich sind, ganz allgemein in unserem Kulturbereich am Werk. Es gibt viele Kulturfaktoren, die Angst und feindliche Spannungen unter den Menschen schaffen und sie dadurch untereinander entfremden. Da sind ferner viele Einflüsse allgemeiner Art, die jede individuelle Spontaneität beeinträchtigen, wie etwa die Standardisierung des Fühlens, Denkens und Benehmens oder der Umstand, daß man die Menschen mehr nach ihrem Schein bewertet als nach ihrem Sein. Weiterhin ist das Streben nach Ansehen und Einfluß als ein Mittel, Angst und innere Leere zu überwinden, zweifellos kulturmäßig bedingt.

Um zusammenzufassen: Die Beobachtungen, die Freud uns hinsichtlich der Selbstüberhebung und Egozentrizität gelehrt hat, lassen eine andere Deutung zu als die von ihm vorgeschlagene. Ich glaube, daß – hier wie bei anderen psychologischen Problemen – die These vom Instinkt als der bewegenden Ursache uns daran hindert, die Bedeutung und Wichtigkeit der einzelnen Charakterzüge für die Persönlichkeit wahrzunehmen. Nach meiner Ansicht sind narzißtische Tendenzen nicht von Instinkten ableitbar, sondern stellen einen neurotischen Zug dar, in diesem Falle einen Versuch, sich vor sich selbst und vor den anderen mit Hilfe der seelischen Inflation zu behaupten.

Freud nimmt an, daß sowohl die normale Selbstachtung wie die Selbstüberhebung narzißtische Phänomene sind, die sich nur quantitativ unterscheiden. Nach meiner Meinung ist diese mangelnde klare Unterscheidung zwischen den beiden Einstellungen zum Ich verwirrend: Der Unterschied zwischen Selbstachtung und Selbstüberhebung ist nicht quantitativer, sondern qualitativer Art. Wahre Selbstachtung beruht auf Qualitäten, die jemand tatsächlich besitzt, während bei der seelischen Inflation dem Ich und der Umwelt Eigenschaften oder Taten ohne entsprechende Fundierung präsentiert werden. Falls die übrigen Vorbedingungen gegeben sind, können narzißtische Tendenzen entstehen, sobald die Selbstachtung und andere die individuelle Spontaneität betreffenden Eigenschaften unterdrückt werden. Daher schließen sich Selbstachtung und Selbstüberhebung gegenseitig aus.

Schließlich ist der Narzißmus nicht ein Ausdruck der Eigenliebe, sondern der Entfremdung vom eigenen Ich. Einfacher ausgedrückt, jemand klammert sich deshalb an Illusionen über sich selbst, weil und soweit er sich selbst verloren hat. Daher besteht die Wechselbeziehung zwischen der Ich-Liebe und der Liebe zu anderen nicht in dem von Freud gemeinten Sinne. Dennoch enthält der von ihm in seiner zweiten Trieblehre angenommene Dualismus (zwischen Narzißmus und Liebe), wenn man von den theoretischen Weiterungen absieht, eine alte und bedeutsame Wahrheit. Sie lautet, kurz gesagt, daß jede Art von Egozentrizität von einem wirklichen Interesse für andere ablenkt, daß sie die Fähigkeit schwächt, andere zu lieben. Freud meint jedoch mit seiner These etwas anderes. Für ihn entspringt der Hang zur seelischen Inflation der Eigenliebe, und er glaubt, der Grund, weshalb ein Narzißt andere nicht liebt, sei der, daß er sich selbst zu sehr liebt. Freud betrachtet den Narzißmus wie einen Behälter, der in dem Maße entleert wird, in dem das Individuum andere liebt (d. h. Libido abgibt). Nach meiner Auffassung ist dagegen ein Mensch mit narzißtischen Tendenzen sich selbst sowohl wie den anderen entfremdet, er ist daher entsprechend dem Maße seiner narzißtischen Neigung unfähig, sich selbst oder irgend jemand anderen zu lieben.

VI.

Die weibliche Psychologie

Freud meint, daß psychische Besonderheiten und Schwierigkeiten bei beiden Geschlechtern von bisexuellen Tendenzen
herrühren. Kurz gefaßt liegen seiner Ansicht nach psychische
Schwierigkeiten beim Mann in der Unterdrückung seiner
»weiblichen« Züge und viele Eigentümlichkeiten der Frau in
ihrem starken Verlangen, ein Mann zu sein. Freud hat diesen
Gedanken im einzelnen mehr für die Psychologie der Frau
als für die des Mannes ausgeführt, und ich werde daher nur
seine Ansichten über weibliche Psychologie erörtern.

Nach Freud ist das aufregendste Ereignis in der Entwicklung des kleinen Mädchens die Entdeckung, daß andere
menschliche Wesen einen Penis haben, während es keinen
hat. Die Entdeckung seiner Kastration ist ein Wendepunkt in
der Entwicklung des Mädchens[1]. Es reagiert auf diese Entdeckung mit dem entschiedenen Wunsche, auch einen Penis
zu haben, mit der Hoffnung, daß er noch wachsen werde
und mit Neid auf jene glücklicheren Wesen, die einen besitzen. Bei normaler Entwicklung bleibt der Penisneid nicht als
solcher bestehen; nachdem das Mädchen seinen »Mangel« als
unabänderliche Tatsache erkannt hat, überträgt es den
Wunsch nach einem Penis auf den Wunsch nach einem Kind.
»Der erhoffte Besitz eines Kindes ist als Ausgleich für seinen
körperlichen Mangel gedacht.«

Penisneid ist ursprünglich nur ein narzißtisches Phänomen; das Mädchen fühlt sich beleidigt, weil sein Körper
scheinbar weniger vollkommen als der des Knaben ausgestat-
tet ist. Aber er hat auch eine Wurzel in Objekt-Beziehungen.
Nach Freud ist die Mutter das erste Sexualobjekt für das
Mädchen wie für den Knaben. Das Mädchen wünscht sich
den Penis nicht nur zur Befriedigung seines narzißtischen
Stolzes, sondern auch aus Gründen seines libidinösen Verlan-

[1] *Sigmund Freud*, Neue Vorlesungen zur Einführung in die Psycho-
analyse. Kapitel über »Die Psychologie der Frauen«. Die hier folgende
Deutung des Freudschen Gesichtspunktes beruht vorwiegend auf dieser
Quelle.

gens nach der Mutter, das, soweit es geschlechtlicher Art ist, einen maskulinen Charakter hat. Ohne die elementare Macht heterosexueller Anziehung zu sehen, stellt Freud die Frage, warum das Mädchen überhaupt ein Bedürfnis verspürt, seine Zuneigung auf den Vater sich verlegen. Er gibt zwei Gründe für diesen Gefühlswechsel an: Feindschaft gegen die Mutter, die für den Penismangel verantwortlich gehalten wird, und der Wunsch, das begehrte Organ vom Vater zu erhalten. »Der Wunsch, mit dem das Mädchen sich an den Vater wendet, ist wohl ursprünglich der Wunsch nach dem Penis.« So kennen sowohl Knaben wie Mädchen ursprünglich nur ein Geschlecht: das maskuline.

Der Penisneid soll angeblich unauslöschliche Spuren in der weiblichen Entwicklung hinterlassen; selbst bei völlig normaler Entwicklung wird er nur mit großem Energieaufwand überwunden. Die Gesamthaltung einer Frau oder ihre bedeutsamsten Wünsche werden von dem Penisverlangen genährt. Einige der Hauptthesen Freuds, die das illustrieren, mögen hier kurz angeführt werden.

Freud betrachtet das Verlangen nach einem Kind männlichen Geschlechts als das stärkste Verlangen der Frau, weil der Wunsch nach einem Kind dem Wunsch nach einem Penis entspringt. Der Sohn stellt eine Art Wunscherfüllung im Sinne des Penisbesitzes dar. »Das einzige, was einer Mutter ungeteilte Befriedigung gewährt, ist ihre Beziehung zu dem Sohn; die Mutter kann auf ihren Sohn all den Ehrgeiz übertragen, den sie in sich selbst unterdrücken mußte, und sie kann hoffen, von ihm die Befriedigung alles dessen zu erlangen, was ihr von ihrem Männlichkeits-Komplex noch geblieben ist.«

Das Glücksgefühl während der Schwangerschaft wird, besonders wenn sonst vorhandene neurotische Störungen während dieser Zeit verschwinden, als symbolische Befriedigung über den Besitz des Penis angesehen (wobei der Penis das Kind ist). Wenn die Niederkunft sich aus funktionellen Gründen verzögert, so besteht der Verdacht, die Frau wolle sich von dem Penis-Kind nicht trennen. Andererseits kann die Mutterschaft abgelehnt werden, weil sie an die Weiblichkeit erinnert. Dementsprechend sieht man den Grund für Depression und Gereiztheit während der Menstruation in der

Tatsache, daß diese an die Weiblichkeit gemahnt. Krämpfe bei der Menstruation werden oftmals als Folge von Phantasien gedeutet, in denen der Penis des Vaters verschluckt worden ist.

Störungen in den Beziehungen zu Männern betrachtet man als das letzte Endergebnis von Penisneid. Da die Frauen sich den Männern hauptsächlich in der Erwartung zuwenden, eine Gabe zu empfangen (Penis-Kind), oder in der Erwartung, alle ihre Ambitionen erfüllt zu sehen, wenden sie sich leicht gegen die Männer, wenn diese solchen Erwartungen gegenüber versagen. Neid auf die Männer kann sich auch äußern in dem Bedürfnis, sie zu übertreffen, oder sie in irgendeiner Form herabzusetzen, oder in dem Bestreben nach Unabhängigkeit von männlicher Hilfe. Im sexuellen Bereich kann die Aversion gegen die weibliche Rolle sich offen nach der Defloration zeigen; diese kann Erbitterung gegen den Partner erwecken, da sie als Kastration empfunden wird.

Tatsächlich gibt es kaum einen Charakterzug bei der Frau, dessen eigentliche Wurzel nicht im Penisneid gesehen wird. Weibliche Minderwertigkeitsgefühle betrachtet man als Ausdruck der Verachtung für das eigene Geschlecht wegen des Penismangels. Freud glaubt, eine Frau sei eitler als ein Mann und sieht die Ursache dafür in der Notwendigkeit einer Kompensation für den Penismangel. Die körperliche Keuschheit der Frau entspringt letztlich dem Wunsch, den »Mangel« ihrer Genitalien zu verbergen. Die größere Rolle, die Neid und Eifersucht im Charakter der Frau spielen, ist eine unmittelbare Folge des Penisneids. Ihr Hang zum Neid kommt daher, daß eine Frau »zu wenig Gerechtigkeitsgefühl« hat, sowie aus ihrer »Vorliebe für geistige und praktische Interessen, die der männlichen Sphäre zugehören«. De facto steht für Freud hinter allen ehrgeizigen weiblichen Wünschen als treibende Kraft letzten Endes der Wunsch nach dem Penis. Auch Ambitionen, die gemeinhin als spezifisch weiblich angesehen werden, wie der Wunsch, die schönste Frau zu sein oder den hervorragendsten Mann zu heiraten, sind, nach Abraham, Äußerungen von Penisneid.

Obwohl der Begriff des Penisneids sich auf anatomische Unterschiede bezieht, befindet er sich dennoch in Widerspruch zum biologischen Denken. Es wäre ein gewaltiges Beweismaterial nötig, um plausibel zu machen, daß die körperlich für speziell weibliche Funktionen gebaute Frau seelisch von dem Verlangen nach Attributen des anderen Geschlechts bestimmt sein sollte. Tatsächlich aber ist das zur Stützung dieser Behauptung angeführte Material dürftig und besteht aus drei wesentlichen Beobachtungen.

Erstens wird darauf hingewiesen, daß kleine Mädchen oft den Wunsch äußern, einen Penis zu haben, oder die Hoffnung, es werde ihnen noch einer wachsen. Es besteht jedoch kein Grund zu glauben, daß dieser Wunsch in irgendeiner Form bedeutsamer sei, als der ebenso häufige Wunsch, einen Busen zu haben; überdies mag der Peniswunsch die Begleiterscheinung eines Verhaltens sein, das in unserer Kultur für weiblich angesehen wird.

Es wird ferner darauf hingewiesen, daß Mädchen vor der Pubertät oft nicht nur ein Junge sein möchten, sondern durch ihr jungenhaft wildes Benehmen zum Ausdruck bringen, daß sie es wirklich ernst damit meinen. Wiederum ist es jedoch die Frage, ob wir berechtigt sind, diese Neigungen für bare Münze zu nehmen. Wenn man sie analysiert, lassen sich gute Gründe für die scheinbar maskulinen Wünsche finden: Widerspruchsgeist, Verzweiflung darüber, als Mädchen nicht anziehend zu sein u. dgl. Tatsächlich ist dieses Verhalten seltener geworden, seit die Mädchen mit größerer Freiheit aufgezogen werden.

Schließlich wird darauf verwiesen, daß erwachsene Frauen den Wunsch, ein Mann zu sein, manchmal ausdrücklich äußern oder sich in Träumen mit einem Penis oder Penissymbol präsentieren; sie mögen ihre Verachtung für Frauen äußern und vorhandene Minderwertigkeitsgefühle der Tatsache zuschreiben, eine Frau zu sein; Kastrationsneigungen können sich manifest oder in Träumen äußern, in verkleideter oder unverkleideter Form. Diese letzteren Fälle sind jedoch nicht so häufig, wie in einigen analytischen Schriften angedeutet wird, wenn auch außer Frage steht, daß sie vorkommen. Es handelt sich dabei auch nur um neurotische Frauen. Überdies lassen diese Beobachtungen auch eine andere Deutung zu und sind daher keineswegs ein einwandfreier Beweis. Bevor wir sie kritisch betrachten, wollen wir zunächst zu verstehen suchen, wieso Freud und viele andere Analytiker so überwältigende Beweise für den entscheidenden Einfluß des Penisneids auf den weiblichen Charakter zu haben glauben.

Nach meiner Meinung sind zwei Faktoren für diese Überzeugung maßgebend. Auf Grund theoretisch einseitiger Beurteilung – die bis zu einem gewissen Grade mit bestehenden kulturellen Vorurteilen übereinstimmen – hält der Analytiker bei weiblichen Patienten folgende Veranlagung von vornherein für verborgenen Penisneid: die Tendenz, den Mann zu beherrschen, ihn zu beschmutzen, ihm Erfolg zu mißgönnen; ferner ehrgeizig und unabhängig zu sein, ungern Hilfe anzunehmen. Ich habe den Verdacht, daß diese Charakterzüge manchmal ohne weiteres einem dahinterstehenden Penisneid zugeschrieben werden. Weitere Beweise kann man jedoch leicht finden in gleichzeitigen Klagen über weibliche Organfunktionen (wie Menstruation) oder über Frigidität, in Klagen darüber, daß der Bruder vorgezogen wurde, in dem Bedürfnis, gewisse Vorteile der sozialen Stellung des Mannes hervorzuheben, oder auch in Traumsymbolen (eine Frau, die einen Stock trägt, eine Wurst aufschneidet).

Wenn man sich diese Züge genauer betrachtet, ist es unverkennbar, daß sie für männliche wie für weibliche Neurotiker bezeichnend sind. Der Hang zu diktatorischer Macht, egozentrischem Ehrgeiz, zum Beneiden und Beschimpfen, all dies sind Wesenszüge, die heute bei Neurosen niemals fehlen, wenn auch die Rolle, die sie innerhalb einer neurotischen Veranlagung spielen, sich ändern kann.

Weiterhin zeigt die Beobachtung neurotischer Frauen, daß alle diese Züge sich ganz genauso gegen andere Frauen oder gegen Kinder richten wie gegen Männer. Es kommt mir dogmatisch vor, anzunehmen, daß ihre Äußerung anderen gegenüber lediglich ein Widerschein ihrer Beziehung zu Männern sein solle.

Was schließlich die Traumsymbole anlangt, so nimmt man jede Äußerung von Wünschen maskuliner Tendenz allzu wörtlich, anstatt skeptisch auf einen möglichen tieferen Sinn bedacht zu sein. Dieses Vorgehen widerspricht völlig dem üblichen analytischen Verhalten und läßt sich nur mit der starken Beeinflussung durch theoretische Vorurteile erklären.

Eine andere Quelle, aus der sich die Überzeugung des Analytikers von der Bedeutung des Penisneids nährt, liegt nicht in ihm selbst, sondern in seinen weiblichen Patienten. Während manche Frauen von Deutungen, die den Penisneid als Ursprung ihrer Verstörtheit bezeichnen, unbeeindruckt bleiben, nehmen sie andere bereitwillig an und lernen schnell, über ihre Beschwerden in Ausdrücken wie »feminin« und »maskulin« zu reden oder sogar in Symbolen zu träumen, die dieser Denkweise entsprechen. Das müssen nicht immer besonders leichtgläubige Patienten sein. Jeder erfahrene Analytiker wird bemerken, ob ein Patient lenksam und empfänglich ist und wird bei der Analyse jener Tendenzen Irrtümer aus dieser Quelle zu vermeiden suchen. Und manche Patienten betrachten ihre Probleme unter dem Gesichtspunkt der Maskulinität und Femininität ohne einen Hinweis seitens des Analytikers, denn man kann natürlich den Einfluß der Literatur nicht ausschalten. Aber es gibt einen tieferen Grund, warum viele Patienten Erklärungen unter dem Gesichtspunkt des Penisneids gern aufgreifen: diese Erklärungen bieten verhältnismäßig harmlose und einfache Lösungen. Es ist für eine Frau so viel leichter zu glauben, daß sie sich ihrem Gatten gegenüber schlecht benimmt, weil sie unglücklicherweise ohne Penis geboren wurde und ihn beneidet, daß er einen besitzt, als z. B. anzunehmen, ihr Verhalten sei so rechthaberisch und unfehlbar geworden, daß sie unmöglich eine Infragestellung oder Meinungsverschiedenheit dulden könne. Es ist für eine Patientin viel leichter zu glauben, sie sei von der Natur ungerecht bedacht worden, als einzusehen, daß sie in Wirklichkeit übertriebene Forderungen an ihre Umgebung stellt und wütend ist, wenn ihnen nicht entsprochen wird. So kann also das theoretische Vorurteil des Analytikers mit der Neigung der Patientin, ihre wirklichen Probleme unberührt zu lassen, offensichtlich übereinstimmen.

Wenn die Wünsche nach Maskulinität verdrängte Triebe verdecken können, so ist zu fragen, was sie für diesen Zweck geeignet macht.

Hier zeigen sich nun kulturelle Faktoren. Der Wunsch, ein Mann zu sein, kann, wie Alfred Adler gezeigt hat, der Ausdruck eines Verlangens nach allen jenen Qualitäten oder Privilegien sein, die in unserer Kultur als männlich angesehen werden, also Stärke, Mut, Unabhängigkeit, Erfolg, sexuelle Freiheit, das Recht der Wahl eines Partners. Um Mißverständnisse zu vermeiden, möchte ich ausdrücklich feststellen, daß ich nicht sagen will, der Penisneid sei nur ein symbolischer Ausdruck des Verlangens nach den in unserer Kultur als männlich geltenden Eigenschaften. Das wäre deshalb nicht einleuchtend, weil solche Wünsche nicht verdrängt zu werden brauchen und daher keines symbolischen Ausdruckes bedürfen. Ein symbolischer Ausdruck ist nur notwendig für Neigungen oder Gefühle, die man aus dem Bewußtsein verbannt.

Welches aber sind denn die verdrängten Triebe, die von dem Wunsch nach Maskulinität überdeckt sind? Die Antwort liegt nicht in einer alles umfassenden Formel, sondern muß aus einer Analyse des jeweiligen Patienten und der jeweiligen Situation ermittelt werden. Um die verdrängten Triebe aufzudecken, ist es notwendig, die Neigung einer Frau, ihre Minderwertigkeitsgefühle in irgendeiner Form mit der Tatsache ihrer Weiblichkeit zu begründen, nicht allzu wörtlich zu nehmen; vielmehr muß ihr gezeigt werden, daß jeder zu einer Minderheit oder zu einer weniger privilegierten Klasse gehörige Mensch dazu neigt, diese Lage als Vorwand für Minderwertigkeitsgefühle verschiedensten Ursprungs zu benutzen und daß es darauf ankommt, diese eigentlichen Ursprünge zu ermitteln. Nach meinen Erfahrungen ist eine der häufigsten und wirksamsten Ursachen die Unmöglichkeit, gewissen übertriebenen Vorstellungen über das eigene Ich völlig zu entsprechen – Vorstellungen, die ihrerseits notwendig sind, weil verschiedene noch unerkannte Ansprüche mit ihrer Hilfe verborgen werden müssen.

Weiterhin muß die Möglichkeit in Betracht gezogen werden, daß der Wunsch, ein Mann zu sein, ein Schild für verdrängten Ehrgeiz sein kann. Bei Neurotikern kann der Ehrgeiz destruktiv werden, weil er so angstdurchsetzt wird, daß er verdrängt werden muß. Das gilt von Männern wie von Frauen, aber infolge der bestehenden Kulturverhältnisse kann ein verdrängter schädlicher Ehrgeiz bei einer Frau sich in dem relativ harmlosen Symbol des Wunsches, ein Mann zu sein, äußern. Aufgabe der Psychoanalyse ist nun, die egozentrischen und zerstörerischen Elemente des Ehrgeizes aufzudecken und nicht nur zu analysieren, was zu dieser Art Ehrgeiz führte, sondern auch welche Folgen er für die Persönlichkeit hat, in Form von Hemmungen in der Liebes- und Arbeitsfähigkeit, von Konkurrenzneid, von Neigungen zu Selbsterniedrigung und von Furcht vor Mißerfolg wie vor Erfolg[2]. Der Wunsch, ein Mann zu sein, verschwindet aus den Assoziationen der Patientin, sobald wir die Probleme in Angriff nehmen, die ihrem Ehrgeiz und ihren übertriebenen Vorstellungen von dem, was sie ist oder sein sollte, zugrunde liegen. Sie kann sich dann nicht länger hinter dem symbolischen Schild von Maskulinitäts-Wünschen verbergen.

Kurzum, Deutungen, die sich der Idee des Penisneids bedienen, versperren den Weg zum Verständnis der Hauptschwierigkeiten, wie etwa Ehrgeiz und der mit ihm verketteten Gesamtstruktur der Persönlichkeit. Daß solche Deutungen den wirklichen Sachverhalt verdunkeln, ist mein nachdrücklichster Einwand gegen sie, besonders vom therapeutischen Gesichtspunkt aus. Und ich habe den gleichen Einwand gegen die angebliche Wichtigkeit der Bisexualität in der männlichen Psychologie. Freud glaubt, in der männlichen Psychologie entspreche dem Penisneid der »Kampf gegen das passive oder feminine Verhalten gegenüber anderen Männern[3]«. Er nennt diese Furcht die »Verweigerung der Weiblichkeit« und macht sie für die verschiedensten Beschwerden verantwortlich, die nach meinem Dafürhalten zu der Struktur von Typen gehören, die sich den Anschein von Vollkommenheit und Überlegenheit geben müssen.

Freud hat zwei weitere, eng miteinander verbundene Hinweise auf typisch weibliche Charakteristika gegeben. Der eine besagt, daß Weiblichkeit eine »geheime Beziehung zu Masochismus« hat[4]. Der andere, daß die Urangst der Frau die vor Liebesverlust ist, und daß diese Furcht der Kastrationsfurcht beim Manne entspricht.

Helene Deutsch hat Freuds Theorie erweitert und verallgemeinert, indem sie den Masochismus die Elementarkraft des weiblichen Seelenlebens nennt. Sie behauptet, daß die Frau beim Geschlechtsverkehr letzten Endes vergewaltigt

[2] Vgl. *Karen Horney*, a. a. O., Kapitel 10–12.
[3] *Sigmund Freud:* »Analysis Terminable and Interminable«, a. a. O.
[4] *Sigmund Freud*, Neue Vorlesungen zur Einführung in die Psychoanalyse.

und geschändet werden wolle; im geistigen Lebensbereich wolle sie gedemütigt werden; die Menstruation sei für die Frau bedeutungsvoll, weil sie masochistische Phantasien nährt; die Geburt eines Kindes stelle den Höhepunkt masochistischer Befriedigung dar. Die Freuden der Mutterschaft, insbesondere, soweit sie gewisse Opfer und Rücksichtnahme auf die Kinder in sich schließen, bilden eine lang hingezogene masochistische Genugtuung. Wegen dieses masochistischen Verlangens sind die Frauen, nach H. Deutsch, mehr oder weniger zu Frigidität verdammt, bis sie beim Geschlechtsverkehr vergewaltigt, verletzt oder gedemütigt werden oder es so empfinden. Rado meint, daß die Vorliebe der Frau für Maskulinität eine Abwehr gegen weiblich-masochistische Triebe darstelle.

Da nach der psychoanalytischen Theorie psychische Haltungen sich an sexuellen Haltungen formen, haben die Theorien über eine spezifisch weibliche Grundlage des Masochismus weitreichende Folgen. Sie ziehen die These nach sich, daß Frauen im allgemeinen, oder wenigstens in der Mehrheit, ihrem Wesen nach unterwürfig und abhängig zu sein wünschen. Unterstützt wird diese Ansicht durch den Eindruck, daß in unserer Kultur masochistische Züge sich häufiger bei Frauen als bei Männern finden. Aber man sollte nicht vergessen, daß das verfügbare Material sich nur auf neurotische Frauen bezieht.

Viele neurotische Frauen haben masochistische Vorstellungen vom Geschlechtsverkehr, wie etwa, daß Frauen eine Beute der animalischen Wünsche des Mannes seien, daß sie sich opfern müßten und durch das Opfer erniedrigt würden. Auch finden sich gelegentlich Vorstellungen über eine körperliche Verletzung durch den Geschlechtsverkehr. Einige neurotische Frauen haben Phantasien, in denen sie, während sie gebären, masochistisch befriedigt werden. Die große Anzahl von Müttern, die die Rolle der Märtyrerin spielen und ständig betonen, wie sehr sie sich für die Kinder aufopfern, sind sicherlich ein Beweis dafür, daß Mutterschaft neurotischen Frauen masochistische Befriedigung bieten kann. Es gibt auch neurotische Mädchen, die vor der Ehe zurückschrecken, weil sie sich von dem eventuellen Gatten versklavt und mißhandelt sehen. Schließlich können masochistische Phantasien über die sexuelle Rolle der Frau zu einer Ablehnung der weiblichen und einer Bevorzugung der männlichen Rolle führen.

Angenommen, daß bei neurotischen Frauen tatsächlich masochistische Züge häufiger vorkommen als bei neurotischen Männern – wie wäre dies zu erklären? Rado und Deutsch versuchen zu zeigen, daß spezifische Faktoren der weiblichen Entwicklung dafür verantwortlich sind. Ich sehe davon ab, diese Versuche zu erörtern, weil beide Autoren als Hauptfaktor das Fehlen eines Penis anführen oder die Reaktion des Mädchens auf die Entdeckung dieser Tatsache, und ich halte das für eine falsche Voraussetzung. Überhaupt glaube ich nicht, daß es möglich ist, in der weiblichen Entwicklung spezifische Faktoren zu finden, die zum Masochismus führen, denn alle solchen Versuche beruhen auf der Voraussetzung, daß der Masochismus im wesentlichen ein sexuelles Phänomen sei. Zwar ist die sexuelle Seite des Masochismus, wie sie in masochistischen Phantasien und Perversionen erscheint, am auffälligsten und zog zuerst die Aufmerksamkeit der Psychiater auf sich. Ich halte jedoch den Masochismus – und diese Ansicht wird später näher ausgeführt werden – nicht für ein vorwiegend sexuelles Phänomen, sondern vielmehr für das Ergebnis gewisser Konflikte innerhalb der menschlichen Beziehungen. Wenn sich masochistische Tendenzen einmal festgesetzt haben, können sie auch in der sexuellen Sphäre vorwiegen und hier die Befriedigung bedingen. So gesehen, kann Masochismus nicht ein spezifisch weibliches Phänomen sein, und man kann den analytischen Schriftstellern, die versucht haben, in der weiblichen Entwicklung spezifische Faktoren zu finden, die für masochistisches Verhalten von Frauen verantwortlich sind, keinen Vorwurf daraus machen, daß sie keine gefunden haben.

Nach meiner Meinung sollte man nicht nach biologischen, sondern nach kulturellen Gründen suchen. Die Frage ist dann, ob es Kulturfaktoren gibt, die der Entwicklung masochistischer Tendenzen bei Frauen förderlich sind. Die Antwort hängt davon ab, was man an der Dynamik des Masochismus für wesentlich hält. Meine Auffassung geht, kurz gesagt, dahin, daß masochistische Phänomene den Versuch darstellen, Sicherheit und Befriedigung im Leben durch Unauffälligkeit und Abhängigkeit zu erreichen. Wie wir später sehen werden, bestimmt diese Grundhaltung zum Leben die ganze Art, in der die einzelnen Probleme behandelt werden; sie führt beispielsweise dazu, Herrschaft über andere durch Schwäche und Leiden zu gewinnen, Feindseligkeit durch Leiden auszudrücken und in Krankheit ein Alibi für Mißerfolg zu suchen.

Wenn diese Voraussetzungen richtig sind, gibt es in der Tat Kulturfaktoren, die einem masochistischen Verhalten von Frauen förderlich sind. Sie waren für die frühere Generation von größerer Bedeutung als für die gegenwärtige, aber ihr Schatten liegt auch noch über dieser. Sie bestehen, kurz gesagt, in der größeren Abhängigkeit der Frau, in der Betonung ihrer Schwäche und Gebrechlichkeit; in der Theorie, daß es in der Natur der Frau läge, sich an jemand anzulehnen und daß ihr Leben Inhalt und Sinn nur durch andere gewänne: durch Familie, durch Ehegatten und Kinder. Diese Faktoren erzeugen nicht von sich aus masochistisches Verhalten. Die Geschichte zeigt, daß Frauen unter diesen Bedingungen glücklich, zufrieden und leistungsfähig sein können. Aber es sind gerade Faktoren dieser Art, die nach meiner Ansicht für das Überwiegen masochistischer Züge bei weiblichen Neurosen verantwortlich sind.

Freuds These, daß die Grundangst der Frau die Angst vor Liebesverlust sei, ist in gewisser Hinsicht nicht von der These zu trennen, daß es in der weiblichen Entwicklung spezifische, zu Masochismus führende Faktoren gibt, ja sie ist sogar implicite in ihr enthalten. Insofern masochistische Tendenzen, unter anderen Merkmalen, gefühlsmäßige Abhängigkeit von anderen bedeuten, und insofern eines der wichtigsten masochistischen Sicherungsmittel gegen Angst darin besteht, Zuneigung zu gewinnen, ist die Furcht vor Liebesverlust eine spezifisch masochistische Erscheinung.

Mir scheint jedoch, daß im Gegensatz zu den anderen beiden Thesen Freuds, die sich auf die weibliche Natur beziehen – die vom Penisneid und die von der spezifisch weiblichen Grundlage des Masochismus –, jene zuletzt erwähnte eine gewisse Gültigkeit auch für die gesunde Frau in unserer Kultur hat. Nicht biologische Gründe, sondern wesentliche Kulturfaktoren sind es, die die Frauen zu einer Überbewertung der Liebe und so zu einer großen Furcht vor ihrem Verlust führen.

Die Frau lebte jahrhundertelang unter Bedingungen, die sie von größerer wirtschaftlicher und politischer Verantwortung fernhielten und sie auf eine private emotionelle Lebenssphäre beschränkten. Das heißt nicht, daß sie keine Verantwortung hatte und nicht zu arbeiten brauchte. Aber ihre Arbeit vollzog sich innerhalb der Grenzen des Familienkreises und dadurch auf einer lediglich gefühlsbetonten Grundlage im Gegensatz zu unpersönlichen und sachlichen Beziehungen. Außerdem wurden Liebe und Hingabe zunehmend als spezifisch weibliche Ideale und Tugenden angesehen. Und eine noch andere Begründung ist die, daß für Frauen – deren Beziehung zu Mann und Kindern der einzige Weg zu Glück, Sicherheit und Ansehen war – die Liebe einen realen Wert darstellte, der im Bereiche des Mannes mit seiner Tätigkeit in bezug auf Verdienstmöglichkeiten verglichen werden kann. So wurde jedes Bestreben außerhalb der Gefühlssphäre nicht nur faktisch nicht begünstigt, sondern es nahm auch für die Frau selbst nur zweitrangige Bedeutung an.

Daher bestanden – und bestehen in einem gewissen Grade noch – in unserem Kulturkreis sehr reale Gründe dafür, daß die Frau die Liebe überschätzen muß und mehr von ihr erwartet, als sie geben kann, und warum sie einen Liebesverlust mehr fürchtet als der Mann.

Aus der Gesamtheit unserer Kulturlage, aus der heraus die Frau die Liebe als den einzigen Wert ansieht, der im Leben zählt, lassen sich auch gewisse bezeichnende Eigenarten der modernen Frau erklären. Eine dieser Eigenarten ist ihre Haltung in bezug auf das Altern: Die Altersphobie der Frau und ihre Folgen. Da für die Frau seit so langer Zeit die einzig erreichbaren Erfüllungen – mochten sie nun in Liebe oder Geschlechtlichkeit, in Heim oder Kindern bestehen – nur mit Hilfe von Männern erlangt wurden, war es notwendigerweise von höchster Wichtigkeit, den Männern zu gefallen. Der daraus entstandene Kult der Schönheit und des Charmes könnte, wenigstens in mancher Hinsicht, als positive Wirkung verzeichnet werden. Aber eine solche Einstellung auf die Wichtigkeit der erotischen Anziehungskraft enthält zugleich die Angst vor der Zeit, wenn diese Kraft vielleicht nachzulassen beginnt. Wir würden es als neurotisch bezeichnen, wenn Männer bei der Annäherung an das fünfte Jahrzehnt ihres Lebens in Furcht oder Depression geraten würden. Bei einer Frau wird das als ganz natürlich betrachtet, und es ist auch natürlich, solange die Anziehungskraft einen einzigartigen Wert darstellt. Wenn das Altern schon für jeden Menschen problematisch ist, so wird es ein verzweifeltes Problem, wenn sich alles auf Erhaltung der Jugendlichkeit konzentriert.

Diese Furcht ist nicht auf das Lebensalter begrenzt, das man als das Ende der weiblichen Anziehungsfähigkeit betrachtet, sondern sie wirft ihre Schatten auf das ganze Leben der Frau und muß so ein Gefühl großer Unsicherheit dem Leben gegenüber auslösen. Sie erklärt auch die oft zwischen Müttern und heranwachsenden Töchtern bestehende Eifersucht und trägt nicht nur dazu bei, ihre persönlichen Beziehungen zu verderben, sondern sie kann auch noch überdies Feindseligkeit gegenüber Frauen überhaupt veranlassen. Sie macht die Frauen unfähig, Eigenschaften zu schätzen, die außerhalb der erotischen Sphäre liegen, wie etwa die folgenden: Reife, Ausgeglichenheit, Unabhängigkeit, Selbständigkeit des Urteils, Weisheit. Eine Frau kann die Aufgabe der Entwicklung ihrer Persönlichkeit kaum so ernst nehmen wie ihr Liebesleben, wenn sie beständig eine herabsetzende Haltung ihren Reifejahren gegenüber einnimmt und sie als die Jahre ihres Verfalls betrachtet.

Die umfassenden Erwartungen, die an die Liebe geknüpft werden, erklären teilweise jene Unzufriedenheit mit der weiblichen Rolle, die Freud auf den Penisneid zurückführt. Unter diesem Gesichtspunkt hat die Unzufriedenheit zwei Hauptgründe. Der eine liegt darin, daß es in einer Kultur, in der die menschlichen Beziehungen so allgemein gestört sind, schwer ist, Glück im Liebesleben zu finden (ich meine damit nicht sexuelle Beziehungen). Der andere Grund liegt darin, daß diese Situation aller Wahrscheinlichkeit nach Minderwertigkeitsgefühle erzeugt. Es wird manchmal die Frage erhoben, ob in unserer Kultur mehr die Männer oder die Frauen unter Minderwertigkeitsgefühlen leiden. Psychische Quantitäten sind schwer zu messen, aber es gibt hier einen Unterschied: in der Regel erwachsen die Minderwertigkeitsgefühle eines Mannes nicht aus der Tatsache, daß er ein Mann ist; dagegen kommt sich die Frau oft minderwertig vor, nur weil sie eine Frau ist. Wie bereits erwähnt, glaube ich, daß das Gefühl der Unzulänglichkeit nichts mit Weiblichkeit zu tun hat, sondern kulturbedingte Folgeerscheinungen der weiblichen Existenz als Vorwand benutzt für Minderwertigkeitsgefühle anderen Ursprungs, die ihrem Wesen nach bei Männern und Frauen die gleichen sind. Es verbleiben jedoch noch gewisse kulturelle Gründe dafür, daß das Selbstvertrauen der Frau so leicht gestört wird.

Ein gesundes und sicheres Selbstvertrauen ruht auf einer breiten Grundlage menschlicher Qualitäten, wie Entschlußkraft, Mut, Unabhängigkeit, Begabung, erotischer Wert und auf der Fähigkeit, Situationen zu meistern. Solange die Haushaltung eine wirklich große Aufgabe war, die viele Verantwortlichkeiten einschloß, und solange die Zahl der Kinder nicht beschränkt war, hatte die Frau das Gefühl, ein konstruktiver Faktor im Wirtschaftsprozeß zu sein; auf diese Weise war ihr eine gesunde Grundlage für ihr Selbstbewußtsein gegeben. Diese Grundlage ist jedoch allmählich verschwunden, und mit ihrem Fortfall hat die Frau auch eine Stütze ihres Wertgefühls verloren.

Was die sexuelle Grundlage des Selbstvertrauens betrifft, haben sicher puritanisch-christliche Einflüsse, wie man sie auch sonst bewerten mag, zur Herabwürdigung der Frau beigetragen, indem sie der Sexualität den Beigeschmack von etwas Sündigem und Niedrigem gaben. In einer patriarchalischen Gesellschaft mußte diese Haltung die Frau zum Symbol der Sünde machen, in der frühchristlichen Literatur finden sich viele Anspielungen dieser Art. Das ist einer der wesentlichen kulturellen Gründe, weswegen die Frau, selbst heute noch, sich von der Sexualität entwürdigt und befleckt und so in ihrer Selbstachtung herabgesetzt empfindet.

Es bleibt schließlich die emotionelle Grundlage für das Selbstvertrauen. Wenn jedoch das Selbstvertrauen eines Menschen davon abhängt, ob Liebe gespendet oder empfangen wird, dann baut er auf zu schmalem und zu unsicherem Grunde – zu schmal, weil zu viele menschliche Werte unbeachtet bleiben, und zu unsicher, weil dabei zu viel von äußeren Faktoren abhängt, wie etwa passende Partner zu finden.

Außerdem führt das Bedürfnis nach Zuneigung und Wertschätzung anderer sehr leicht zu gefühlsmäßiger Abhängigkeit und bewirkt ein Gefühl der Wertlosigkeit, wenn man nicht geliebt oder geschätzt wird.

Was die erwähnte vorhandene Minderwertigkeit der Frau betrifft, hat Freud freilich eine Bemerkung gemacht, die aus seinem Mund fast befreiend wirkt: »Vergessen Sie aber nicht, daß wir das Weib nur insofern beschrieben haben, als sein Wesen durch seine Sexualfunktion bestimmt wird. Dieser Einfluß geht freilich sehr weit, aber wir behalten im Auge, *daß die einzelne Frau auch sonst ein menschliches Wesen sein mag*« (Hervorhebung von mir). Ich bin überzeugt, daß er wirklich dieser Meinung ist, aber man sähe es gern, wenn er dieser Meinung größeren Raum in seinem theoretischen System gewährte. Gewisse Sätze in Freuds letzten Abhandlungen über weibliche Psychologie zeigen, daß er im Vergleich zu seinen früheren Arbeiten dem Einfluß von Kulturfaktoren auf die Psychologie der Frau erhöhte Aufmerksamkeit widmet: »Dabei müssen wir aber achthaben, den Einfluß der sozialen Ordnung nicht zu unterschätzen, die das Weib gleichfalls in passive Situationen drängen. Das ist alles noch sehr ungeklärt. Eine besonders konstante Beziehung zwischen Weiblichkeit und Triebleben wollen wir nicht übersehen. Die dem Weib konstitutionell vorgeschriebene und sozial auferlegte Unterdrückung seiner Aggression begünstigt die Ausbildung starker masochistischer Regungen, denen es ja gelingt, die nach innen gewendeten destruktiven Tendenzen erotisch zu binden.«

Aber da Freud vorwiegend biologisch orientiert ist, sieht er die ganze Bedeutung dieser Faktoren nicht und kann sie auch von seinen Voraussetzungen aus nicht sehen. Er kann nicht erkennen, in welchem Ausmaß diese Faktoren Wünsche und Haltungen formen, noch kann er die verwickelte Vielfalt von Beziehungen zwischen den Kulturbedingungen und der weiblichen Psychologie ganz ermessen.

Ich glaube, jeder wird Freud zustimmen, daß Unterschiede der sexuellen Veranlagung und Funktion sich im Seelenleben auswirken. Aber es scheint nicht weiter zu führen, wenn man Spekulationen über die innerste Natur dieses Einflusses nachgeht. Die amerikanische Frau ist anders als die deutsche; beide sind anders als gewisse Pueblo-Indianerfrauen. Die Frau der New Yorker Gesellschaft unterscheidet sich von der Farmerfrau in Idaho. Was wir zu verstehen hoffen dürfen, ist die Art, in der bestimmte Kulturbedingungen bestimmte Eigenschaften und Fähigkeiten erzeugen, bei Frauen wie bei Männern.

VII.

Der Todestrieb

In seiner dritten und letzten Trieblehre gibt Freud den Dualismus zwischen »Ich-Libido« und »Objekt-Libido« auf und greift wieder auf seine frühere Gegenüberstellung von libidinösen und nichtlibidinösen Trieben zurück, nur mit einem bedeutsamen Unterschied. Früher hatte Freud angenommen, daß die Triebe der Selbsterhaltung – die »Ich-Triebe« – der Widerpart der Sexualtriebe seien. Nun wird diese Rolle des Widerparts genau der entgegengesetzten Art von Trieben, nämlich den Trieben der Selbstzerstörung zugeschrieben. So besteht hauptsächlich in klinischer Beziehung der Dualismus zwischen den Sexualtrieben, die sowohl den Narzißmus wie die Objekt-Liebe umfassen, und einem Zerstörungstrieb.

Was die Konzeption eines Zerstörungstriebes nahelegte, ist das große Maß von Grausamkeit in der Geschichte der Menschheit: bei Kriegen, Revolutionen, religiösen Verfolgungen, bei jeder autoritären Situation, bei Verbrechen. Diese Tatsachen vermitteln den Eindruck, daß die Menschen irgendein Ventil für ihre Feindseligkeit und Grausamkeit brauchen und daß sie die erstbeste Gelegenheit zu ihrer Entladung wahrnehmen. Darüber hinaus gehört in unserer Kultur ein erhebliches Maß von raffinierter und unverhüllter Grausamkeit zur Tagesordnung: Ausbeutung, Betrug, Verleumdung, Unterdrückung von Schutzlosen, von Kindern und Armen. Selbst bei Beziehungen, wo Liebe oder Freundschaft vorherrschen sollte, sind Unterströmungen von Feindseligkeit oft ausschlaggebend. Freud hält nur eine menschliche Beziehung für frei von feindlichen Elementen: die der Mutter zum Sohn. Und selbst diese Ausnahme erscheint fast wie ein Wunschbild. Die gleiche Grausamkeit und offene Zerstörungswut, wie wir sie in der Wirklichkeit beobachten, äußert sich auch in Phantasien. Nach einer scheinbar leichten Beleidigung können wir in einem Traum den Missetäter in Stücke reißen oder ihn tödlicher Demütigung aussetzen.

Schließlich gibt es nicht nur heftigen Vernichtungswillen

gegenüber anderen, sondern häufig scheint sich eine große Grausamkeit auch gegen das eigene Ich zu entladen. Wir können uns umbringen, Psychotiker können sich schwere Verletzungen beibringen; der Neurotiker scheint gewöhnlich eine Neigung zu haben, sich selbst zu quälen, zu verkleinern, zu verhöhnen, sich selbst jedes Vergnügens zu berauben, von sich selbst Unmögliches zu verlangen und sich mit unerbittlicher Strenge zu verurteilen, wenn er solchen unmöglichen Forderungen nicht genügt.

Nach Freuds früheren Deutungen waren Impulse und Äußerungen von Feindseligkeit auf die Sexualität bezogen. Er glaubte, daß sie teilweise Ausdruck von Sadismus wären, d. h. einer Komponente des Sexualtriebes, und teilweise Reaktionen auf Triebversagung oder Äußerungen sexueller Eifersucht. Später erkannte er, daß diese Erklärungen nicht genügten. Es gab weit mehr zerstörerische Tendenzen, als man von den Sexualtrieben aus erklären könnte.

»Ich weiß, daß wir ständig Äußerungen des Zerstörungstriebes vor Augen gehabt haben, die mit einem im Sadismus und Masochismus nach außen und innen gerichteten Erotizismus vermengt waren; aber ich verstehe nicht ganz, wie wir die Universalität nichterotischer Aggression und Destruktion übersehen und es unterlassen konnten, ihr eine angemessene Bedeutung in unserer Interpretation des Lebens einzuräumen[1].«

Die Annahme eines vom Sexus unabhängigen Vernichtungstriebes machte keine grundlegenden Veränderungen der Libido-Theorie nötig. Die einzige theoretische Veränderung bestand darin, daß Sadismus und Masochismus nun als Verschmelzung oder Mischung libidinöser und destruktiver Triebe, anstatt als gänzlich libidinöse Triebe angesehen wurden.

Wenn Vernichtungstriebe instinkthafter Natur sind, was ist dann ihre organische Grundlage? Um diese Frage zu beantworten, nahm Freud Zuflucht zu gewissen biologischen Betrachtungen, die er selbst als Spekulationen bezeichnet. Diese stammten aus seiner Theorie über die Natur der Triebe und seiner Theorie vom Wiederholungszwang. Ein Trieb wird nach Freud von organischen Reizen verursacht; sein

[1] *Sigmund Freud*, Das Unbehagen in der Kultur (1926).

Ziel ist, den störenden Reiz zu vermindern und das Gleichgewicht so wiederherzustellen, wie es war, ehe der Reiz sich störend bemerkbar machte. Unter dem Wiederholungszwang, der für Freud ein Grundprinzip des Trieblebens darstellt, versteht er den Zwang, frühere Erlebnisse oder frühere Entwicklungsstadien zu wiederholen, gleichgültig, ob diese lustbetont oder schmerzlich waren. Dieses Prinzip, so folgert Freud, scheint Ausdruck einer dem organischen Leben eigenen Tendenz zu sein, eine frühere Daseinsform wiederherzustellen und zu ihr zurückzukehren.

Von diesen Betrachtungen aus gelangt Freud zu einem gewagten Schluß: da es eine instinkthafte Regressions-Neigung zur Wiederherstellung früherer Stadien gibt, und da das Anorganische vor dem Organischen vorhanden war, noch ehe sich Lebendiges entwickelte, muß es eine natürliche Tendenz zur Wiederherstellung des anorganischen Zustandes geben; da der Zustand des Nichtlebens vor dem Zustand des Lebens bestand, muß es einen instinkthaften Trieb nach dem Tod hin geben. »Das Ziel des Lebens ist der Tod.« Auf diesem theoretischen Wege kam Freud zu der Annahme eines Todestriebes; er glaubt, die Tatsache, daß lebende Organismen aus inneren Ursachen sterben, könne zur Stärkung der Theorie des Selbstzerstörungstriebes dienen. Die physiologische Grundlage des Triebes sieht er in den katabolischen Prozessen des Stoffwechsels.

Wenn es nichts gäbe, was diesem Triebe entgegenwirkte, wäre nicht einzusehen, weshalb wir uns vor Gefahren schützen. Demnach wäre es vernünftig, zu sterben. Vielleicht wäre dann, was als Selbsterhaltungstrieb erscheint, nur der Wille des Organismus, auf seine eigene Weise zu sterben. Aber es gibt etwas, das dem Todestrieb entgegenwirkt: der Lebenstrieb, der sich für Freud in den Sexualtrieben verkörpert. So besteht nach dieser Theorie der grundsätzliche Dualismus zwischen Lebenstrieb und Todestrieb. Ihre organische Verkörperung findet sich im Keimplasma und im Soma. Es gibt keine klinischen Beobachtungen, die die Existenz eines Todestriebes beweisen, da er »stumm innerhalb des Organismus auf dessen Auflösung hinarbeitet«. Was wir beobachten können, ist ein Verschmelzen, eine Verbindung des Todestriebes mit dem Sexualtrieb. Diese Verbindung hindert den Todestrieb daran, uns zu zerstören oder verzögert zumindest diese Zerstörung. Von Anfang an verbindet sich Todestrieb und narzißtische Libido und bilden vereint das, was Freud primären Masochismus nennt.

Die Verbindung mit den Sexualtrieben jedoch reicht allein nicht aus, die Selbstzerstörung zu verhindern. Wenn diese vermieden werden soll, muß ein beträchtlicher Teil der selbstzerstörerischen Tendenzen sich gegen die Außenwelt richten. Wir müssen andere zerstören, um uns nicht selbst zu zerstören. So gesehen, wird der Zerstörungstrieb zu einem Abkömmling des Todestriebes. Die Zerstörungstriebe können wieder nach innen gewendet werden und als Triebe der Selbstbeschädigung auftreten; dies sind klinische Äußerungen des Masochismus[2]. Wenn der Abfluß nach außen hin gehemmt ist, wird die Selbstzerstörung intensiver. Den Beweis für diese Annahme sieht Freud in dem Umstand, daß Neurotiker sich selbst quälen, wenn ihr aufgestauter Groll sich nicht nach außen hin entladen kann.

Obwohl Freud selbst erkennt, daß die Theorie vom Todestrieb auf bloßer Spekulation beruht und durch keine Beweise gestützt wird, fühlt er dennoch, daß diese Theorie weitaus fruchtbarer ist als alle früheren. Überdies entspricht sie allen seinen Anforderungen an eine Triebtheorie: sie ist dualistisch; beide Teile können auf eine organische Grundlage gestellt werden; die beiden Triebe und ihre Abkömmlinge scheinen alle psychischen Manifestationen zu umschließen.

Insbesondere scheint für Freud die Theorie eines Todestriebes und seines Abkömmlings, eines Zerstörungstriebes, das beträchtliche Ausmaß feindlicher Aggressivität bei Neurosen zu erklären, das unter seinen früheren Perspektiven nicht verständlich war; das Ausmaß von Mißtrauen, die Furcht vor der Feindseligkeit anderer, die Anklagen und die verächtliche Verweigerung jeglicher Anstrengung blieb ein Rätsel, wenn man es nur mit den Mitteln der Libido-Theorie zu lösen versuchte. Und das frühe Auftreten von Zerstörungs-Phantasien, wie sie Melanie Klein und andere englische Analytiker beobachtet haben, schien nun in dieser Theorie eine zufriedenstellende Begründung gefunden zu haben.

---

[2] *Sigmund Freud:* »Das ökonomische Problem im Masochismus« in Gesammelte Schriften, Bd. 2 (1924).

Auch die Erscheinung des Masochismus, der rätselhaft geblieben war, solange man ihn als nach innen gewandten Sadismus verstand, schien nun besser erklärt werden zu können; die Verbindung von Sexualtrieben mit selbstzerstörerischen Trieben legte den Gedanken nahe, daß der Masochismus eine Funktion, oder wie Freud es formuliert, einen ökonomischen Wert habe, nämlich den, die Selbstzerstörung zu verhindern[3].

Schließlich bietet die neue Theorie eine Grundlage für den Begriff des »Über-Ich« und des Bedürfnisses nach Bestrafung. Unter dem »Über-Ich« versteht Freud eine unabhängige Instanz im Innern des Menschen, dessen Hauptaufgabe es ist, ihn an dem Verfolgen seiner Instinkte zu hindern. Man sieht in ihm einen Träger feindlicher Aggression gegen das Ich, der Triebversagungen vorschreibt, Lustgefühle mißgönnt, unerbittliche Forderungen an das Ich stellt und ihre Nichterfüllung mit unnachgiebiger Strenge bestraft, kurz, es verdankt seine Energie den nicht nach außen entladenen Aggressionen[4].

Im folgenden werde ich mich auf den Abkömmling des Todestriebes, den Zerstörungstrieb, beschränken. Freud hat keinen Zweifel über seine Bedeutung gelassen: der Mensch hat einen eingeborenen Trieb zum Bösen, zur Aggressivität, zu Zerstörung und Grausamkeit. »Die Wahrheit hinter all dem – die man so gerne leugnete – ist, daß die Menschen nicht sanfte, freundliche, nach Liebe verlangende Geschöpfe sind, die sich nur verteidigen, wenn sie angegriffen werden, sondern daß ein gewaltiges Maß von Angriffslust zu ihrer Triebanlage gehört. Die Folge davon ist, daß ihr Nachbar ihnen nicht nur ein möglicher Helfer oder ein Sexualobjekt ist, sondern auch eine Versuchung, ihre Aggressivität an ihm auszulassen, seine Arbeitsfähigkeit ohne Gegenleistung auszunutzen, ihn ohne seine Einwilligung sexuell zu gebrauchen, sich seines Besitzes zu bemächtigen, ihn zu demütigen, ihm Leid zuzufügen, ihn zu quälen und zu töten. Homo homini lupus; wer hat den Mut, das angesichts all der Beweise im ei-

---

[3] *Sigmund Freud:* »Das ökonomische Problem im Masochismus« a. a. O.

[4] Vgl. 13. Kapitel, Der Begriff des »Über-Ich«.

genen Leben und in der Geschichte zu bestreiten[5]?« »Haß liegt aller menschlichen Zuneigung und Liebe zugrunde.« »Haß auf die Objekte ist älter als Liebe[6].« Im frühesten Stadium der Entwicklung, der »oralen« Stufe, erscheint er als Tendenz, sich das Objekt einzuverleiben, d. h. seine Existenz zu vernichten. In der »analen« Stufe ist die Beziehung zum Objekt von der Tendenz bestimmt, es zu ergreifen oder zu überwältigen, ein Verhalten, das sich kaum von Haß unterscheidet. Nur im »genitalen« Stadium treten Liebe und Haß als Gegensatzpaar in Erscheinung.

Freud hat gefühlsmäßige Einwände gegen eine solche Theorie vorweggenommen, indem er erklärte, wir zögen es vor, daran zu glauben, daß der Mensch von Natur aus gut sei. Mit diesem Argument übersieht er jedoch, daß dadurch, daß man die Behauptung, der Mensch sei von Natur aus zerstörerisch, anzweifelt, noch nicht das Gegenteil behauptet ist, nämlich, daß er von Natur gut sei. Freud übersieht auch, daß die Annahme eines Zerstörungstriebes den Menschen gefühlsmäßig anspricht, weil er ihn der Verantwortungs- und Schuldgefühle zu entheben vermag und ihn von der Notwendigkeit befreien kann, die wahren Gründe für seine zerstörerischen Impulse ins Auge zu fassen. Die Frage ist nicht so sehr, ob uns die Theorie gefällt oder nicht, sondern ob sie in Übereinstimmung mit unserem psychologischen Wissen steht.

Der anfechtbare Punkt in Freuds Theorie ist nicht die Feststellung, daß der Mensch feindselig, zerstörerisch und grausam sein kann, noch die Häufigkeit und das Ausmaß dieser Reaktionen, es ist vielmehr die Behauptung, daß der sich in Handlungen und Phantasie-Vorstellungen äußernde Zerstörungssinn triebhafter Natur sei. Ausmaß und Häufigkeit des Zerstörungssinns sind kein Beweis für seine Triebhaftigkeit.

Die Theorie besagt auch, daß Feindseligkeit sich unter jeder Art von Bedingungen einstellt, daß sie »nur darauf wartet, provoziert zu werden«, daß »wir uns unbehaglich fühlen, wenn man uns jener Befriedigung beraubt«, nämlich der Befriedigung, Feindseligkeit loswerden zu können. Daher

---

[5] *Sigmund Freud:* »Das Unbehagen in der Kultur«.
[6] *Sigmund Freud:* »Triebe und Triebschicksale« in Internationale Zeitschrift für Psychoanalyse (1915).

muß man die Frage aufwerfen, ob wir je feindselig oder zerstörerisch sind, ohne entsprechende Gründe dafür zu haben. Wenn entsprechende Gründe dafür da sind, wenn Feindseligkeit eine angemessene Reaktion auf die jeweilige Situation ist, verliert die Theorie des Zerstörungstriebes selbst diesen schwachen Beweis, den sie zu ihrer Stützung noch hatte.

Oberflächlich betrachtet läßt sich viel zugunsten von Freuds Meinung anführen, daß es mehr Feindschaft oder Grausamkeit gebe, als durch Provokation gerechtfertigt sei. Ein Kind kann grausam behandelt werden, ohne daß es Veranlassung dazu gegeben hätte, ein Kollege kann den Charakter oder die Leistung eines anderen herabsetzen, ohne daß ihm dieser jemals begegnet ist; der Mob kann von Akten der Grausamkeit fasziniert sein, ohne daß die Opfer denen ein Leid getan hätten, die sich an ihren Leiden freuen.

Aber während oft ein Mißverhältnis zwischen äußerer Provokation und offenbarer Feindseligkeit besteht, bleibt die Frage, ob es nicht immer zureichende Gründe für die Feindseligkeit gibt. Das beste Material für die Beantwortung dieser Frage liefert die psychoanalytische Therapie.

Ohne Zweifel ist es möglich, daß ein Patient den Analytiker in der übelsten Weise schmäht, obwohl er verstandesmäßig einsieht, daß ihm geholfen wurde. Er kann den Ruf des Analytikers zerstören wollen und sogar den Versuch dazu machen. Er kann den Bemühungen des Analytikers mit dem starken Verdacht begegnen, daß dieser ihm schaden, ihn irreführen und ausnützen werde. Der Analytiker weiß, daß er nichts getan hat, was solche Feindschaft rechtfertigt. Natürlich kann es ihm an Takt oder Geduld gefehlt haben; er kann Deutungen gegeben haben, die daneben trafen. Aber selbst wenn keinerlei Fehler vorkamen – wie später übereinstimmend festgestellt wird – kann sich diese ganze Feindseligkeit weiterhin auf den Analytiker konzentrieren. Das wäre also ein gutes Beispiel einer nicht von außen her provozierten Feindseligkeit.

Aber verhält es sich wirklich so? Dank dem einzigartigen Vorteil, den die psychoanalytische Situation bietet – daß sie nämlich erlaubt, sehr genau zu erkennen, was in dem Partner vorgeht –, können wir eine unzweideutig verneinende Antwort geben. Der Kern der Situation ist, daß die Feindseligkeit des Patienten defensiver Art ist und daß ihr Ausmaß in genauem Verhältnis steht zu dem Grad, in dem er sich verletzt und gefährdet fühlt. Der Patient kann z. B. auf Grund eines leicht verwundbaren Stolzes den ganzen analytischen Prozeß als eine ständige Demütigung empfinden. Oder er kann so hochgespannte Erwartungen auf das Ergebnis der Psychoanalyse setzen, daß er sich im Vergleich damit verraten und verkauft vorkommt. Oder er kann auf Grund seiner Angst eines Übermaßes von Zuneigung bedürfen und empfinden, der Analytiker weise ihn beständig zurück oder sei sogar von ihm abgestoßen. Oder er kann auf den Analytiker sein eigenes unnachgiebiges Verlangen nach Vollkommenheit und nach überragenden Leistungen projizieren und dann das Gefühl haben, der Analytiker erwarte das Unmögliche von ihm oder klage ihn ungerechtfertigt an. Seine Feindseligkeit ist dann die logische und entsprechende Reaktion auf das Benehmen des Analytikers – nicht wie es wirklich ist, sondern wie es der Patient empfindet.

Es läßt sich mit einiger Sicherheit annehmen, daß es sich bei vielen anderen Situationen, wo Feindseligkeit oder Grausamkeit unprovoziert zu sein scheinen, ähnlich verhält. Aber wie steht es mit jenen Situationen, bei denen sich Grausamkeit gegen ein Opfer richtet, das zu dem Angreifenden in keinem Verhältnis steht? Man betrachte z. B. ein Kind, das ein Tier quält. Die Frage ist hier, wieviel ohnmächtige Wut und wieviel Haß, der Stärkeren gegenüber unmöglich geäußert werden konnte, bereits vorher von der Umwelt in solch einem Kind aufgestachelt worden ist. Die gleiche Frage muß in bezug auf sadistische Phantasien bei kleinen Kindern gestellt werden: es muß erwiesen werden, daß solche Feindseligkeit nicht eine Reaktion auf den provozierenden Einfluß der Umgebung ist, oder, um es positiv auszudrücken, es muß gezeigt werden, ob sadistische Äußerungen und Phantasien sich je bei kleinen Kindern finden, die sich glücklich und sicher fühlen, weil sie mit Wärme und Achtung behandelt werden.

Es gibt noch eine andere Erfahrung in der analytischen Praxis, die der Theorie eines Zerstörungstriebes zu widersprechen scheint. Je freier von Angst der Patient durch die Psychoanalyse wird, um so fähiger wird er zu Zuneigung und wirklicher Toleranz sich selbst und anderen gegenüber. Er hat kein Bedürfnis mehr, zu zerstören. Wenn aber der Zerstörungssinn instinktiv wäre, wie könnte er dann verschwinden? Schließlich können wir ja keine Wunder vollbringen. Nach Freuds Theorie wäre zu erwarten, daß, wenn ein Patient sich nach einer analytischen Behandlung einen größeren Lebensgenuß zugesteht, sich die bis dahin im »Über-Ich« konzentrierte, nach innen gewendete Angriffslust nun gegen die Außenwelt wenden würde. Während er weniger masochistisch geworden ist, wurde er anderen gegenüber destruktiver. Was jedoch nach einer erfolgreichen Analyse tatsächlich geschieht, ist, daß er weniger destruktiv wird. Hier würde der an den Todestrieb glaubende Analytiker folgendes einwenden: Wenn auch der Patient in Benehmen und Phantasien weniger destruktiv gegenüber anderen wird, so ist es dennoch klar, daß er im Vergleich zu seinem Zustand vor der Analyse sich besser durchsetzen kann, für seine Rechte eintreten und sich um Dinge bemühen wird, die er haben möchte, daß er gerechtfertigte Forderungen stellen und eine Situation besser meistern wird; alles das wird oft als ein »Aggressiverwerden« beschrieben, und diese »Aggression« wird als zielgehemmte Äußerung des Zerstörungstriebes betrachtet.

Wir wollen diesen Einwand und die darauf basierte These näher prüfen. Es scheint mir, daß diese These denselben Fehlschluß enthält, wie die, daß Zuneigung eine zielgehemmte Äußerung sexueller Triebe sei. Einem Neurotiker mit seiner aufgestauten verdrängten Feindseligkeit wird jede Art von Selbstbehauptung als ein aggressiver Akt erscheinen. Aber läßt das den Schluß zu, daß jede »Aggression«, oder wie ich eher sagen sollte, jede Selbstbehauptung zielgehemmte Zerstörungssucht sei? Mir will scheinen, daß jede Art von Selbstbehauptung die Äußerung einer positiven, erweiterungsfähigen, konstruktiven Einstellung zum Leben und zum eigenen Ich ist.

Schließlich will Freuds Theorie besagen, daß die Motivierung für Feindseligkeit oder Zerstörungssucht letzten Endes in dem Impuls des Zerstörens liege. So kehrt er unsere Überzeugung, daß wir zerstören, um zu leben, in sein Gegenteil um: wir leben um zu zerstören. Wir sollten vor der Erkenntnis eines Irrtums selbst bei einer lebenslangen Überzeugung nicht zurückschrecken, wenn eine neue Einsicht uns eines Besseren belehrt, aber das ist hier nicht der Fall. Wenn wir verletzen oder töten wollen, dann tun wir es, weil wir gefährdet, gedemütigt, mißbraucht sind oder uns so fühlen; weil wir tatsächlich oder unserer Meinung nach verschmäht oder ungerecht behandelt werden oder man uns lebenswichtige Wünsche durchkreuzt. Das heißt also, wenn wir zerstören wollen, so geschieht das, um unsere Sicherheit zu verteidigen oder unser Glück oder was wir dafür halten. Allgemein gesprochen, es geschieht um unseres Lebens und nicht um der Zerstörung willen.

Die Annahme eines Zerstörungstriebes ist nicht nur unbegründet, nicht nur den Tatsachen widersprechend, sondern sie ist auch durchaus schädlich in ihren Auswirkungen. Im Hinblick auf die psychoanalytische Therapie bedeutet sie, daß es ein Selbstzweck ist, einen Patienten frei zu machen zur Äußerung seiner Feindseligkeit, weil nach Freuds Ansicht sich ein Mensch nicht wohlfühlt, wenn der Zerstörungstrieb nicht befriedigt wird. Zwar ist es für den Patienten, der seine Anklagen, seine egozentrischen Forderungen, seine Racheimpulse verdrängt hat, eine Erlösung, wenn er diese Impulse äußern kann. Aber wenn die Analytiker Freuds Theorie ernst nähmen, müßte eine falsche Akzentuierung die Folge sein. Die Hauptaufgabe ist nicht, diese Impulse für die Äußerung frei zu machen, sondern ihre Ursachen zu verstehen und durch Beseitigung der zugrundeliegenden Angst zugleich die Notwendigkeit ihrer Existenz zu beseitigen. Überdies trägt die Theorie dazu bei, die Unklarheit aufrechtzuerhalten, die besteht zwischen dem, was wesentlich destruktiv ist und dem, was zu einem konstruktiven Wert gehört, nämlich die Selbstbehauptung. Zum Beispiel kann die kritische Einstellung eines Patienten gegenüber einem Menschen oder einem Sachverhalt in erster Linie ein Ausdruck einer aus unbewußten Gefühlsquellen entspringenden Feindseligkeit sein; wenn jedoch jede kritische Haltung den Analytiker an eine destruktive Feindseligkeit denken läßt, so können diesbezügliche Deutungen den Patienten entmutigen, seine kritische Wertungsfähigkeit zu entwickeln. Der Analytiker sollte daher statt dessen zwischen feindseligen Motivationen und dem Versuch der Selbstbehauptung unterscheiden.

Ebenso schädlich sind die kulturpsychologischen Folgerungen aus dieser Theorie. Sie muß die Anthropologen zu der Annahme führen, daß überall dort, wo sie in einer Kultur die Menschen freundlich und friedfertig finden, feindliche Reaktionen verdrängt worden sind. Eine solche Annahme unterbindet aber jede Bemühung, innerhalb besonderer kultureller Gegebenheiten nach den Gründen des Zerstörungstriebes zu suchen. Sie muß auch alle Bemühungen um eine Änderung dieser Bedingungen lahmlegen. Wenn der Mensch von innen heraus zerstörerisch veranlagt und daher unglücklich ist, warum dann eine bessere Zukunft erstreben?

VIII.

Die Betonung der Kindheitserlebnisse

Eine der weitestreichenden Voraussetzungen der Lehren Freuds ist, wie ich bereits ausgeführt habe, sein evolutionistisch-mechanistisches Denken. Nach dieser Denkweise – um es kurz zu wiederholen – sind gegenwärtige Manifestationen nicht nur von der Vergangenheit bedingt, sondern enthalten auch nichts als das Vergangene, sie sind, mit anderen Worten, nur eine Wiederholung des Vergangenen. Ihren theoretischen Niederschlag findet diese Voraussetzung in Freuds Idee von der Zeitlosigkeit des Unbewußten und in seiner Hypothese vom Wiederholungszwang.

Der Begriff der Zeitlosigkeit des Unbewußten besagt, daß in der Kindheit verdrängte Ängste und Wünsche oder ganze Erlebnisse infolge ihrer Verdrängung aus dem Zusammenhang der Gegenwart gelöst werden, daß sie also an der inneren Entwicklung des Betreffenden nicht teilhaben und von späteren Erfahrungen oder vom Wachstum unbeeinflußt bleiben. Sie behalten ihre Intensität und ihre spezifische Eigenart unverändert bei. Man kann diese Lehren mit jenen Sagen vergleichen, in denen Menschen in eine Berghöhle versetzt werden, wo sie Hunderte von Jahren unverändert verbleiben, während das Leben rund um sie weiterläuft.

Diese Theorie ist die Grundlage für den klinischen Begriff der Fixierung. Wenn ein Mensch aus der Umgebung des Kindes frühzeitig überragende gefühlsmäßige Bedeutung für dieses Kind gewinnt, das aber einen wesentlichen Teil seiner Gefühle für diesen Menschen verdrängt hat, dann kann es an ihn gebunden bleiben. Wenn z. B. ein kleiner Junge sein Verlangen nach der Mutter ebenso verdrängt hat wie die damit verbundene Eifersucht und Furcht vor dem Vater, so kann dieses Verlangen in unveränderter Stärke noch wirksam sein, wenn er erwachsen ist. Das mag die Ursache dafür sein, daß er sich von Frauen gänzlich fernhält, daß er eine ältere Frau heiratet, daß er nur zu verheirateten Frauen Beziehungen haben möchte, oder daß sich bei ihm entwickelt, was Freud die Spaltung im männlichen Liebesleben nennt. Darunter versteht Freud die Unfähigkeit des Mannes, eine Frau sexuell zu begehren, die er bewundert, während er von Frauen sexuell angezogen wird, die er verachtet, wie z. B. Prostituierte. Freud erklärt diese Erscheinung als direkte Folge einer Fixierung an die Mutter; die zwei Frauentypen repräsentieren hierbei verschiedene Ebenbilder der Mutter, von denen das eine sexuell begehrt, das andere nur verehrt wird.

Eine Fixierung kann nicht nur eine bestimmte Person der frühen kindlichen Umwelt betreffen, sondern auch eine ganze Stufe der Libido-Entwicklung. Während sich ein Mensch in anderer Hinsicht entwickelt, bleibt sein »sexuelles« Verlangen auf einige prägenitale Wünsche konzentriert. Eine solche Fixierung kann z. B. die orale Libido betreffen, entweder auf Grund von konstitutionellen Faktoren oder von zufälligen Erfahrungen, wie sie in Form von Schwierigkeiten bei der Entwöhnung oder von frühen gastrointestinalen Störungen auftreten. Ein Kind kann in einem solchen Falle sich weigern zu essen, wenn Geschwister geboren werden; oder aber es kann späterhin eine Eßgier entwickeln, es kann der Mutter »am Schürzenband hängen«; es kann, wenn es sich um ein Mädchen handelt, in den Entwicklungsjahren größeres Interesse für Süßigkeiten als für junge Männer haben; es kann später neurotische Symptome zeigen, wie Erbrechen oder Trunksucht; auf Fragen, die das Essen betreffen, kann ein ungewöhnliches Gewicht gelegt werden; Träume, in denen andere Menschen verschlungen werden, können vorkommen, und es kann ein unersättliches Liebesbedürfnis vorhanden sein, jedoch Frigidität im Sexualleben.

Die der Idee der Fixierung zugrundeliegenden klinischen Beobachtungen sind bahnbrechender Art, was von Kritikern der Psychoanalyse oft nicht genügend gewürdigt wird. Anfechtbar daran ist nur die Art der Ausdeutung. Darauf wird später im Zusammenhang mit den Begriffen des Wiederholungszwanges und der Übertragung näher eingegangen werden.

Die Idee der Zeitlosigkeit des Unbewußten führte nicht nur zu dem Begriff der Fixierung, sondern ist auch in der Hypothese vom Wiederholungszwang enthalten. Sie enthält sozusagen in sich die Voraussetzung für die letzteren. Wenn Freud geglaubt hatte, daß eine spezielle Bindung an die Mutter z. B. ein integrierender Faktor innerhalb der Gesamtentwicklung sei, wäre es sinnlos für ihn gewesen, anzunehmen, daß irgendeine besondere Manifestation eine bloße Wiederholung jenes Komplexes sei. Nur unter der Voraussetzung, daß dieser Komplex isoliert und unverändert bleibt, konnte er spätere Bindungen ähnlicher Art als Wiederholungen jenes ersteren betrachten.

Kurz, die Theorie des Wiederholungszwanges bedeutet, daß das seelische Leben nicht nur vom Lustprinzip, sondern von einem elementaren Prinzip geregelt wird: von der Tendenz der Instinkte, bereits erlebte Erfahrungen oder Reaktionen zu wiederholen. Freud findet den Beweis für diese Tendenz in folgendem Tatsachenmaterial.

Erstens zeigen Kinder eine ausgesprochene Neigung, vorhergegangene Erlebnisse im Spiel zu wiederholen, selbst wenn diese unangenehm waren, wie etwa eine ärztliche Untersuchung oder eine Operation. Sie bestehen auch darauf, daß man ihnen Geschichten in genau der gleichen Art wiedererzählt, in der sie zuerst erzählt wurden.

Zweitens treten bei traumatischen Neurosen oft Träume auf, in denen der traumatische Vorfall bis auf Einzelheiten wiedererlebt wird. Diese Träume scheinen dem Denken in Wunschvorstellungen, wie es sonst das Phantasieleben beherrscht, zu widersprechen, denn die traumatischen Vorfälle waren schmerzhafter Art.

Drittens wiederholt, nach Freud, der Patient in der analytischen Situation frühere Erlebnisse, selbst wenn diese schmerzlich waren. Freud meint, daß es auf Grund des Lustprinzips durchaus verständlich wäre, wenn der Patient in der analytischen Situation versuchte, Ziele zu erreichen, die er schon als Kind erreichen wollte. Die Patienten scheinen jedoch unter dem Zwang zu stehen, auch schmerzliche Erlebnisse zu wiederholen. Ein Patient kann sich z. B. hartnäckig von dem Analytiker zurückgewiesen fühlen und auf diese Weise das schmerzliche Erlebnis wiederholen, das er hatte, als er von Vater oder Mutter zurückgewiesen wurde. Ein komplizierteres Beispiel bietet eine Patientin, der in ihrer Kindheit, als sie sich elend fühlte, mit Recht erwartete Hilfe nicht zuteil wurde. Als sie z. B. Mandelentzündung mit hohem Fieber hatte, wollte ihre im gleichen Zimmer schlafende

Mutter ihr den Umschlag nicht machen, um den sie bat. In der analytischen Situation erkennt diese Patientin weder die ihr gebotene Hilfe an, noch nimmt sie sie an, sondern benimmt sich, als ob noch die gleiche Kindheits-Situation bestünde, als ob ihr weiter in ihrem Elend niemand helfe.

Viertens haben viele Menschen im Laufe ihres Lebens deutliche Wiederholungserlebnisse. Eine Frau kann in drei Ehen jedesmal einen impotenten Mann heiraten. Einem Menschen kann es mehrmals widerfahren, daß er sich für andere aufopfert und nur Undankbarkeit dafür erntet; er kann immer wieder irgendein Idol verehren und jedesmal enttäuscht werden.

Wir wollen die Gültigkeit dieser Fakten näher betrachten. Die Wiederholungsspiele von Kindern betrachtet Freud selbst nicht als überzeugendes Beweismaterial, da er die Möglichkeit zugibt, daß die Kinder durch ein Wiederholen der schmerzlichen Erlebnisse im Spiel der unangenehmen Situation Herr werden möchten, die sie in der Wirklichkeit passiv zu erdulden hatten. Hinsichtlich der Wiederaufnahme traumatischer Vorfälle in Träumen sieht Freud selbst eine andere Erklärungsmöglichkeit: die Wirksamkeit masochistischer Triebe. Diese Möglichkeit hat für ihn aber nicht soviel Bedeutung, daß sie die Annahme eines Wiederholungszwanges entkräften würde, was sie meiner Meinung nach jedoch tut.

Was die wiederholten schmerzlichen Erlebnisse im Leben eines Menschen betrifft, so sind sie, ohne daß man einen geheimnisvollen Wiederholungszwang annehmen müßte, leicht zu verstehen, wenn man daran denkt, daß bestimmte Triebe und Reaktionen bei einem Menschen wiederholt die gleichen Erlebnisse mit sich bringen müssen. So kann z. B. ein Hang zur Heldenverehrung von folgenden widerstreitenden Trieben bestimmt sein: grenzenloser Ehrgeiz von so destruktiver Art, daß sich der Betreffende fürchtet, ihm nachzugeben, oder die Neigung, erfolgreiche Menschen zu vergöttern, sie zu lieben und an ihrem Erfolg teilzunehmen, ohne selbst etwas zustande bringen zu müssen, gleichzeitig aber ein äußerst destruktiver und versteckter Neid auf sie. Man braucht sich nicht auf einen hypothetischen Wiederholungszwang zu berufen, um zu verstehen, daß ein solcher Mensch leicht das wiederholte Erlebnis haben wird, ein Idol zu finden und von ihm enttäuscht zu werden oder bewußtermaßen aus Menschen Idole zu machen, um sie danach zu zertrümmern.

Der überzeugendste Beweis ergibt sich für Freud aus der Auffassung, daß Patienten in der analytischen Situation den Drang fühlen, Kindheitserlebnisse zu wiederholen. Nach seiner Meinung wiederholt der Patient mit »ermüdender Regelmäßigkeit« Kindheitserfahrungen. Auch dieses Argument ist anfechtbar, wie wir später bei der Erörterung des Begriffes der Übertragung sehen werden.

Freud formulierte seine Hypothese vom Wiederholungszwang später als seine Theorien über die Fixierung, die Regression und die Übertragung, die der gleichen Kategorie angehören. Sie muß ihm wie eine aus klinischer Erfahrung gewonnene theoretische Formel erschienen sein. Tatsächlich war jedoch die Erfahrung selbst, oder vielmehr waren seine Deutungen und Beobachtungen bereits von der gleichen philosophischen Voraussetzung bestimmt, die in der Idee vom Wiederholungszwang ihren Ausdruck gefunden hat.

Es ist daher nicht so wichtig, festzustellen, ob es Freud gelungen ist, die Theorie vom Wiederholungszwang zu beweisen oder nicht. Wichtig dagegen ist es, zu erkennen, wie das psychoanalytische Denken, das Entstehen der Theorien und die Therapie von dieser Art des Vorgehens beeinflußt sind.

Zunächst erklärt die sich in der Theorie vom Wiederholungszwang äußernde Denkweise den starken Nachdruck, der auf die mit der Kindheit zusammenhängenden Faktoren gelegt wird. Wenn spätere Erlebnisse eine Wiederholung der früheren sind, muß eine genaue Kenntnis des Vergangenen von überragender Wichtigkeit für das Verständnis des Gegenwärtigen sein. Es liegt dann nahe, Kindheitserinnerungen jeder Art als das wertvollste bei den Assoziationen des Patienten sich ergebende Material anzusehen. Es ist dann logisch, daß immer wieder die Frage diskutiert wird, wie weit zurück man Erinnerungen verfolgen kann. Und es ist sehr wichtig, aus jetzigen Äußerungen irgendeine frühere Sachlage zu rekonstruieren.

Wir können nun auch verstehen, warum alle jene Züge, die nicht zu dem logischen Bild passen, das man sich von dem Fühlen, Denken oder Tun der durchschnittlichen Erwachsenen macht, als infantil bezeichnet werden. Wenn es sich dabei nicht um die Theorie des Wiederholungszwanges handelte, wäre es schwerlich einzusehen, warum z. B. ein destruktiver Ehrgeiz oder Geiz oder unmäßige Anforderungen an die Umgebung als infantile Züge betrachtet werden sollen. Sie sind einem gesunden Kind fremd und finden sich nur bei Kindern, die bereits neurotisch sind. Aber wenn Charakterzüge wie die beiden ersten als Auswirkungen der anal-sadistischen Stufe, und Züge wie der letztere als Ergebnis kindlicher Hilflosigkeit oder als Folge der narzißtischen Stufe betrachtet werden, ist nicht zu verstehen, warum man sie infantil nennen soll.

Schließlich können wir eine der wichtigsten therapeutischen Erwartungen verstehen, jene bereits erwähnte nämlich, wonach der Patient seine gegenwärtigen Schwierigkeiten begreifen wird, wenn er ihre Verbindung mit kindlichen Erlebnissen erkennt; und daß ihn das Erkennen der betreffenden kindlichen Neigungen dazu befähigen wird, sie als etwas längst Überholtes abzulehnen, was mit seinen Ansichten und seinem Streben als Erwachsener nichts mehr zu tun hat. Wir sehen daher auch, daß man dementsprechend einen Patienten nicht als geheilt betrachtet, solange irgendeine Kindheitsperiode nicht aufgehellt ist[1].

Kurz, wie können nun verstehen, wieso die Psychoanalyse eine genetische Psychologie ist und notwendig sein muß, solange sie sich in der Richtung jenes Denkens bewegt, wie es in der Theorie vom Wiederholungszwang zum Ausdruck kommt. Aber selbst wenn man annimmt, daß es in der Tat deutliche Ähnlichkeiten zwischen gegenwärtigen und vergangenen Haltungen gibt, bietet dieses Denken in mehrfacher Hinsicht Anlaß zu ernster Kritik.

[1] Ich möchte hier eine kleine Geschichte erzählen, die, wenn auch karikaturistisch, diese Denkweise illustriert. Ein amerikanisches Mädchen, das im Ausland analysiert worden war, kam zu mir mit dem Wunsch, ihre Analyse fortzusetzen. Ich fragte, warum sie das wollte, und erwartete zu erfahren, welche Schwierigkeit es in ihrem jetzigen Leben gab und welche Symptome noch bestanden. Als Grund gab sie jedoch an, daß noch ein Gedächtnisschwund für die ersten fünf Jahre ihres Lebens bestand. So wird häufig angenommen, die Wiederbelebung von Erinnerungen aus der Kindheit sei ein Selbstzweck, während sie tatsächlich ein Mittel zum Zweck ist, d. h. ein Mittel zum Verständnis der Gegenwart.

Man denke z. B. an eine Patientin, die leicht das Gefühl hat, ungerecht behandelt zu werden, die sich beiseite gestoßen, betrogen, übervorteilt, undankbar und respektlos behandelt fühlt, obgleich eine sorgsame Analyse der Situation zeigt, daß sie entweder auf relativ leichte Provokationen in übertriebener Weise reagiert, oder daß ihr Gefühl, ungerecht behandelt zu werden, daher kommt, daß sie die Sachlage in falschem Licht sieht. Als Kind wurde sie tatsächlich ungerecht behandelt. Sie wuchs auf im Schatten einer schönen, egozentrischen Mutter und einer stark vorgezogenen Schwester. Sie konnte ihren Ressentiments nicht direkt Luft machen, da die Mutter selbstgerecht und nur blinder Verehrung zugänglich war. Überdies verspottete man sie, daß sie jede ungerechte Behandlung übelnahm, und hielt ihr entgegen, daß sie sich als Märtyrerin aufspiele.

So bestand eine deutliche Ähnlichkeit zwischen ihrem früheren und ihrem jetzigen Verhalten. Solche Ähnlichkeiten kann man häufig beobachten, und wir haben es Freud zu verdanken, daß wir darauf aufmerksam geworden sind. Ein verwöhntes Kind stellt als Erwachsener übertriebene Anforderungen an andere; ein Kind, das die Erfahrung machte, daß man nur mit Nachgiebigkeit etwas erreicht, wird auch als Erwachsener sich nachgiebig verhalten und dafür erwarten, daß man für ihn sorgt. Aber warum bleiben die Haltungen der Kindheit manchmal bis ins Alter hinein bestehen? Die meisten Menschen entwachsen ihnen doch. Wenn sie ihnen nicht entwachsen, müssen wir nach den Gründen suchen. So kommen wir zu der Frage, welche Faktoren der gegenwärtigen Charakterstruktur die Fortdauer früher entwickelter Haltungen – wenn auch vielleicht in veränderter Form – verlangen. Diese Frage ist nicht nur vom Gesichtspunkt des Verstehens, sondern besonders von dem der Therapie aus von überragender Wichtigkeit, weil jede therapeutische Änderung davon abhängt, daß man diese Faktoren kennt und sich ihrer bemächtigt. Freud beantwortet sie mit der Hypothese vom Wiederholungszwang. Wir wollen nun auf Grund des oben erwähnten Beispiels prüfen, ob Erlebnisse des späteren Lebensalters ihrem Wesen nach Wiederholungen früherer Erlebnisse sind.

Wir werden dabei von der Annahme ausgehen, daß wir

nicht viel über die Kindheitsverhältnisse der Patientin wissen. Sie gibt darüber an, daß sie eine glückliche Kindheit und eine verehrungswürdige Mutter hatte. Freud würde darauf hinweisen, daß wir selbst bei geringer Kenntnis der Kindheit sie aus den gegenwärtigen Reaktionen rekonstruieren können. Angenommen, wir gelangten, diesem Hinweis folgend, zu dem oben gezeigten wahren Bild: Die Patientin würde uns bei dieser Rekonstruktion noch unterstützen, da wir sie dazu durch die Versicherung ermutigten, sie müsse unter schlechter Behandlung in ihrer Kindheit zu leiden gehabt haben. Sie würde uns dabei vielleicht nur sehr zögernd helfen, weil die ganze Rekonstruktion ein altes Ressentiment gegen die Mutter aufdeckt. Im Verlauf dieser Untersuchung würden wir auch eine andere Eigentümlichkeit von ihr als Wiederholung früher Reaktionen begreifen, nämlich ihre Neigung, ein Ressentiment gegen andere durch eine leidenschaftliche Verehrung zu verdecken. Sie machte es so bei der Mutter; und sie macht es später auch bei dem Gatten und bei anderen so.

Soweit wird Freuds theoretische Formel durch klinische Tatsachen bestätigt. Die in der psychoanalytischen Literatur häufigen Feststellungen, daß die Rekonstruktion der Vergangenheit zutreffend sei, daß sie z. B. oft von dritten Personen bestätigt werden könne, sind wohlbegründet gewesen. Dennoch beweist unsere Rekonstruktion nicht, was sie beweisen soll, nämlich daß die gegenwärtige Situation nur eine Wiederholung des Vergangenen sei. Man fragt sich, was die Patientin durch die Rekonstruktion gewonnen hat. Sicher hat sie ein wahres Bild ihrer früheren Schwierigkeiten gewonnen. Aber da das kein Selbstzweck ist, müssen wir weiter fragen: was hat sie von diesem realistischeren Bild der Vergangenheit?

Nach der Theorie vom Wiederholungszwang würde die Antwort schematisch etwa so lauten: Die Patientin begreift, daß ihre jetzigen Reaktionen überholt sind; sie sind nicht mehr, wie früher, von der Wirklichkeit her gerechtfertigt; sie treten auf, weil die Patientin, ohne sich dessen bewußt zu sein, unter dem Zwang stand, ihre früheren Reaktionen zu wiederholen; dieses Wissen hilft den Zauber brechen, denn es befähigt die Patientin, die Wirklichkeit so zu sehen, wie sie ist, und dementsprechend zu handeln.

Daß dieses Ergebnis häufig nicht eintritt, ist kein Beweis gegen Freuds Theorie. Wir wissen noch so wenig darüber, warum manche Patienten gesund werden und andere nicht. Auch kann der Patient dieselbe Art der Reaktionen fortsetzen, weil andere verwandte Faktoren in der Analyse noch nicht durchgearbeitet worden sind. Schließlich kann es vorkommen, daß der Wiederholungszwang bei manchem Patienten eine so elementare Gewalt ausübt, daß er, obgleich bewußt gemacht, nicht gebrochen werden kann.

Aber obgleich therapeutische Mißerfolge nichts gegen eine Theorie beweisen, berechtigt ihre Häufigkeit zu der Frage, ob die theoretischen Vermutungen nicht falsch oder zumindest unvollständig seien. Wir wollen die Behauptung untersuchen, daß die akuten neurotischen Reaktionen überholt und vor der Wirklichkeit nicht gerechtfertigt seien. Ist das richtig? Was heißt Wirklichkeit für den Patienten? Freud meint mit jener Behauptung, daß die fraglichen Reaktionen nicht von der Umwelt hervorgerufen sind. Aber es gibt eine andere Seite der Wirklichkeit, die durchaus ebenso real ist, nämlich die persönliche Charakterstruktur der Patientin, und diese Seite der Wirklichkeit wird bei den Untersuchungen Freuds gänzlich vernachlässigt. Mit anderen Worten, er zieht nicht in Betracht, ob es innerhalb der Persönlichkeit der Patientin nicht Faktoren gibt, die sie zwingen, genauso zu reagieren, wie sie es tut.

Wir finden also, wiederum schematisch betrachtet, hier verschiedene Faktoren, die bei der Entstehung der Reaktionen von Bedeutung sind. Auf Grund der ganzen unglückseligen Situation in der Kindheit – zu den erwähnten Umständen kam noch hinzu, daß einige erschreckende Vorfälle in ihr die Furcht erweckten, getötet zu werden, falls sie sich nicht gut betrage – hatte sie eine Haltung zwangsmäßiger Anspruchslosigkeit entwickelt. Diese äußerte sich in Sittsamkeit, in der Neigung, im Hintergrund zu bleiben, ferner darin, daß sie bei Meinungsverschiedenheiten oder Interessengegensätzen den anderen in ihren Forderungen oder Ansichten recht gab und sich selbst unrecht. Tief ins Innere verdrängt, entwickelten sich verschiedenartigste und stärkste Ansprüche. Ihr Dasein verrät sich in zwei jetzt beobachteten Reaktionen: zunächst zeigte sich Angst, wenn sie sich etwas wünschte, was sie nicht aus Gründen ihrer Erziehung, ihrer Gesundheit und dergleichen rechtfertigen konnte; ferner litt sie häufig unter Ermüdungsanfällen, die eine ohnmächtige Wut verdeckten. Dieser Zorn setzte stets ein, wenn ihr gewisse geheime Ansprüche nicht erfüllt wurden, wenn man sie nicht bediente, wenn sie bei irgendwelchen Wettbewerben nicht die Erste war, wenn sie den Wünschen anderer nachgegeben hatte oder wenn die anderen ihr die eigenen unausgesprochenen Wünsche nicht erfüllt hatten. Diese Ansprüche, deren Existenz ihr gänzlich unbewußt war, waren nicht nur unerbittlich, sondern völlig egozentrisch, d. h. ohne Rücksichtnahme auf die Bedürfnisse anderer. Und dieses Merkmal war der wesentliche Bestandteil einer allgemein gestörten Beziehung zum Mitmenschen, die sich hinter der unverdächtigen äußeren Haltung verbarg, alle Leute unterschiedslos nett zu finden.

So gewannen wir nach beträchtlicher Arbeit folgendes Bild: starre egozentrische Ansprüche – Wut bei deren Nichterfüllung. Hier bestand, so sahen wir, ein Circulus vitiosus, indem die ständig erzeugte Wut den Widerstand und das Mißtrauen gegen andere vergrößerte und dadurch wiederum die Egozentrizität vermehrte.

Wie bereits erwähnt, trat die Wut nicht als solche in Erscheinung, sondern wurde durch eine lähmende Müdigkeit verdeckt. Sie konnte sich nicht äußern, weil die Patientin sich dazu viel zu sehr vor anderen fürchtete und viel zu sehr an ihrer Unfehlbarkeit festhielt. Aber zeitweise kam das Ressentiment doch zum Ausbruch. Es trat in Erscheinung, wenn nach ihrer Meinung Grund dafür vorhanden war, wenn sie sich unfair behandelt vorkam. Selbst in diesem Fall trat das Ressentiment nicht in den Vordergrund, sondern war von einer grenzenlosen Selbstbemitleidung beschattet. So gab ihr jedenfalls das Gefühl, unfair behandelt zu sein, Gelegenheit, ihren Groll mit gutem Grund zu entladen. Aber sie gewann dabei noch etwas Wichtigeres. Indem sie sich ungerecht behandelt fühlte, konnte sie ihre Ansprüche und die damit verbundene Ichsucht und Rücksichtslosigkeit vor sich selbst bemänteln: sie konnte an einem retuschierten Bild von sich selbst festhalten, das nur die guten Eigenschaften zeigte. Anstatt sich selbst ändern zu müssen, konnte sie sich dem Selbstbemitleiden hingeben, was für Menschen, die sich von anderen nicht geliebt oder begehrt fühlen, von Wert ist.

Daher war der Grund, warum die Patientin dazu neigte, sich unfair behandelt zu fühlen, nicht der, daß sie unter dem Zwange stand, vergangene Erlebnisse zu wiederholen, sondern daß ihre tatsächliche Struktur sie unausweichlich so reagieren ließ. Und daher konnte der Hinweis, daß ihre jetzigen Reaktionen vor der Wirklichkeit nicht gerechtfertigt seien, ihr nicht viel helfen, da er nur eine halbe Wahrheit enthält und die in ihr selbst liegenden treibenden Faktoren übersieht, die für ihre Reaktionen maßgebend waren. Diese Faktoren aber durchzuarbeiten, ist die wichtigste therapeutische Aufgabe. Was dieser Prozeß für den Patienten für Folgen haben kann, wird später in Verbindung mit den Problemen der Therapie zu erörtern sein.

Die genetische Methode führt in der Praxis zu manchen anderen Fehlschlüssen, die jedoch von weniger grundlegender Bedeutung sind als der im obigen Beispiel gezeigte. In diesem Falle war die Rekonstruktion vergangener Reaktionsweisen begründet; die davon angeregten Erinnerungen vermittelten der Patientin ein besseres Verständnis ihrer Entwicklung. Aber eine Rekonstruktion oder eine Kindheitserinnerung zur Erklärung gegenwärtigen Verhaltens ist um so wertloser, je weniger sie beglaubigt ist oder je mehr sie eine bloße Möglichkeit bleibt. Darüber ist sich natürlich jeder Analytiker klar. Dennoch bedeutet die theoretische Annahme, daß mit der Erfassung von Kindheitserinnerungen ein Fortschritt zu erzielen sei, eine Versuchung, sich unglaubwürdiger Rekonstruktionen oder vager Erinnerungen zu bedienen, die den Zweifel offenlassen, ob sie auf wirkliche Erfahrungen oder auf bloße Phantasien zurückgehen. Wenn das wirkliche Bild der Kindheit verdunkelt ist, erweisen sich alle künstlichen Versuche, dieses Dunkel zu erhellen, nur als das vergebliche Bemühen, ein Unbekanntes – die gegenwärtigen Eigentümlichkeiten – aus einem noch weniger Bekannten – die Kindheit – zu erklären. Es erscheint mir nutzbringender, solche Bemühungen aufzugeben und das Interesse auf die Kräfte zu richten, die einen Menschen wirklich treiben und hemmen; diese nach und nach zu erkennen, ist doch wohl möglich, selbst ohne Einblick in die Kindheit.

Nebenbei bemerkt, erfährt man auf diese Art nicht weniger über die Kindheit. Während sich ein besseres Verstehen der gegenwärtig existierenden Ziele, Kräfte, Bedürfnisse, Ansprüche anbahnt, beginnt sich auch das über der Vergangenheit lastende Dunkel aufzuhellen. Man betrachtet jedoch die Vergangenheit nicht als den lange gesuchten Schatz, sondern sieht darin nur eine willkommene Hilfe für das Verständnis der Entwicklung des Patienten.

Eine andere Fehlerquelle ist bei der genetischen Methode der Umstand, daß die kindlichen Erlebnisse, auf die man gegenwärtige Eigentümlichkeiten bezieht, häufig zu einmalig und vereinzelt sind, als daß sich daraus irgend etwas erklären ließe. Man versucht z. B. ein ganzes verwickeltes, masochistisches Charaktergefüge aus einem Vorfall zu erklären, bei dem der Betreffende durch Leiden sexuell erregt wurde. Selbstverständlich können vorwiegend traumatische Vorfälle direkte Spuren hinterlassen, wie in einigen der frühen Krankheitsgeschichten Freuds gezeigt wird. Aber unter dem Einfluß der Theorie vom Wiederholungszwang wird von solch seltenen Möglichkeiten ein allzu großzügiger Gebrauch gemacht. Daß jene vereinzelten Vorfälle, die so weitreichend für die späteren Charakterzüge und ihre Symptome verantwortlich sein sollen, sexueller Natur sind – wie Beobachtung des elterlichen Geschlechtsverkehrs, Geburt von Geschwistern, Demütigungen oder Drohungen wegen Masturbation –, geht auf die besonderen Voraussetzungen der Libido-Theorie zurück.

Die Doktrin, daß frühere Gefühlserlebnisse zur Wiederholung tendieren, hat insbesondere die Lehre von der Regression und von der Übertragung bestimmt. Der beiden gemeinsame Nenner besteht darin, daß frühere Gefühlserlebnisse unter gewissen Bedingungen wiederbelebt werden können. Der Begriff der Übertragung wird gesondert besprochen werden. Was die Lehre von der Regression betrifft, so ist sie untrennbar mit der Libido-Theorie verwoben.

Man wird sich erinnern, daß die Entwicklung der Libido über gewisse Stufen hin fortschreiten soll, nämlich über die orale, anale, phallische zu der genitalen Stufe. In jeder Phase sind bestimmte Charaktertendenzen vorherrschend. Zu der oralen Stufe z. B. gehören Erwartungen, von der Umwelt etwas zu empfangen, Abhängigkeit von anderen, Neid, ferner die Neigung, sich mit den anderen in Form figurativer Einverleibungen zu identifizieren. Über die dem »genitalen Stadium« zugeordneten psychischen Eigenschaften ist nicht viel gesagt worden, aber die Erreichung des »genitalen Stadiums« scheint offenbar mit einer geradezu idealen Anpassung an die Erfordernisse der Umwelt zusammenzufallen. Von jemandem sagen, er sei im genitalen Stadium, heißt soviel wie er sei nicht neurotisch, sondern »normal« im Sinne des statistischen Durchschnitts[2].

Mit dieser Doktrin hängt es zusammen, daß alle stark vom Durchschnitt abweichenden Charakterzüge als infantil angesehen werden. Wenn jemand solche Eigentümlichkeiten ständig beibehält, so werden sie als Ausdruck einer Fixierung an ein infantiles Stadium betrachtet. Wenn er sie erst entwickkelt, nachdem es bei ihm vorher ohne größere Reibungen abgegangen ist, so werden sie als Regression aufgefaßt.

Bestimmte Libido-Stufen, zu denen eine Regression stattfindet, entsprechen nach dieser Anschauung den verschiedenen Arten von Neurosen oder Psychosen. So sieht man in Melancholie eine Regression zur oralen Stufe, weil in einem solchen Falle häufig Schwierigkeiten beim Essen auftreten, sowie kannibalistische Träume, Furcht vor Verhungern oder vor Vergiftung. Die Selbstbeschuldigungen, die für Melancholie typisch sind, werden als das Ergebnis einer »Introjektion« von einem anderen Menschen aufgefaßt, gegen den Anschuldigungen bestanden, die aber verdrängt wurden. Der Melancholiker handelt, nach Freud, als ob er den Beschuldigten geschluckt hätte, und infolge seiner Identifizierung mit diesem treten seine Anklagen als Selbstanklagen in Erscheinung.

Zwangsneurosen werden als Regressionen zu der anal-sadistischen Stufe betrachtet. Diese Deutung geht auf Beobachtungen folgender, bei Zwangsneurosen häufiger Charakterzüge zurück: offene Feindseligkeit, Grausamkeit, Halsstar-

[2] *W. Trotter*, Instincts of the Herd Peace and War (1915) weist auf die Tendenz der psychoanalytischen Literatur hin, das Normale mit dem statistischen Durchschnitt gleichzusetzen.

rigkeit, übergroße Betonung von Sauberkeit, Ordnung, Pünktlichkeit.

Schizophrenie wird als Regression zu der narzißtischen Entwicklungsstufe angesehen. Hier stützt man sich auf die Beobachtung, daß Schizophrene sich von der Wirklichkeit zurückziehen, egozentrisch sind und häufig, offen oder versteckt, überspannte Größen-Ideen haben.

Eine Regression braucht sich nicht auf die gesamte Libido-Verfassung auszuwirken, sie kann auch einfach in einer Rückkehr zu alten inzestuösen Liebesobjekten bestehen. Diese Art Regression wird als typisch bei Hysterie angesehen.

Faktoren, die eine Regression direkt oder indirekt veranlassen, sollen in der Nichtbefriedigung genitalen Verlangens liegen. Ganz allgemein kann eine Regression von einem Erlebnis bewirkt werden, das entweder genitales Verlangen verhindert oder es schmerzlich macht, wie Enttäuschungen oder Befürchtungen hinsichtlich des Geschlechts- oder Liebeslebens.

Kritisch ist zu diesem ganzen Problemkreis um die Regressionslehre teilweise dasselbe zu sagen, was ich in bezug auf die Libido-Theorie zu formulieren versuchte. Und soweit die Regression nur eine besondere Form der Wiederholung ist, so habe ich meine Einwände zu diesem Thema oben geäußert. Ich möchte hier nur einen Punkt betonen: er betrifft die für den Ausbruch einer Neurose verantwortlich angesehenen Faktoren – soweit überhaupt ein deutlicher Ausbruch vorliegt –, oder theoretisch ausgedrückt, die Faktoren, die eine Regression herbeiführen.

Wir wissen, daß neurotische Störungen durch unendlich viele Umstände ausgelöst werden können, von denen manche für den Durchschnittsmenschen keine traumatische Wirkung haben würden. So löste z. B. die leichte Kritik eines Direktors bei einer Lehrerin eine schwere Depression aus; schwere Angst, verbunden mit funktionellen Störungen, trat bei einem Arzt auf, der im Begriff stand, sich mit einer Frau seiner Wahl zu verheiraten. Verschiedenartigste Störungen zeigten sich auch bei einem Juristen, dessen Freundin sein Eheangebot nicht sogleich annahm.

Mir ist klar, daß in derartigen Fällen die Assoziationen der Patienten sich den Grundsätzen der Libido-Theorie oder des Wiederholungszwanges entsprechend deuten lassen. Man könnte also behaupten, daß der Tadel des Vorgesetzten für die Lehrerin traumatisch wäre, weil der Direktor für sie das Ebenbild des Vaters verkörperte, und weil sein Tadel die Wiederholung einer früheren Abweisung bedeutete und zugleich Schuldgefühle darüber weckte, daß sie sich in ihren Phantasien an dem Vater vergriffen hatte. Die Assoziationen des Arztes würden die allgemeine Furcht verraten, an irgendwen oder an irgend etwas gebunden zu sein, aber das könnte als eine wiedererstandene alte Furcht gedeutet werden, von der Mutter unterjocht oder gleichsam verschlungen zu werden, in Verbindung mit Furcht- und Schuldgefühlen über die Wiederkehr inzestuöser Wünsche.

Nach meiner Auffassung besteht jedoch die Aufgabe darin, zu verstehen, wie die in ihrer Vielfältigkeit vor uns stehende Persönlichkeit zusammengesetzt ist und welchem Zusammentreffen von Umständen sie ihr Gleichgewicht verdankt. Dann wird man auch verstehen, warum gewisse Ereignisse das Gleichgewicht stören müssen. So kann bei einem Menschen, dessen Gleichgewicht in der Hauptsache von der Illusion abhängt, unfehlbar zu sein und als unfehlbar angesehen zu werden, die leichte Kritik eines Vorgesetzten neurotische Störungen hervorrufen. Bei einem Menschen, der unter der Illusion lebt, unwiderstehlich zu sein, kann die kleinste Ablehnung eine Neurose bewirken. Bei einem Menschen, dessen Gleichgewicht nur darauf beruht, unabhängig und ungebunden zu sein, kann eine Neurose durch eine bevorstehende Heirat zum Ausbruch kommen. Meist ist es ein Zusammentreffen mehrerer Ereignisse, die das erfolgreiche Funktionieren der gegen die Angst errichteten Abwehrvorrichtungen stören. Je schwankender die Struktur eines Menschen, desto geringfügiger braucht der Vorfall zu sein, der sein Gleichgewicht stört und ihn Ängsten, Depressionen oder anderen neurotischen Symptomen aussetzt.

In Kreisen, die der Psychoanalyse skeptisch gegenüberstehen, wird oft der Wunsch geäußert, die Analysen möchten in aller Ausführlichkeit veröffentlicht werden, damit man beurteilen könne, wie der Analytiker zu seinen Ergebnissen komme. Ich glaube nicht, daß das dazu beitragen würde, Streitfragen aufzuklären. Ich vermute außerdem, daß hinter solchen Wünschen der unbegründete Verdacht steht, die Patienten lieferten in Wirklichkeit nicht das Material, auf dem die Deutungen beruhen. Nach meiner Erfahrung darf man den Analytikern durchaus Gewissenhaftigkeit zubilligen und annehmen, daß die entsprechenden Erinnerungen wirklich aufsteigen. Die Streitfrage ist nur, ob diese Erinnerungen als Erklärungsmethode benutzt werden dürfen und ob man sich damit nicht einem zu eingleisigen oder mechanistischen Denken verschreibt. Um noch einmal auf die oben erwähnten Fälle zurückzukommen, so glaube ich, daß man, anstatt in den Erinnerungen die letzte Weisheit zu sehen, versuchen sollte, zu erkennen, welche Bedeutung der unmittelbare Anlaß – die Kritik des Direktors, das Vorgefühl einer engen Bindung, wie sie die Ehe darstellt, die Abweisung – für den tatsächlichen derzeitigen Zustand des Betreffenden hat.

Als Ganzes betrachtet mag meine Kritik wie eine Auseinandersetzung zwischen Gegenwärtigem und Vergangenem erscheinen. Es wäre jedoch eine unangebrachte Vereinfachung, die Probleme im Lichte einer einfachen Alternative zu sehen. Es besteht gar kein Zweifel, daß Kindheitserlebnisse einen entscheidenden Einfluß auf die Entwicklung haben, und es ist, wie gesagt, eines der vielen Verdienste Freuds, dies im einzelnen und genauer erkannt zu haben, als es je vorher der Fall war. Seit Freud ist die Frage nicht mehr, ob es einen solchen Einfluß gibt, sondern wie er sich auswirkt. Er wirkt nach meiner Ansicht in zweifacher Weise.

Einmal hinterläßt er Spuren, die sich direkt verfolgen lassen. Spontanes Gefallen oder Mißfallen an einem Menschen kann unmittelbar mit frühen Erinnerungen an ähnliche Züge bei Vater, Mutter, Dienstmädchen, Geschwistern zusammenhängen. Bei dem in diesem Kapitel angeführten Beispiel hat das frühe Erlebnis, ungerecht behandelt zu sein, gewisse direkte Einflüsse auf die spätere Neigung, sich schlecht behandelt zu fühlen. Ungünstige Erfahrungen von der oben beschriebenen Art werden dazu führen, daß ein Kind im frühen Alter sein natürliches Vertrauen in das Wohlwollen und die Gerechtigkeit der anderen verliert. Auch wird es die naive Gewißheit, gern gelitten zu sein, verlieren oder nie gewinnen. In dem Sinne, daß sozusagen von vornherein eher das

Böse als das Gute angenommen wird, gehen die alten Erlebnisse direkt in die Welt des Erwachsenen ein.

Die andere und wichtigere Art des Einflusses besteht darin, daß die Gesamtheit der Kindheitserlebnisse eine gewisse Charakterstruktur formt oder vielmehr ihre Entwicklung in Gang setzt. Bei manchen Menschen hört diese Entwicklung mit fünf Jahren im großen und ganzen auf. Bei manchen hört sie in den Entwicklungsjahren auf, bei anderen etwa mit 30 Jahren, bei einigen wenigen hält sie bis ins Alter hinein an. Das bedeutet, daß wir nicht eine vereinzelte Verbindungslinie von einer Eigentümlichkeit des späteren Lebensalters – wie etwa Haß gegen den Ehegatten, der nicht direkt durch dessen Betragen veranlaßt ist – zu einem ähnlichen Haß gegen die Mutter ziehen können, sondern daß wir die spätere feindliche Reaktion aus der Struktur des gesamten Charakters heraus verstehen müssen. Daß der Charakter sich so entwickelt hat, wie er ist, ist zum Teil aus dem Verhältnis zur Mutter erklärbar, aber auch aus der Kombination aller anderen Faktoren, die in der Kindheit von Einfluß waren.

Das Vergangene ist stets in irgendeiner Form im Gegenwärtigen enthalten. Wenn ich den Gehalt dieser Untersuchung auf eine kurze Formel zu bringen versuchte, würde ich sagen, daß es dabei nicht um die Frage »Gegenwärtiges contra Vergangenes«, sondern um das Prinzip der Entwicklung gegenüber dem der Wiederholung geht.

IX.

Der Begriff der Übertragung

Würde mich jemand fragen, welche von Freuds Entdeckungen ich am höchsten bewerte, so würde ich ohne zu zögern sagen: seine Erkenntnis, daß man für die Therapie die Gefühlsreaktionen des Patienten auf den Analytiker und auf die analytische Situation verwerten kann. Es war ein Schritt, der Freuds innere Unabhängigkeit bezeugte, daß er die emotionellen Reaktionen des Patienten als ein brauchbares Werkzeug ansah, anstatt seine Bindung oder Beeinflußbarkeit nur als ein Mittel zu benutzen, auf ihn einzuwirken oder anstatt gegenteilige Reaktionen nur als störend zu betrachten. Ich stelle das ausdrücklich fest, weil ich den Eindruck habe, daß die Psychologen, die diese Art der Betrachtung Freuds weiter ausgearbeitet haben[1], ihm für seine Pionierarbeit nicht die genügende Anerkennung zollen. Es ist leicht, etwas zu modifizieren, aber es erfordert Genie, als erster neue Möglichkeiten zu erkennen.

Freud beobachtete, daß der Patient in der analytischen Situation nicht nur von seinen gegenwärtigen und vergangenen Nöten spricht, sondern auch gefühlsmäßig auf den Analytiker reagiert. Diese Reaktionen haben häufig einen durchaus irrationalen Charakter. Ein Patient kann den Zweck seines Kommens gänzlich vergessen und es kann ihm nur noch eines wichtig sein: vom Analytiker geliebt oder geschätzt zu werden. Er kann eine ganz unangebrachte Angst entwickeln, daß er seine Beziehung zum Analytiker gefährden könnte. Er kann versuchen, die Situation zu verändern; während sie in Wirklichkeit darin besteht, daß der Analytiker dem Patienten hilft, mit seinen Problemen fertig zu werden, bemüht sich dieser leidenschaftlich darum, die Oberhand zu gewinnen. Anstatt sich durch eine gewisse Klärung seiner Probleme befreit zu fühlen, kann z. B. ein Patient nur die eine Tatsache wahrnehmen, daß der Analytiker etwas ihm bisher verborgen Gebliebenes erkannt hat, und er kann darauf mit hefti-

---

[1] So etwa O. *Rank* und C. G. *Jung.*

gem Ärger reagieren. Ganz gegen sein eigenes Interesse kann ein Patient sich insgeheim mit der Absicht tragen, die Bemühungen des Analytikers zunichte zu machen.

Freud erkennt, daß in der psychoanalytischen Situation keine Reaktion auftritt, die für den Patienten nicht charakteristisch wäre, ein Umstand, der es um so wünschenswerter macht, sie zu verstehen. Freud erkennt ferner, daß die analytische Situation eine einzigartige Gelegenheit bietet, diese Reaktionen zu studieren, nicht nur, weil der Patient verpflichtet ist, seine Gefühle und Gedanken zu äußern, sondern weil die psychoanalytische Beziehung weniger verwickelt als andere und der Beobachtung leichter zugänglich ist.

Man kann gewiß viel aus dem lernen, was der Patient über sein Verhalten zu anderen, zum Ehegatten, zur Ehefrau, zu Dienstmädchen, Vorgesetzten, Kollegen u. dgl. erzählt, aber beim Studium dieser Angaben bewegt man sich oft auf unsicherem Boden. Der Patient kennt im allgemeinen seine Reaktionen oder die sie hervorrufenden Bedingungen nicht und hat ein entschiedenes, wenn auch verborgenes Interesse daran, sie nicht zu kennen. Viele Patienten veranlaßt das Bestreben, im Recht zu erscheinen, zu einer unbeabsichtigten Beschönigung ihrer Schwierigkeiten; so werden die Reaktionen häufig so dargestellt, als entsprächen sie dem jeweiligen Anlaß. Oder der Patient berichtet Vorfälle unter dem Zwang der Selbstbezichtigung, was gleichfalls das Ergebnis entstellt. Der Analytiker kennt die anderen beteiligten Personen nicht, und obgleich er sich vielleicht ein ungefähres Bild von ihnen machen kann, wird es oft schwer sein, den Patienten von seinem eigenen Anteil an den Konflikten zu überzeugen.

Man könnte einwenden, daß diese Schwierigkeiten auch bei der psychoanalytischen Situation vorhanden sind, daß die Reaktionen des Patienten auf den Analytiker gleichfalls ungerechtfertigt sein können, daß ein Analytiker nicht wissen kann, ob sie es sind oder nicht, denn er befindet sich schließlich in der schweren, wenn nicht unmöglichen Lage, Handelnder und Richter zugleich zu sein. Es gibt nur eine Antwort auf diese Einwände: Irrtümer dieser Art lassen sich nicht vermeiden, aber sie sind in der analytischen Situation erheblich vermindert. Der Analytiker hat größeren Abstand als andere, die eine Rolle im Leben des Patienten spielen; da seine Aufmerksamkeit sich darauf richtet, die Reaktionen des Patienten zu verstehen, kann er nicht so unbefangen und subjektiv reagieren, wie er es sonst täte. Auch ist er in der Regel selbst analysiert worden und daher unberechenbaren Gefühlsreaktionen weniger unterworfen. Und da schließlich der Analytiker weiß, daß er es mit Reaktionen zu tun hat, die der Patient in jede menschliche Beziehung tragen muß, so wird ihnen dadurch jede persönliche Schärfe genommen.

Unglücklicherweise entging diese unermeßlich konstruktive Wahrnehmung Freuds nicht dem Einfluß seines mechanistisch-evolutionistischen Denkens, und soweit dieser Einfluß reicht, wird der Begriff der Übertragung fragwürdig. Freud glaubt, daß die irrationalen Gefühlsreaktionen des Patienten eine Wiederbelebung infantiler Gefühle darstellen, nun aber gerichtet – d. h. übertragen – auf den Analytiker; er glaubt, daß Gefühle der Liebe, der Herausforderung, des Mißtrauens, der Eifersucht u. dgl. auf den Analytiker gerichtet werden, ohne Rücksicht auf dessen Geschlecht, Alter oder Betragen und ohne Rücksicht auf das, was tatsächlich bei der Analyse vorgeht. Das hängt mit Freuds Denkweise zusammen. Die dem Analytiker gegenüber entwickelten Gefühle können von ungewöhnlicher Stärke sein. Was sonst als infantile Triebe könnten eine solche Gewalt des Gefühls erklären? Daher geht das Hauptinteresse des Analytikers dahin, zu erkennen, welche Rolle ihm der Patient in dem jeweiligen Abschnitt der Analyse zuschreibt: die Rolle des Vaters, der Mutter, eines der Geschwister? Die Rolle eines guten oder schlechten Ebenbildes der Mutter?

Was sich aus dieser Art der Auffassung ohne weiteres ergibt, möge an einem Beispiel illustriert werden, obgleich es keine wesentlichen Perspektiven eröffnet, die nicht schon bei der Erörterung der Wiederholungs-Idee aufgezeigt wurden. Wir wollen annehmen, daß ein Patient sich in den Analytiker verliebt hat. Er lebt nur für die eine Stunde der Analyse; er ist entzückt von jeder Freundlichkeit des Analytikers und bei der geringsten Zurückweisung (oder was er dafür hält) deprimiert. Er ist eifersüchtig auf andere Patienten oder auf die Verwandten des Analytikers. Er bildet sich ein, von ihm besonders bevorzugt zu sein. Sexuelle Wünsche können bewußt oder in Träumen in Erscheinung treten.

Wenn der Analytiker Freuds Deutungen folgt, wird er auf Grund gewisser die Mutter betreffenden Assoziationen vermuten, daß der Patient seine Mutter weit mehr geliebt hat, als er sich erinnert und daß diese alte Liebe nun von neuem aktiviert wird. Eine solche Deutung kann darin zutreffen, daß der Patient tatsächlich als Kind stark an seine Mutter gebunden war, und darin, daß die jetzige Hinneigung einen gleichsam unpersönlichen Charakter aufweist; in geringerem Maße kann so eine Neigung auch entstanden sein für andere Ärzte, Rechtsanwälte, Geistliche oder für alle jene, die sich seiner freundlich oder sorgend annahmen. Der Analytiker ist sich des unpersönlichen Charakters der Neigung zu ihm bewußt und schreibt das mangelnde Unterscheidungsvermögen des Patienten dem Zwang zu, ein altes Erlebnis zu wiederholen. Der Patient fühlt sich befreit, weil er erkennt, daß in seinen Liebesgefühlen etwas Zwanghaftes, etwas Unechtes steckt. Aber während sich infolgedessen die augenblickliche Begeisterung für den Analytiker vermindert, bleibt die Abhängigkeit von ihm bestehen.

Die Schwäche einer derartigen Deutung liegt wieder in der ungenügenden Berücksichtigung der derzeitigen eigentlichen Faktoren in der Persönlichkeit des Patienten, die in diesem Falle für die Bindung an den Analytiker verantwortlich sind. Um nur eine Möglichkeit anzudeuten, der Patient kann ein Typus mit vorwiegend masochistischen Charakterzügen sein. Seine Sicherheit und seine Befriedigung kann davon abhängig sein, daß er sich an andere anlehnt oder genauer, in ihnen aufgeht[2]. Daher bedeutet der Gewinn von Zuneigung für ihn ein Mittel beruhigender Sicherheit. Dem Patienten selbst erscheint dieses Zärtlichkeitsbedürfnis aus verschiedenen gewichtigen Gründen meist als Liebe und Hingabe. Wenn Angst auftritt – was bei jeder erfolgreichen Analyse mehrfach vorkommen wird –, erhöht sich das Bedürfnis des Patienten, an dem Analytiker Halt zu suchen. Daher sollte der Analytiker, wenn ein Patient eine über das übliche Maß hinausgehende Bindung zeigt, diese in erster Linie mit bestehenden Anzeichen von Angst oder Unsicherheit in Zusammenhang bringen. Die beabsichtigte Wirkung dieses Vorge-

[2] Vgl. 15. Kapitel, Masochistische Phänomene.

hens ist, einen Weg zum Verständnis der Angst des Patienten zu öffnen und schließlich auch zur Einsicht in die dafür verantwortliche innere Struktur zu führen. Da es hauptsächlich die Angst ist, die den Patienten vom Analytiker abhängig macht, wirken derartige Deutungen von vornherein der Gefahr der Abhängigkeit entgegen[3].

Die erste Gefahr einer Interpretation, die in der Bindung des Patienten eine Wiederholung des infantilen Musters sieht, ist, daß jene Abhängigkeit verstärkt wird. Die zugrundeliegende Angst bleibt unberührt und daher vermehrt sich die Abhängigkeit des Patienten vom Analytiker. Das ist eine ernstliche Gefahr, weil damit dem Ziel der Therapie entgegengearbeitet wird, das doch darin besteht oder bestehen sollte, dem Patienten zu einer freien und unabhängigen Persönlichkeit zu verhelfen.

Eine zweite Gefahr solcher Erklärungsversuche liegt darin, daß die Analyse als Ganzes unfruchtbar werden kann. Angenommen z. B., ein Patient empfindet insgeheim den ganzen Vorgang als unerträgliche Demütigung seines Stolzes. Wenn diese Reaktion, nachdem sie erkannt ist, lediglich mit früheren Gefühlen der Demütigung in Verbindung gebracht wird, wenn nicht der Versuch gemacht wird, herauszufinden, welche Faktoren in seiner derzeitigen tatsächlichen Verfassung dieses Gefühl erklären können, kann die Analyse ganz aus dem Gang kommen und es wird nutzlose Zeit damit vertan, daß der Patient in feiner oder grober Form den Analytiker herabsetzt und sein Bemühen zunichte macht.

Die dritte Gefahr liegt darin, daß die Persönlichkeitsstruktur des Patienten in ihrer ganzen Verzweigtheit nicht genügend herausgearbeitet worden ist. Die gegenwärtig bestehenden individuellen Züge können zwar als solche erkannt werden, auch wenn man sie vorwiegend auf die Vergangenheit bezieht, da besondere Empfindlichkeit, Trotz oder Stolz ja zuerst erkannt werden müssen, ehe man diese Eigenschaften auf Zurückliegendes beziehen kann. Aber ein solches Verfahren beeinträchtigt das Verständnis dafür, wie die Charakterzüge miteinander in Beziehung stehen, in welcher Weise eine Eigenart andere bedingt, andere verstärkt,

[3] Neben anderen hat *Adolf Meyer* auf die Schwierigkeit hingewiesen, die Abhängigkeit des Neurotikers von seinem Arzt zu lösen.

mit anderen zusammenstößt, und es kann dazu führen, daß man sie in eine falsche Beziehung zueinander bringt.

Wegen der praktischen und theoretischen Bedeutung dieses Punktes möchte ich ihn noch an einem Beispiel illustrieren. Da dieses Beispiel stark konzentriert und schematisiert werden muß, ist sein Zweck nicht, den Leser davon zu überzeugen, daß das charakterliche Bild, zu dem ich gelange, der Wahrheit näher kommt als ein durch »vertikale« Deutungen erzieltes, sondern es soll nur den Unterschied im Vorgehen und im Ergebnis veranschaulichen.

Bei einem Patienten X, einem hochbegabten Menschen, zeigen sich in seinem Verhältnis zum Analytiker dreierlei hervorstechende Charakterzüge, die ich mit a, b, c bezeichnen will: er ist a) nachgiebig und erwartet unbewußt, daß der Analytiker ihn dafür in Schutz nehme, liebe und bewundere; er hat b) versteckte übertriebene Vorstellungen von sich als von einem Genie in geistiger und moralischer Hinsicht und er wird über den Analytiker ärgerlich, wenn diese Vorstellungen in Frage gestellt werden; c) er fürchtet, daß der Analytiker ihn verachtet.

Die Analyse deckt Kindheitserlebnisse a_1, b_1, c_1 auf: a_1) der Vater machte ihm Nachgiebigkeit zur Bedingung, wenn er ihm einen Wunsch erfüllte; b_1) der Vater hielt ihn für ein Genie, c_1) die Mutter verachtete den Vater.

Nach Freuds Auffassung von der Übertragung würde die Deutung so lauten, daß X sich in seiner Kindheit mit seiner Mutter identifizierte und eine passive, feminine Rolle dem Vater gegenüber spielte, in der Erwartung auf Belohnung. Im Hinblick auf das gegenwärtige Charakterbild: X hat latent passive homosexuelle Neigungen, deren er sich schämt und derentwegen er fürchtet, verachtet zu werden. Seine übertriebenen Vorstellungen von sich selbst sind ein Ausdruck des Protestes gegen seine femininen Züge und dienen zur Kompensation für seine Selbstverachtung und seine Furcht vor dem Verachtetwerden. Diese Deutung würde auch andere Eigentümlichkeiten von X aufklären. So würde z. B. seine Furcht, sich an eine Frau zu binden, auch aus der latenten Homosexualität zu erklären sein, sowie aus der Furcht, von Frauen verachtet zu werden, wie der Vater von der Mutter verachtet wurde.

Wenn man nicht vertikale Linien von den Zügen a, b, c zu den Faktoren a_1, b_1, c_1 in der Kindheit zieht, sondern horizontale Linien, d. h. wenn man zunächst zu erkennen sucht, wie a, b und c tatsächlich miteinander verbunden sind, muß man die Frage untersuchen, warum X diese große Furcht vor der Verachtung hat, trotz seiner guten Eigenschaften und ungewöhnlichen Gaben, warum es für ihn so notwendig ist, an den übertriebenen Vorstellungen über sich selbst festzuhalten. Man würde allmählich erkennen, daß X im Grunde mehr verspricht, als er zu geben imstande ist. Er erweckt Erwartungen einer alles umfassenden Liebesfähigkeit, ist aber infolge seiner Befürchtungen und aus gewissen sehr subtilen sadistischen Tendenzen abgeneigt und auch unfähig, sie zu erfüllen. In ähnlicher Weise erwartet man von ihm große geistige Leistungen, aber er arbeitet infolge seines Sichgehenlassens und wegen verschiedener Hemmungen nicht genug, als daß er diesen Erwartungen entspräche. Ohne es zu wollen oder sich dessen bewußt zu sein, ist X so zu einem Schwindler geworden, der dank seiner unausgesprochenen Versprechen bewundert, geliebt und unterstützt zu werden wünscht, der aber niemals seine Verpflichtungen einhält.

Daher der Zug b: übertriebene Vorstellungen sind nötig, um den Schwindel in seinen eigenen Augen zu verhüllen und anderen Leuten Sand in die Augen zu streuen. Wegen der subjektiven Bedeutung dieser Vorstellungen kann er nicht dulden, daß sie irgendwie in Frage gestellt werden, und muß im Zweifelsfalle mit intensiver Feindseligkeit reagieren.

Zug a: Die Nachgiebigkeit hat sich entwickelt, weil X, da er so viel von anderen für sich erwartet, es sich nicht leisten kann, Feindschaft zu erwecken, weil er ferner seiner Vorstellung gemäß leben muß, ein guter Mensch zu sein, und daher tun muß, was andere von ihm erwarten; schließlich weil er Zuneigung braucht infolge einer quälenden Angst, die in der Hauptsache seinen unbewußten Ansprüchen entspringt.

Zug c: Er verachtet sich teils wegen seiner unbewußten Neigung zum Schmarotzen, teils wegen seiner übergroßen Nachgiebigkeit, teils wegen der Vorspiegelung falscher Tatsachen, auf denen sein Leben aufgebaut ist, und daher fürchtet er, von anderen genauso verachtet zu werden.

Freud erkennt, daß scheinbar übertriebene Gefühlsreaktionen nicht nur in der analytischen Situation vorkommen, sondern ebensogut bei jeder anderen engeren Beziehung auftreten können. Tatsächlich erhebt sich eine schwierige Frage, wenn man die analytische Situation mit anderen vergleicht: da Liebe hier ein Gefühl ist, das von einem Objekt der Kindheit auf den Analytiker übertragen wird, ist es dann vielleicht so, daß alle Liebe Übertragung ist – und wenn nicht, wie können wir zwischen einer Liebe, die Übertragung ist und einer, die es nicht ist, unterscheiden? Meine Meinung über solche Fragen ist die gleiche wie über den Begriff der Übertragung. Bei der analytischen Beziehung, wie auch bei anderen, ist es die gesamte Struktur der Persönlichkeit wie sie nun einmal tatsächlich ist, die darüber entscheidet, ob und warum ein Mensch sich von anderen angezogen fühlt.

Dennoch bleibt es eine Tatsache, daß in der analytischen Situation eine Bindung oder vielmehr eine Abhängigkeit regelmäßiger vorkommt als bei anderen Beziehungen. Auch andere Gefühlsreaktionen scheinen bei der Analyse überhaupt häufiger und überbetonter zu sein als sonst. Menschen, die sonst sehr aufgeräumt erscheinen, können bei der Analyse unverhüllt feindselig, mißtrauisch, anspruchsvoll und rechthaberisch sein.

Die Beobachtungen deuten darauf hin, daß es in der analytischen Situation spezifische Faktoren gibt, die solche Reaktionen auslösen. Nach Freud beträgt und fühlt sich der Patient bei der Analyse zunehmend »infantil« und, so behauptet Freud, die Analyse nähre regressive Reaktionen. Die Verpflichtung, frei zu assoziieren, verbunden mit den Deutungen des Analytikers und seiner toleranten Haltung tragen dazu bei, daß der Patient etwas von seiner bewußten Beherrschung als Erwachsener aufgibt und infantile Reaktionen offener zeigt. Das Aufdecken seiner Kindheitserlebnisse führt ihn dazu, vergangene Gefühle wiederaufleben zu lassen. Die Regel, daß die Analyse mit einer gewissen Triebversagung für den Patienten durchgeführt werden sollte, d. h. daß der Analytiker zur Zurückhaltung gegenüber den Wünschen und Forderungen des Patienten verpflichtet ist, ist insofern überaus wichtig, als man annimmt, daß dadurch die Regression zu infantilen Gefühlsformen gefördert wird, ebenso wie andere Triebversagungen Regressionen hervorrufen sollen.

Da ich den Begriff der Regression bereits behandelt habe, kann ich dazu übergehen, meine Erklärung des Problems zu geben. Für mich besteht das spezielle Problem der psychoanalytischen Situation in der Tatsache, daß der Patient seine übliche Abwehrhaltung nicht wirksam anwenden kann. Sie wird als solche enthüllt und zwingt auf diese Weise die dieser Abwehr zugrundeliegenden verdrängten Neigungen, in Erscheinung zu treten. Z. B. wird ein Patient, der sich angewöhnt hat, gewisse Menschen vorbehaltlos zu bewundern, weil er seinen Konkurrenztrieb verdecken möchte, in der analytischen Situation dieselbe Taktik gegenüber dem Analytiker anwenden und ihn blind bewundern; er wird aber bald die dahinterstehende Neigung zum Herabsetzen selbst erkennen müssen. Ein Patient, der übertriebene Anforderungen an andere durch äußerste Bescheidenheit verdeckt hat, wird in der analytischen Situation die Existenz dieser Forderungen mit allen ihren verwickelten Folgeerscheinungen erkennen müssen. Ein Patient mit der Furcht, durchschaut zu werden, kann unter anderen Umständen diese Gefahr vermeiden, indem er sich von anderen zurückzieht, verschlossen ist und sich aufs äußerste beherrscht – all das kann bei der Analyse nicht aufrechterhalten bleiben. Da die Analyse Abwehrmaßnahmen, die bis dahin wichtige Funktionen zu erfüllen hatten, unvermeidlich angreift, muß durch sie Angst aufgerührt und abwehrende Feindseligkeit bewirkt werden. Der Patient muß seine Abwehrhaltung so lange verteidigen, als sie für ihn nötig ist, und er muß den Analytiker als gefährlichen Eindringling empfinden.

Freuds Theorie von der Übertragung wirkt sich in verschiedener Hinsicht theoretisch und praktisch aus. Da er die irrationalen Gefühle und Triebe eines Patienten bei der Analyse als Wiederholung ähnlicher, einst auf Eltern und Geschwister bezogener Gefühle deutet, glaubt er, daß die Übertragungs-Reaktionen die Ödipus-Beziehung »mit ermüdender Regelmäßigkeit« wiederholen. Er betrachtet diese Häufigkeit als den überzeugendsten Beweis für das regelmäßige Vorkommen des Ödipus-Komplexes. Diese Beweisführung dreht sich jedoch im Kreise, da die Deutungen selbst bereits auf der (anfechtbaren) Überzeugung beruhen, daß der Ödipus-Komplex eine biologische und daher überall vorkommende Erscheinung sei und daß frühere Reaktionen später wiederholt werden.

Einer der Punkte, in denen sich die Übertragungstheorie praktisch auswirkt, ist die Haltung des Analytikers gegenüber dem Patienten. Da der Analytiker die Rolle irgendeiner in der Kindheit wichtigen Persönlichkeit übernimmt, sollte seine eigene Persönlichkeit (nach Freud) soweit als möglich aus dem Spiel bleiben; um einen Ausdruck Freuds zu gebrauchen, er sollte »wie ein Spiegel« sein. Der Rat, unpersönlich zu sein, darf, obwohl er von einer anfechtbaren Voraussetzung ausgeht, eine gewisse Gültigkeit beanspruchen. Der Analytiker sollte den Patienten nicht mit seinen eigenen Problemen beschweren. Auch sollte er sich gefühlsmäßig nicht mit dem Patienten einlassen, weil eine solche Bindung die klare Einsicht in die Probleme des Patienten beeinträchtigen kann. Der Rat ist nur insofern anfechtbar, als er den Analytiker zu gespreiztem, uninteressiertem und herrischem Betragen veranlassen kann.

Glücklicherweise verhindert es die spontane Natürlichkeit des Analytikers meist, daß er sich allzusehr dem Ideal eines Spiegels nähert. Dennoch bringt das Ideal als solches für den Analytiker gewisse Gefahren mit sich, die sich letzten Endes auch auf den Patienten auswirken müssen. Es kann den Analytiker dazu verleiten, vor sich selbst zu verleugnen, daß er irgendwie gefühlsmäßig auf den Patienten reagiert, während es angebrachter wäre, wenn er sich bemühte, seine persönlichen Reaktionen auf den Patienten zu verstehen. Auf die Wünsche eines Patienten, ihn um Geld zu betrügen, seine Bemühungen zunichte zu machen, ihn zu demütigen und herauszufordern, wird er wahrscheinlich durchaus reagieren, besonders, solange diese Neigungen des Patienten in verkleideter Form auftreten und nicht klar erkennbar sind. Es wäre für den Analytiker besser, sich einzugestehen, daß er darauf reagiert, und wenn er diese Reaktionen in zweifacher Weise ausnützte, indem er sich fragt, ob seine Reaktionen nicht genau das sind, was der Patient erreichen wollte – wodurch sich manche Anhaltspunkte für den in Gang befindlichen Prozeß ergeben –, und indem er sie als Mahnung auffaßt, über sich selbst klarer zu werden.

Der Grundsatz, daß die Gefühlsreaktionen des Analytikers als »Gegen-Übertragung« verstanden werden sollten, kann von dem gleichen Standpunkt aus angefochten werden wie die Idee der Übertragung. Wenn ein Analytiker auf die Neigung des Patienten, seine Bemühungen zunichte zu machen, mit innerer Gereiztheit reagiert, kann er nach obigem Grundsatz den Patienten mit seinem eigenen Vater identifizieren und so eine Situation aus der Kindheit wiederholen, bei der er sich vom Vater besiegt fühlte. Wenn jedoch die Gefühlsreaktionen des Analytikers verstanden werden aus seiner eigenen Charakterstruktur heraus, die von dem augenblicklichen Betragen des Patienten beeinflußt ist, so wird sich zeigen, daß diese Gereiztheit entstanden ist, weil er z. B. die phantastische Vorstellung hat, er müsse jeden Fall heilen können und es daher als persönliche Demütigung empfindet, wenn ihm das nicht gelingt. Oder, um eine andere häufige Schwierigkeit zu erwähnen, solange der Analytiker seine eigenen übertriebenen Wünsche dadurch in Schutz nimmt, daß er sich unfair behandelt fühlt, wird er kaum imstande sein, ähnliche Verwicklungen bei dem Patienten zu lösen; er wird wahrscheinlich mit dessen Leiden eher sympathisieren, anstatt die defensiven Elemente zu analysieren, zu deren Verschleierung es dient.

Eines muß jedoch hinzugefügt werden: je mehr wir den Gesichtspunkt der Wiederholung bei der Übertragung außer acht lassen, desto gründlicher muß die eigene Analyse des Analytikers sein. Denn es erfordert unvergleichlich viel mehr innere Freiheit, die tatsächlichen jeweiligen Probleme des Patienten in ihrer ganzen Verzweigtheit zu sehen und zu verstehen, als diese Probleme auf ein Verhalten in der Kindheit zu beziehen. Es ist z. B. unmöglich, alle die Erscheinungen zu analysieren, die mit neurotischem Ehrgeiz oder masochistischer Abhängigkeit zusammenhängen, wenn man nicht diese Probleme in sich selbst durchgearbeitet hat.

Ich halte es für unwesentlich, ob wir den Ausdruck »Übertragung« beibehalten oder fallenlassen – vorausgesetzt, daß wir ihm die Einseitigkeit seiner ursprünglichen Bedeutung nehmen: die Wiederbelebung vergangener Empfindungen. In gedrängter Zusammenfassung ist meine Ansicht über dieses Phänomen die folgende: Neurosen sind letzten Endes der Ausdruck von Störungen innerhalb menschlicher Beziehungen; die analytische Beziehung ist eine spezielle Form dieser Beziehungen, und Störungen müssen hier ebenso auftreten wie anderswo; die besonderen Bedingungen, unter denen eine Analyse geleitet wird, ermöglichen es, diese Störungen hier genauer als sonst zu untersuchen und den Patienten von ihrem Vorhandensein und von der Rolle, die sie spielen, zu überzeugen. Wenn die Idee der Übertragung so von dem theoretischen Beiwerk des Wiederholungszwanges gelöst wird, wird sie die Ergebnisse zeitigen, die sie ihrem Gehalt nach zu leisten fähig ist.

X.

Kultur und Neurosen

Die Untersuchungen der vorangegangenen Kapitel haben gewisse Grenzen Freudscher Erkenntnis hinsichtlich der Kulturfaktoren gezeigt, sowie die Ursachen dieser Grenzen. Ich werde kurz rekapitulieren und den Einfluß andeuten, den Freuds Stellung zu Kulturfragen auf die psychoanalytische Theorie ausgeübt hat.

Vor allem ist zu berücksichtigen, daß Freud zu der Zeit, da er sein psychologisches System entwickelte, noch nicht über die heutigen Einsichten in Ausmaß und Art der Kultureinflüsse verfügte. Außerdem verhinderte ihn seine Einstellung als Triebtheoretiker an einer richtigen Bewertung dieser Faktoren. Statt zu erkennen, daß die widerstreitenden Züge bei Neurosen vorwiegend aus den Bedingungen erwachsen, unter denen wir leben, betrachtet er sie als Triebregungen, die von der jeweiligen Umgebung nur modifiziert werden.

Infolgedessen schreibt Freud die bei einem der mittleren Vermögensklasse angehörenden Neurotiker der westlichen Zivilisation vorherrschenden Züge biologischen Faktoren zu und betrachtet sie als in der »menschlichen Natur« liegend. Dieser Typus ist durch eine Fähigkeit zu großer Feindseligkeit gekennzeichnet, durch weit größere Bereitschaft und Befähigung zu Haß als zu Liebe, durch gefühlsmäßige Abschließung, durch Neigung zum Egozentrischen, zum Abstandhalten, zur Erwerbssucht, zur Verstrickung in Besitz- und Prestigeprobleme. Da Freud nicht erkennt, daß alle diese Züge letzten Endes den Gegebenheiten einer spezifischen Gesellschaftsstruktur entstammen, schreibt er die Egozentrizität einer narzißtischen Libido, die Feindseligkeit einem Zerstörungstrieb, die durch Geldfragen ausgelösten Störungen einer Anal-Libido, die Erwerbssucht einer oralen Libido zu. Es ist dann nur logisch, die bei heutigen neurotischen Frauen häufigen masochistischen Züge als der weiblichen Natur entsprechend zu betrachten oder zu folgern, daß das besondere Verhalten neurotischer Kinder von heute ein allgemeines Stadium in der menschlichen Entwicklung darstelle.

Da Freud von der universalen Rolle dieser mutmaßlichen Triebregungen überzeugt ist, hält er sich für berechtigt, Kultur-Phänomene auch von dort her zu erklären. Der Kapitalismus wird als anal-erotisches Kulturergebnis gesehen, Kriege sind von einem immanenten Zerstörungstrieb bestimmt, Kulturleistungen im allgemeinen sind Sublimierungen libidinöser Triebe. Qualitative Unterschiede bei den einzelnen Kulturen erklärt man aus der Art der Triebregungen, die bezeichnenderweise geäußert oder verdrängt werden, d. h. sie sollen davon abhängen, ob die Äußerung oder Verdrängung vorwiegend orale, anale, genitale oder Zerstörungs-Triebe betrifft.

Von diesen Voraussetzungen her werden auch komplizierte Bräuche der primitiven Völker so erklärt, als entsprächen sie neurotischen Erscheinungen unserer Kultur. Ein deutscher Schriftsteller karikiert dieses Verfahren als den Hang psychoanalytischer Autoren, die Primitiven als einen Haufen wild gewordener Neurotiker zu betrachten. Polemiken, die sich an solche Spekulationen auf soziologischem und anthropologischem Gebiete knüpfen, versuchen gelegentlich, die ganze Psychoanalyse in Mißkredit zu bringen, indem sie auf ihre unbedachten Verallgemeinerungen in Fragen der Kultur hinweisen. Das ist jedoch ungerechtfertigt. Solche Verallgemeinerungen spiegeln nur gewisse anfechtbare Prinzipien der Psychoanalyse und sie sind tatsächlich weit von ihrem innersten Kern und Gehalt entfernt.

Wie wenig Gewicht Freud den Kulturfaktoren beimißt, zeigt sich auch in seiner Neigung, gewisse Einflüsse der Umgebung als zufälliges Schicksal eines Einzelmenschen zu betrachten, anstatt die ganze Stärke der dahinterstehenden Kultureinflüsse zu erkennen. So sieht es Freud z. B. als puren Zufall an, daß in einer Familie ein Bruder der Schwester vorgezogen wird, während doch die Bevorzugung männlicher Nachkommen zum Bild einer patriarchalischen Gesellschaft gehört. Hier könnte eingewendet werden, daß es für die einzelne Analyse unerheblich ist, wie man die Frage der Bevorzugung sieht, jedoch ist das nicht ganz belanglos. In Wirklichkeit ist die Bevorzugung des Bruders einer der vielen Faktoren, die dem Mädchen das Gefühl geben, daß es minderwertig oder weniger erwünscht sei. Wenn Freud daher das

Vorhandensein eines bevorzugten Bruders als zufällig ansieht, so zeigt das, daß er nicht alle Faktoren sieht, die das Mädchen beeinflussen.

Obwohl es richtig ist, daß Kindheitserfahrungen nicht nur bei einzelnen Familien verschieden sind, sondern auch bei jedem Kind derselben Familie, sind dennoch die meisten Erfahrungen das Ergebnis der ganzen Kulturlage und keineswegs nebensächlich. Es wäre z. B. gefährlich, anzunehmen, daß Geschwister-Rivalität, da sie innerhalb unserer Kultur so allgemein besteht, ein allgemeinmenschliches Phänomen sei; wir müssen vielmehr untersuchen, bis zu welchem Grade diese Erscheinung von dem in unserem Kulturbereich bestehenden Konkurrenzkampf bestimmt ist. Es wäre in der Tat ein Wunder, wenn die Familie allein von diesem Wettkampfe ausgenommen wäre, da er doch alle anderen Gebiete unseres Lebens durchdringt.

Soweit Freud den Einfluß von Kulturfaktoren auf Neurosen in Betracht zieht, tut er es in einseitiger Weise. Sein Interesse beschränkt sich auf die Frage, inwieweit Kulturbedingungen die vorhandenen »triebhaften« Impulse beeinflussen. Gemäß seiner Auffassung, daß der wichtigste äußere Faktor bei der Entstehung einer Neurose die Triebversagung ist, nimmt er an, daß die Kulturbedingungen dadurch zu Neurosen führen, daß sie dem Menschen Triebversagungen auferlegen. Er glaubt, daß die Kultur, indem sie den libidinösen und besonders den Zerstörungstrieben Einschränkungen aufzwingt, dazu beiträgt, Verdrängungen, Schuldgefühle und Bedürfnisse nach Selbstbestrafung entstehen zu lassen. Daher seine allgemeine Überzeugung, daß wir die kulturellen Segnungen mit Unbefriedigt- und Unglücklichsein bezahlen müssen. Der Ausweg ist Sublimierung. Aber da die Fähigkeit zur Sublimierung begrenzt ist, und da die Verdrängung »triebhafter« Impulse einer der wesentlichen Faktoren bei der Entstehung der Neurosen ist, vermutet Freud eine quantitative Beziehung zwischen dem Grad der durch die Kultur auferlegten Verdrängung und der Häufigkeit und Schwere der nachfolgenden Neurosen.

Die Beziehung zwischen Kulturbedingtheiten und Neurosen ist jedoch in der Hauptsache nicht quantitativer, sondern qualitativer Art[1]. Worauf es ankommt, ist die Beziehung zwischen der Beschaffenheit der Kulturtendenzen und der Beschaffenheit der individuellen Konflikte. Das Studium dieser Beziehung ist nur durch eine divergierende wissenschaftliche Zuständigkeit erschwert. Der Soziologe kann nur über die soziale Struktur einer bestimmten Kultur Aufschluß geben; der Analytiker nur über die Struktur einer Neurose. Diese Schwierigkeit kann nur durch Zusammenarbeit überwunden werden.

Wenn man die Beziehung zwischen Kultur und Neurosen untersucht, sind nur die den Neurosen gemeinsamen Züge von Belang; vom soziologischen Gesichtspunkt sind individuelle Unterschiede bei Neurosen unwichtig. Man muß von der verwirrenden Vielfalt individueller Verschiedenheiten absehen und nach dem gemeinsamen Nenner für die die einzelnen Neurosen erzeugenden Bedingungen und den Inhalt der neurotischen Konflikte suchen.

Wenn der Soziologe über dieses Material verfügt, kann er es zu den Kulturbedingungen in Beziehung setzen, die die Entwicklung von Neurosen begünstigen und für die Natur der neurotischen Konflikte verantwortlich sind. Drei Hauptgruppen von Faktoren müssen in Betracht gezogen werden; diejenigen, die den Nährboden für eine Neurose darstellen; ferner die Faktoren, welche die neurotischen Grundkonflikte und die Versuche ihrer Lösung bedingen, und schließlich die Faktoren, die sich im äußeren Bild auswirken, das der Neurotiker sich und anderen bietet.

Eine neurotische Entwicklung bei einem Menschen entsteht im Grunde aus Gefühlen der Entfremdung, der Feindseligkeit, der Furcht und aus vermindertem Selbstvertrauen. Diese Haltungen bedingen nicht von sich aus eine Neurose, sondern sie sind der Boden, aus dem eine Neurose erwachsen kann, da sie in ihrer Gesamtheit das Grundgefühl der Hilflosigkeit gegenüber einer als potentiell gefährlich empfundenen Welt erzeugen. Primärangst oder tiefe Unsicherheit verlangen ein unnachgiebiges Verfolgen bestimmter Bestrebungen nach Sicherheit und Befriedung; die Unvereinbarkeit dieser

---

[1] Eine ausführliche Erörterung dieser Beziehung findet sich in *Karen Horney,* Der neurotische Mensch unserer Zeit (1951).

Bestrebungen bildet den Kern der Neurosen. Infolgedessen ist die erste Gruppe von neurosen-begünstigenden Faktoren, auf die bei einer Kultur geachtet werden muß, jene, die gefühlsmäßige Isolierung, die Möglichkeit einer feindlichen Spannung zwischen den Menschen, Unsicherheit, Angst und das Gefühl der Machtlosigkeit des einzelnen erzeugen.

Wenn ich im folgenden einige solcher Faktoren aufzeige, so beabsichtige ich nicht, in das Gebiet der Soziologie vorzudringen, sondern ich möchte lediglich die Möglichkeit des Zusammenarbeitens illustrieren. Unter den verschiedenen Faktoren der westlichen Zivilisation, die potentielle Feindseligkeit hervorrufen, steht an erster Stelle wohl der Umstand, daß diese Zivilisation auf dem Grundsatz des persönlichen Wettbewerbs aufgebaut ist. Dieses Prinzip des wirtschaftlichen Konkurrenzkampfes beeinflußt die menschlichen Beziehungen insofern, als es die Menschen veranlaßt, einander zu bekämpfen, einander zu übertreffen, und indem es den Vorteil des einen zum Nachteil des anderen macht. Bekanntlich beherrscht der Konkurrenzkampf nicht nur unsere beruflichen Beziehungen, sondern durchsetzt auch unsere gesellschaftlichen Verhältnisse, unsere Freundschaften, unsere sexuellen Beziehungen sowie die Beziehungen innerhalb der Familie und trägt so die Keime destruktiver Rivalität, der Herabsetzung, des Argwohns, der Mißgunst und des Neides in jede menschliche Beziehung. Die starke Ungleichheit, nicht nur im Besitz, sondern in den Möglichkeiten, die dem einzelnen für die Erziehung, die Erholung, für die Erhaltung und Wiedererlangung der Gesundheit gegeben sind, trägt weiterhin zur Bildung potentieller Feindseligkeit bei. Schließlich liegt noch ein weiterer Faktor in der Möglichkeit gegenseitiger Ausbeutung, sei es einer Gruppe oder eines einzelnen.

Wenn man den Ursachen der Unsicherheit nachgeht, so sollte wohl unsere gegenwärtige Unsicherheit auf wirtschaftlichem und sozialem Gebiet an erster Stelle genannt werden. Ein anderer gewichtiger Umstand, der persönliche Unsicherheit bewirkt, ist zweifellos die von den überall möglichen feindlichen Spannungen bestimmte Furcht: die Furcht vor Neid im Falle des Erfolges, die Furcht vor Verachtung im Falle von Mißerfolgen, die Furcht, ausgenutzt zu werden und andererseits Furcht vor Vergeltung dafür, daß man andere zu verdrängen, zu verleumden und auszubeuten sucht. Auch die gefühlsmäßige Abschließung des einzelnen, die sich aus gestörten menschlichen Beziehungen ergibt und der damit verbundene Mangel an Solidarität ist wahrscheinlich bei der Entstehung der Unsicherheit von starkem Einfluß. Unter solchen Umständen ist der ganz auf seine eigenen Fähigkeiten angewiesene Mensch ganz schutzlos und fühlt sich auch so. Das allgemeine Unsicherheitsgefühl wird noch durch einen anderen Umstand vergrößert. Sowohl Tradition als auch Religion geben im allgemeinen dem heutigen Menschen nicht mehr das Gefühl, daß er integraler Bestandteil eines mächtigeren Ganzen ist, das ihm Schutz gewährt und seinen Bestrebungen Richtung gibt.

Schließlich ist zu fragen, inwieweit unsere Kultur das individuelle Selbstvertrauen beeinträchtigt. Selbstvertrauen ist ein Ausdruck der tatsächlich vorhandenen Kraft eines Menschen. Es wird von jedem Mißerfolg beeinträchtigt, den der Betreffende seinen eigenen Mängeln zuschreibt, ganz gleich, ob der Mißerfolg das gesellschaftliche, berufliche oder das Liebesleben betrifft. Ein Erdbeben kann uns das Gefühl völliger Machtlosigkeit geben, aber es beeinträchtigt nicht unser Selbstvertrauen, da wir das Wirken einer höheren Gewalt erkennen. Die Grenzen des Menschen, ein selbstgestecktes Ziel zu erreichen, sollten sein Selbstvertrauen nicht beeinträchtigen; aber infolge des Umstandes, daß äußere Beschränkungen weniger sichtbar sind als ein Erdbeben, und besonders dank der Auffassung, daß Erfolg nur von persönlicher Tüchtigkeit abhängt, neigt der Mensch dazu, Mißerfolge seinem eigenen Ungenügen zur Last zu legen. Ferner ist der Mensch unserer Kultur oft nicht für die Feindseligkeiten und Kämpfe gerüstet, die ihn erwarten. Ihm wird gelehrt, daß die Menschen ihm wohlgesinnt seien, daß es eine Tugend sei, anderen zu vertrauen und fast ein moralischer Defekt, auf der Hut zu sein. Dieser Widerspruch zwischen faktisch bestehenden feindlichen Spannungen und dem Evangelium brüderlicher Liebe kann auch, glaube ich, einen entscheidenden Einfluß auf die Schwächung des Selbstvertrauens haben.

Bei der zweiten in Betracht kommenden Reihe von Faktoren handelt es sich um jene Hemmungen, Bedürfnisse und Bemühungen, aus denen die neurotischen Konflikte bestehen.

Beim Studium von Neurosen in unserer Kultur finden wir, daß trotz großer Verschiedenheiten im symptomatischen Bild die Grundprobleme bei allen auffallend gleich sind. Ich denke hierbei nicht an Ähnlichkeiten der Triebregungen, wie Freud sie auffaßt, sondern an Ähnlichkeiten der tatsächlich vorhandenen Konflikte, wie etwa Konflikte zwischen rücksichtslosem Ehrgeiz und einem zwanghaften Bedürfnis nach Liebe, zwischen dem Wunsch, sich von anderen fernzuhalten und dem Wunsch, jemanden ganz zu besitzen, zwischen äußerster Selbstgenügsamkeit und dem Wunsch, zu schmarotzen, zwischen dem zwanghaften Bedürfnis, sich unauffällig zu verhalten und dem Wunsch, ein Held oder Genie zu sein.

Wenn der Soziologe die individuellen Konflikte erkannt hat, muß er nach den auseinanderstrebenden Kulturtendenzen suchen, die jene Konflikte verursachen könnten. Da die neurotischen Konflikte sich auf unvereinbare Strebungen nach Sicherheit und Befriedigung beziehen, müßte er vor allem die bei der Gewinnung von Sicherheit und Befriedigung sich ergebenden Widersprüche innerhalb unseres Kulturkreises aufspüren. Die neurotische Entwicklung z. B. eines grenzenlosen Ehrgeizes als eines Mittels der Sicherheit, der Genugtuung, der Selbstdarstellung ist undenkbar in einer Kultur, die den individuellen Wettbewerb nicht kennt und die keine Belohnung für hervorragende individuelle Erfolge bietet. Das gilt auch für neurotisches Streben nach Ansehen und Besitz. Sich um der Beruhigung willen an einen Menschen anzuklammern, wäre kaum in einer Kultur möglich, die Abhängigkeit grundsätzlich ablehnt. Man wird zu Leiden und Hilflosigkeit als einer Lösung neurotischer Konflikte kaum Zuflucht nehmen in einer Kultur, in der Leiden und Hilflosigkeit gesellschaftliche Schande bedeuten oder wie in Samuel Butlers satirischem Roman »Erewhon« (deutsch: Jenseits der Berge) bestraft werden.

Den sichtbarsten Einfluß von Kulturfaktoren auf die Neurosen zeigt das Bild, das der Neurotiker sich selbst und den anderen zu bieten bemüht ist. Dieses Bild ist in der Hauptsache von seiner Furcht vor Mißbilligung und seiner Begierde nach Auszeichnung bestimmt. Daher weist es jene Eigenschaften auf, die bei uns mit Anerkennung und Auszeichnung bedacht werden, wie Selbstlosigkeit, Nächstenliebe, Großzügigkeit, Ehrlichkeit, Selbstbeherrschung, Mäßigkeit, Nüchternheit, Urteilskraft. Ohne den kulturbedingten Begriff der Selbstlosigkeit z. B. würde der Neurotiker sich nicht verpflichtet fühlen, den Anschein der Bedürfnislosigkeit zu erwecken, wobei er nicht nur seine Egozentrizität verbirgt, sondern auch sein natürliches Glücksverlangen unterdrückt.

So ist das Problem des Kultureinflusses auf die neurotischen Konflikte viel umfassender als Freud es sieht. Es umfaßt nichts Geringeres als die sorgfältige Analyse einer bestimmten Kultur unter folgenden Gesichtspunkten: In welcher Form und bis zu welchem Grade ruft diese Kultur Feindseligkeit unter den Menschen hervor? Wie groß ist die persönliche Unsicherheit des einzelnen und welche Umstände tragen dazu bei, ihn unsicher zu machen? Welche Faktoren beeinträchtigen das angeborene Selbstvertrauen des einzelnen? Welche gesellschaftlichen Schranken und Tabus bestehen und wieweit entstehen unter ihrem Einfluß Hemmungen und Angstgefühle? Welche Auffassungen sind maßgebend und welchen Zielen oder Rationalisierungen dienen sie? Welche Bedürfnisse und Bestrebungen werden durch die gegebenen Bedingungen erzeugt, gefördert oder gehemmt?

Die bei den Neurosen wiederkehrenden Arten von Problemen sind von denen des gesunden Menschen in unserem Kulturbereich nicht wesentlich verschieden. Für ihn besteht gleichfalls der Widerspruch zwischen Konkurrenzneid und Zuneigung, Egozentrizität und Solidaritätsgefühl, Selbstverherrlichung und Minderwertigkeitsgefühlen, Egoismus und Altruismus. Der Unterschied ist nur, daß beim Neurotiker diese widersprechenden Tendenzen einen höheren Grad erreichen und daß, infolge des größeren Ausmaßes der zugrundeliegenden Angst, die gegeneinanderstehenden Triebkräfte der jeweiligen Konflikte gebieterischer sind, so daß er keine befriedigende Lösung finden kann.

Die Frage bleibt, warum gewisse Menschen neurotisch werden, während andere, die unter den gleichen Bedingungen leben, mit den bestehenden Schwierigkeiten fertig werden. Diese Frage erinnert sehr an eine Frage, die man oft in bezug auf Geschwister der gleichen Familie stellt: Woher kommt es, daß der eine Angehörige sich eine schwere Neurose zuzieht, während die anderen nur leicht affiziert werden? Bei einer solchen Frage setzt man unausgesprochen voraus, daß die psychischen Bedingungen für verschiedene Menschen im wesentlichen gleich sind, und diese Voraussetzung führt dazu, daß man in den konstitutionellen Unterschieden der einzelnen Geschwister die Erklärung sucht. Obgleich konstitutionelle Unterschiede gewiß für die allgemeine Entwicklung von Bedeutung sind, handelt es sich hier dennoch um einen Fehlschluß, denn die Voraussetzung ist falsch. Nur die allgemeine psychische Atmosphäre ist für alle Geschwister die gleiche und in irgendeiner Form werden alle davon beeinflußt. Im einzelnen jedoch können die Erfahrungen eines Kindes völlig verschieden sein von denen eines anderen Kindes der gleichen Familie. Faktisch kann eine endlose Vielzahl wichtiger Unterschiede vorhanden sein, deren Natur und deren Einfluß manchmal nur durch eine sorgfältige Analyse aufgedeckt werden kann. Das können Unterschiede in der Beziehung zu den Eltern sein, im Grad der Beliebtheit eines Kindes, in der Bevorzugung des einen oder anderen Kindes seitens der Eltern, im Betragen der Geschwister zueinander und anderes mehr. Das in geringerem Maße davon betroffene Kind kann mit den bestehenden Schwierigkeiten fertig werden, während das stärker betroffene Kind Konflikte entwikkeln kann, in denen es sich hoffnungslos verstrickt, d. h. es wird neurotisch.

Ähnlich kann man die Frage beantworten, warum nur einige und nicht alle Menschen neurotisch werden, wenn sie alle unter den gleichen schwierigen Kulturbedingungen leben. Diejenigen, die einer Neurose erliegen, sind, besonders in ihrer Kindheit, von den bestehenden Schwierigkeiten stärker betroffen worden.

Das häufige Auftreten von Neurosen und Psychosen in einem Kulturbereich ist eines der Anzeichen dafür, daß bei den Lebensbedingungen der Menschen dort etwas ernstlich falsch sein muß. Es zeigt, daß die von den Kulturbedingungen veranlaßten psychischen Störungen größer sind als die durchschnittliche Fähigkeit des Menschen, sie zu überwinden.

Bis dahin hat das Interesse des Psychiaters an Kultureinflüssen, so wichtig es in vieler Hinsicht sein mag, nur wenig mit seinem praktischen Verhalten dem Patienten gegenüber zu tun. Es hilft ihm, die Neurosen in die richtige Beziehung zu bringen und zu erkennen, warum ein Patient nach dem anderen sich mit wesentlich denselben Problemen herumschlägt, warum die Probleme seiner Patienten die gleichen sind wie seine eigenen. Für den Patienten ist dem persönlichen Stachel viel an Schärfe genommen, wenn der Analytiker ihm zur Einsicht verhelfen kann, daß das Schicksal nicht ihn allein besonders unfair behandelt hat, sondern daß er es letzten Endes mit seinen Mitmenschen teilt. Auch ist der Patient der persönlichen Schuldgefühle enthoben, wenn der Analytiker ihn dazu bringt, den gesellschaftlichen Charakter solcher Tabus zu erkennen, wie sie für Masturbation, Inzest, Todeswünsche oder Proteste gegen die elterliche Autorität bestehen. Der Analytiker, den die Frage des Konkurrenzkampfes beschäftigt, wird seine persönlichen Probleme auf dieser Grundlage besser in Angriff nehmen können, wenn er weiß, daß jene Frage in irgendeiner Form für uns alle ein Problem ist[2].

In einer Hinsicht jedoch ist das Wissen um die Bedeutung von Kultureinflüssen von besonderer Wichtigkeit für die Therapie: nämlich in bezug auf die Frage, was die seelische Gesundheit bedingt. Psychiater ohne diese Orientierung neigen dazu, diese Frage vom rein medizinischen Standpunkt aus zu betrachten. Diese Erklärung mag genügen, solange der Psychiater es nur mit besonders auffallenden Symptomen zu tun hat, wie bei Phobie, Zwangsvorstellungen, Depressionen und ihrer Heilung. Das Ziel psychoanalytischer Therapie geht jedoch weiter. Es geht nicht nur darum, die Symptome zu beseitigen, sondern eine solche Veränderung der Persönlichkeit zu erzielen, daß die Symptome nicht wiederkehren können. Das wird durch die Analyse des Charakters erreicht. Aber wenn es sich um Charakterzüge handelt, hat der Analytiker keinen einfachen Maßstab dafür, was gesund ist oder nicht: Dann wird ungewollt das medizinische Kriterium durch eine gesellschaftliche Wertung ersetzt, d. h. durch ein Kriterium des »Normalen«, das dem statistischen Durch-

[2] Die Triebtheorie bringt auf eine andere Weise die Bestätigung einer Universalität zu Tage: der Analytiker weist hier die Universalität gewisser Triebkräfte nach.

schnitt einer bestimmten Kultur oder eines bestimmten Teiles der Bevölkerung entspricht. Diese implizierte Wertung entscheidet, welche Probleme angegangen werden und welche nicht, wobei ich mit impliziert meine, daß der Analytiker sich nicht bewußt ist, überhaupt eine Wertung anzuwenden.

Jene Analytiker, die sich der Kulturbedingtheiten nicht bewußt sind, würden guten Glaubens versuchen, obige Feststellung zu widerlegen. Sie würden geltend machen, daß sie überhaupt nicht werten, daß es nicht ihre Sache sei, sich irgendein Werturteil zu bilden, daß sie lediglich die Probleme in Angriff nehmen, die der Patient stellt. Aber dabei übersehen sie den Umstand, daß der Patient gewisse Probleme überhaupt nicht zur Sprache bringt oder nur schüchterne Versuche dazu macht – und das aus demselben Grunde, der den Analytiker hindert, sie zu erkennen: der Patient betrachtet gleichfalls einige seiner Eigentümlichkeiten als »normal«, weil sie dem Durchschnitt entsprechen.

Wenn z. B. eine Frau ihre ganze Kraft dazu verwendet, ihren Mann beruflich zu fördern, wenn sie es vermag und es ihr auch gelingt, alle möglichen Schritte für ihn zu tun, während ihre eigene Begabung, ihre eigene Laufbahn ganz im Hintergrund bleiben, wird ein Analytiker nichts Problematisches in dieser Haltung sehen, weil sie durchaus »normal« erscheint. Auch wird die Frau selbst kein Problem darin sehen. Selbstverständlich muß hier auch nicht unbedingt ein Problem vorliegen. Der Ehemann mag begabter sein als die Frau. Sie kann ihn so lieben, daß sich ihre besten Fähigkeiten gerade in dieser hingebenden Freundschaft entfalten und daß für sie selbst in diesem Verhalten die größten Glücksmöglichkeiten liegen. Aber bei anderen Patienten braucht dies nicht so zu sein. Ich denke z. B. an eine Patientin, die begabter war als ihr Mann. Die Beziehung zu ihm war so gestört, wie es nur ein menschliches Verhältnis sein kann. Eines ihrer größten Probleme war ihre völlige Unfähigkeit, etwas für sich selbst zu tun. Aber da sich dieses Problem hinter einer »normalen« weiblichen Haltung verbarg, war es stets übersehen worden.

Ein anderes Problem, das als solches selten vom Analytiker erkannt und niemals vom Patienten vorgebracht wird, ist die Unfähigkeit des Patienten, sich ein Urteil über einen

Menschen, eine Sache, eine Einrichtung oder eine Theorie zu bilden; diese Unsicherheit wird übersehen, weil sie für den liberalen Durchschnittsmenschen »normal« ist. Wie beim vorigen Beispiel muß diese Eigentümlichkeit nicht notwendig jeden Patienten in Verwirrung bringen. Aber manchmal verbirgt sich eine erhebliche Furcht hinter einer solchen Fassade unterschiedsloser Toleranz. Der Betreffende kann übertriebene Furcht davor haben, durch eine kritische Haltung Feindschaft oder Befremden zu erwecken, er kann jeden Schritt scheuen, der ihn der inneren Unabhängigkeit näher bringt. In diesem Falle würde man seine tiefsten Schwierigkeiten unberührt lassen, wenn man übersähe, daß sein mangelndes Urteilsvermögen ein Problem ist, das analysiert werden muß.

Natürlich kann die ungenügende Kenntnis der Kulturbedingtheiten sich beim Analytiker auch in gröberen Formen äußern, die aber wegen ihrer offensichtlichen Unzulänglichkeit keiner Erörterung bedürfen. So kann z. B. der Analytiker es für nötig halten, die revolutionären Bestrebungen eines Patienten in Angriff zu nehmen, während seine Bindung an konservative Maßstäbe nicht berührt wird; in ähnlicher Weise kann er ein Problem darin sehen, daß der Patient die psychoanalytischen Theorien kritisiert, dabei aber das andere Problem übersehen, das in seiner Bereitschaft sie anzunehmen liegen kann.

So ergibt die Nichtbeachtung kulturbedingter Bewertungen in Verbindung mit gewissen schon erörterten theoretischen Vorurteilen eine einseitige Auswahl des von dem Patienten vorgebrachten Materials. In der psychoanalytischen Therapie – wie in der Erziehung – paßt sich die Zielsetzung unmerklich der »Norm« an; nur auf sexuellem Gebiet – weil eine gute Sexualhygiene als wesentlicher Faktor der seelischen Gesundheit gilt – kennt der Analytiker Ziele, die von der allgemein üblichen Gepflogenheit unabhängig sind. Statt dessen sollte man, mit Trotter, zwischen seelischer Normalität und seelischer Gesundheit unterscheiden und unter der letzteren einen Zustand innerer Freiheit verstehen, bei dem »die eigenen Fähigkeiten voll zur Geltung kommen«.

XI.

Das »Ich« und das »Es«

Der Begriff des »Ich« ist voller Inkonsequenzen und Widersprüche. Wenn Freud in einer seiner letzten Abhandlungen[1] behauptet, daß die neurotischen Konflikte zwischen dem »Ich« und den Trieben bestehen, so schien es, daß er unter dem »Ich« etwas von den Triebregungen Verschiedenes und ihnen Entgegengesetztes verstehe. Wenn dem so wäre, dann ist schwer zu begreifen, woraus sich dieses »Ich« konkret zusammensetzt.

Ursprünglich umfaßte das »Ich« alles, was nicht zur Libido gehört. Es war der nichtsexuelle Teil unseres Inneren, der den reinen Bedürfnissen der Selbsterhaltung dient. Mit der Einführung des Narzißmus jedoch bekamen die meisten früher dem »Ich« zugeschriebenen Phänomene libidinösen Charakter: Das Interesse am eigenen Ich, das Verlangen nach Selbsterhöhung, nach Ansehen, Selbstachtung, Idealen und schöpferischen Fähigkeiten[2]. Später, mit der Einführung des »Über-Ich« bekamen die moralischen Ziele, die inneren Normen, die unser Verhalten und Fühlen regeln, gleichfalls triebhaften Charakter (das »Über-Ich« ist eine Mischung der narzißtischen Libido mit dem Zerstörungstrieb und den Abkömmlingen früherer sexueller Bindungen). Wenn daher Freud das »Ich« und die Triebe als Gegensatzpaar betrachtet, so ermangelt das der Klarheit.

Erst wenn man Angaben aus den verschiedenen Schriften Freuds zusammenstellt, bekommt man eine ungefähre Vorstellung davon, welche Erscheinungen er dem »Ich« zuschreibt. Es scheint folgende Faktorengruppen zu umfassen: die narzißtischen Phänomene; entsexualisierte Abkömmlinge von »Instinkten« (Eigenschaften, die z. B. durch Sublimierung oder Reaktionsbildung entstanden); Triebregungen (z. B. Sexualwünsche nichtinzestuöser Natur), die sich so

[1] *Sigmund Freud:* »Analysis Terminable and Interminable« in International Journal of Psychoanalysis (1937).
[2] *Sigmund Freud:* »Narzißmus, eine Einführung« in Gesammelte Schriften, Bd. 4.

verändert haben, daß sie für den Betreffenden akzeptabel geworden sind – was wohl gleichbedeutend damit ist, daß sie gesellschaftsfähig sind[3].

Danach ist Freuds »Ich« nicht der Gegenpol der Triebe, da es selbst triebhafter Natur ist. Es ist vielmehr, wie er in einigen Schriften erklärt hat, der organisierte Teil des »Es«, das seinerseits die Gesamtheit der rohen, ungeformten Trieb-Bedürfnisse darstellt[4].

Das wesentliche Kennzeichen des »Ich« ist Schwäche. Alle Energiequellen ruhen im »Es«, das »Ich« lebt von geborgter Kraft[5]. Was ihm zusagt und was nicht, seine Ziele und seine Entscheidungen sind vom »Es« und vom »Über-Ich« bestimmt; es muß darauf achten, daß die Triebe nicht mit dem »Über-Ich« oder mit der äußeren Welt zu gefährlich kollidieren. Es ist, wie Freud ausführt, in dreifacher Weise abhängig: vom »Es«, vom »Über-Ich« und von der äußeren Welt, wobei es gleichsam als Vermittler wirkt. Es möchte die Befriedigungen, die das »Es« erstrebt, genießen, aber es will sich auch den Verboten des »Über-Ich« fügen. Seine Schwäche ähnelt der eines Menschen, der selbst keine Mittel besitzt und von einer Seite profitieren möchte, ohne es mit der Gegenseite zu verderben.

Bei der Bewertung dieser Auffassung vom »Ich« gelange ich zu demselben Schluß wie bei fast jeder von Freud aufgestellten Lehre. Beobachtungen von großer Schärfe und Tiefe werden ihres konstruktiven Wertes dadurch beraubt, daß sie in ein unfruchtbares theoretisches System eingebaut werden. Vom klinischen Standpunkt läßt sich tatsächlich viel zugunsten jener Auffassung sagen. Chronische Neurotiker machen den Eindruck, als hätten sie über ihr Leben nicht zu bestimmen. Sie werden von emotionellen Kräften getrieben, die sie nicht kennen und über die sie keine Gewalt haben. Sie können nur in einer festgelegten Weise handeln und reagieren, oft im Gegensatz zum Urteil ihres Verstandes. Ihre Haltung

[3] Obgleich *Freud* im allgemeinen das »Über-Ich« als einen besonderen Teil des »Ich« betrachtet, betont er in einigen Abhandlungen den Konflikt zwischen den beiden.
[4] *Sigmund Freud,* Gruppenpsychologie und die Analyse des Ich (1922).
[5] *Sigmund Freud,* Das Ich und das Es (1923).

anderen gegenüber ist nicht von bewußten Wünschen und bewußten Wertungen bestimmt, sondern von unbewußten Faktoren gebieterischer Art. Das ist am deutlichsten bei der Zwangsneurose, aber es gilt mehr oder weniger für alle schweren Neurosen, nicht zu reden von den Psychosen. Freuds Bild von dem Reiter, der das Pferd zu lenken glaubt, während es ihn dorthin trägt, wohin es will, scheint mir eine gute Darstellung des neurotischen »Ich« zu sein.

Solche Beobachtungen bei Neurosen lassen jedoch nicht den Schluß zu, daß das »Ich« überhaupt nur ein modifizierter Teil der Triebe sei. Das ist nicht einmal für Neurosen zutreffend. Selbst wenn man annimmt, daß das Mitleid eines Neurotikers für andere in erheblichem Umfang umgeformter Sadismus oder nach außen projizierte Selbstbemitleidung ist, so beweist das nicht, daß ein gewisser Teil der Sympathie für andere nicht doch »ursprünglich« ist[6]. Oder wenn man annimmt, daß die Verehrung eines Patienten für seinen Analytiker weitgehend von der unbewußten Hoffnung auf Wunder bestimmt ist, die der Analytiker für ihn bewirken kann, oder auch vom unbewußten Bestreben, jede Art Rivalität auszuschalten – so beweist das nicht, daß er den Analytiker wegen seiner Fähigkeiten oder seiner Persönlichkeit nicht aufrichtig schätzt. Man betrachte z. B. eine Situation, bei der A. die Möglichkeit hat, einem Gegner B. zu schaden, indem er herabsetzende Bemerkungen über diesen macht. A. kann darauf aus verschiedenen unbewußten Gefühlsgründen verzichten; er kann die Vergeltung von B. fürchten; er kann vor sich selbst den Anschein der Rechtlichkeit aufrechterhalten wollen, er kann auch nur um die gute Meinung der anderen werben, indem er sich den Anschein gibt, über jede Bosheit erhaben zu sein. All dies beweist jedoch nicht, daß er auf die Äußerungen nicht auch verzichtete, weil er das für unter seiner Würde hält, daß er nicht ganz bewußt entscheiden könnte, diese Art Rache sei zu billig oder zu heimtückisch. Es würde zu weit führen, hier die Frage aufzuwerfen, in welchem Maße der Gehalt moralischer Eigenschaften selbst von

[6] »Ursprünglich« bedeutet in diesem Zusammenhang, daß die fraglichen Gefühle – oder Urteile – eine weitere Zerlegung in »Trieb«-komponenten nicht zulassen; es verbindet die Bedeutung von »elementar« und »spontan«.

Kulturfaktoren bedingt ist. Meiner Meinung nach gibt es aber eine »Ursprünglichkeit«, die weder durch Freuds Zuflucht zu den Trieben noch durch die Zuflucht des Relativisten zu gesellschaftlichen Wertungen und Bedingtheiten zersetzt werden kann.

Dasselbe gilt von dem geistig gesunden Menschen. Der Umstand, daß auch er sich über seine Beweggründe täuschen kann, beweist nicht, daß er das immer tut. Da er weniger von Angst heimgesucht und daher weniger der Macht unbewußter Triebe unterworfen ist als der Neurotiker, gelten Freuds Folgerungen für ihn um so weniger. So leugnet Freud in seiner Theorie vom »Ich« – und er muß es auf Grund der Libido-Theorie leugnen –, daß es Urteile oder Gefühle gibt, die nicht in elementarere »Trieb«-Einheiten zerlegbar sind. Allgemein muß nach seiner Auffassung aus theoretischen Gründen jedes Urteil über Menschen oder Sachen als Rationalisierung »tieferer« emotioneller Beweggründe betrachtet werden, jede kritische Haltung gegenüber einer Theorie muß letzten Endes als gefühlsmäßiger Widerstand angesehen werden. Nach seiner Auffassung gibt es theoretisch kein Gefallen oder Mißfallen, keine Sympathie, keine Großmut, kein Gerechtigkeitsgefühl, keine Hingabe an eine Sache, die nicht im letzten Grunde wesentlich von libidinösen oder destruktiven Trieben bestimmt ist.

Zu leugnen, daß es autonome geistige Fähigkeiten gibt, fördert die Unsicherheit des Urteils; so können z. B. Analysierte sich dazu veranlaßt sehen, gegen nichts einen klaren Standpunkt einzunehmen ohne die Einschränkung, daß ihr Urteil wahrscheinlich nur der Ausdruck einer unbewußten Vorliebe oder Abneigung sei. Es kann ferner die Illusion genährt werden, daß eine überlegene Kenntnis der menschlichen Natur darin bestehe, hinter jedem Urteil oder Gefühl – der anderen! – tieferliegende Motive zu entdecken, eine Illusion, die zu selbstzufriedener Besserwisserei führen kann.

Ferner wird eine gewisse Gefühlsunsicherheit gefördert und damit die Gefahr einer Gefühlsverflachung. Die Spontaneität und Tiefe von Gefühlserlebnissen wird leicht gefährdet, wenn man dafür stets eine mehr oder weniger bewußte Erklärung zur Hand hat. Daher hat man oft den Eindruck, daß ein analysierter Mensch zwar anpassungsfähiger geworden ist, aber auch dafür einen Teil seiner Persönlichkeit eingebüßt hat, daß er sozusagen weniger lebendig ist.

Die Feststellung solcher Auswirkungen dient manchmal dazu, den altehrwürdigen Trugschluß aufrechtzuerhalten, daß zuviel Bewußtheit einen Menschen völlig nutzlos »introspektiv« macht. Solcher Hang zur »Introspektion« erklärt sich jedoch nicht aus der größeren Bewußtheit als solcher, sondern aus dem eingewurzelten Glauben an die Allgegenwart von Beweggründen, die allgemein als untergeordnet angesehen werden. Freud selbst schreibt ihnen untergeordnete Bedeutung zu, wenn er sie auch wissenschaftlich betrachten möchte und betont, daß sie sich ebenso jeder moralischen Bewertung entziehen wie der Instinkt, der den Lachs dazu treibt, während der Laichzeit stromaufwärts zu schwimmen. Wie so oft verleitet der Reiz einer neuen gültigen Entdeckung dazu, daß man sie bis zu einem Punkt verfolgt, wo sie ihre Gültigkeit verliert. Freud hat uns gelehrt, unsere Beweggründe skeptisch zu prüfen; er hat den weitreichenden Einfluß unbewußter egozentrischer und antisozialer Triebe gezeigt. Aber es entspringt reinem Dogmatismus, wenn z. B. behauptet wird, ein Urteil könne nicht einfach der Ausdruck dessen sein, was man für richtig oder falsch hält; oder man könne sich nicht einer Sache hingeben, weil man von ihrem Wert überzeugt ist, oder Freundlichkeit könne nicht ein direkter Ausdruck guter menschlicher Beziehungen sein.

In der psychoanalytischen Literatur wird oft bedauert, daß wir so wenig über das »Ich« wissen, im Vergleich zu der ausgiebigen Kenntnis, die wir über das »Es« haben. Diesen Mangel schreibt man der historischen Entwicklung der Psychoanalyse zu, die zuerst zu einem eingehenden Studium des »Es« führte. Man hofft, daß bald eine ebenso eingehende Kenntnis des »Ich« folgen würde, aber diese Hoffnung dürfte wahrscheinlich enttäuscht werden. Die Trieblehre, wie sie Freud begründet hat, läßt dem »Ich« nicht mehr Spielraum, nicht mehr Leben als oben gezeigt. Nur dadurch, daß wir die Trieblehre aufgeben, können wir etwas über das »Ich« erfahren, aber es wird dann zu einem anderen Phänomen, als Freud es sah.

Man wird dann erkennen, daß ein der Beschreibung Freuds entsprechendes »Ich« der menschlichen Natur nicht entspricht, sondern daß es eine spezifisch neurotische Erscheinung ist. Es gehört aber auch nicht in die Konstitution eines Menschen, der später eine Neurose entwickelt. Es ist vielmehr das Ergebnis eines verwickelten Vorgangs, nämlich einer Entfremdung vom eigenen Ich. Diese Entfremdung vom Ich, oder wie ich es an anderer Stelle[7] genannt habe, die Verkümmerung des spontanen individuellen Ich, ist einer der entscheidenden Faktoren, der nicht nur in der Wurzel jeder neurotischen Entwicklung steckt, sondern auch einen Menschen an der Überwindung seiner Neurose hindert. Wenn er sich nicht selbst entfremdet wäre, könnte der Neurotiker von seinen neurotischen Neigungen nicht Zielen zugetrieben werden, die ihm wesensfremd sind. Wenn er ferner nicht die Fähigkeit verloren hätte, sich selbst oder andere richtig einzuschätzen, könnte er sich nicht von anderen so abhängig fühlen, wie es tatsächlich der Fall ist, da neurotische Abhängigkeit jeder Art im letzten Grunde auf dem Umstand beruht, daß der Betreffende seinen Schwerpunkt in sich selbst verloren und ihn in die äußere Welt verlegt hat.

Wenn wir Freuds Theorie vom »Ich« aufgeben, eröffnet sich für die psychoanalytische Therapie eine neue Möglichkeit. Solange das »Ich« seiner Natur nach nur als Diener und als Aufseher des »Es« aufgefaßt wird, kann es nicht selbst Gegenstand der Therapie sein. Therapeutisch muß man sich damit abfinden, zu erreichen, daß sich die »ungezähmten Leidenschaften« der »Vernunft« besser anpassen. Wenn dieses »Ich« in seiner Schwäche jedoch als wesentlicher Teil der Neurose betrachtet wird, dann muß es eine Aufgabe der Therapie werden, es zu ändern. Das letzte Ziel des Analytikers muß dann sein, in wohlüberlegter Weise dem Patienten zur Wiedergewinnung seiner Spontaneität und seiner Urteilsfähigkeit zu verhelfen, oder, mit den Worten James', zu seinem »geistigen Ich«.

In Übereinstimmung mit der Annahme vom »Es-, Ich-, Über-Ich-Aufbau« der Persönlichkeit gelangt Freud zu gewissen Formulierungen über die Natur der Konflikte und der Angst bei Neurosen. Er unterscheidet drei Typen von

[7] Vgl. 5. Kapitel: Der Begriff des Narzißmus, 13. Kapitel: Der Begriff des »Über-Ich«, 15. Kapitel: Masochistische Phänomene, 16. Kapitel: Psychoanalytische Therapie.

Konflikten: erstens solche zwischen dem Menschen und seiner Umgebung. Diese sind, obwohl sie letzten Endes für die beiden anderen Arten von Konflikten verantwortlich sind, für Neurosen nicht charakteristisch. Ferner Konflikte zwischen dem »Ich« und dem »Es«, die auf die Gefahr hinauslaufen, daß das »Ich« zuletzt von der Gewalt der Triebe überwältigt wird. Schließlich Konflikte zwischen dem »Ich« und dem »Über-Ich«, die Furcht vor dem Über-Ich zur Folge haben. Diese Thesen werden in den folgenden Kapiteln behandelt werden[8].

Wenn man von Terminologie und theoretischen Details absieht, ist Freuds Auffassung über die neurotischen Konflikte etwa die folgende: der Mensch stößt infolge seiner ererbten Triebe unvermeidlich mit der Umgebung zusammen; der Konflikt zwischen dem Individuum und der äußeren Welt wird später in dem Individuum selbst fortgesetzt als Konflikt zwischen seinen ungezähmten Leidenschaften und seiner Vernunft oder seinen Moralbegriffen.

Man kann sich des Eindruckes nicht erwehren, daß diese Auffassung auf wissenschaftlicher Ebene der christlichen Lehre vom Konflikt zwischen Gut und Böse, zwischen moralisch und unmoralisch, zwischen der animalischen Natur des Menschen und seiner Vernunft folgt. Das gibt an sich keinen Anlaß zu Kritik. Die Frage ist nur, ob die neurotischen Konflikte tatsächlich dieser Art sind. Aus der Beobachtung von Neurosen ergibt sich für mich ungefähr folgender Standpunkt: der Zusammenstoß des Menschen mit der Umgebung erfolgt nicht so unvermeidlich wie Freud annimmt; wenn er erfolgt, so nicht rein triebmäßig, sondern weil die Umgebung Furcht und Feindseligkeit einflößt. Die neurotischen Züge, die der Mensch infolgedessen entwickelt, stellen zwar in mancher Hinsicht ein Mittel dar, es mit der Umgebung besser aufnehmen zu können, in anderer Hinsicht aber vergrößern sie seine Konflikte. Daher sind meines Erachtens Konflikte mit der Außenwelt nicht nur die Wurzel von Neurosen, sondern bleiben ein wesentlicher Teil der neurotischen Schwierigkeiten.

8 Vgl. 12. Kapitel: Die Angst, und 13. Kapitel: Der Begriff des »Über-Ich«.

Ich halte es ferner nicht für tunlich, neurotische Konflikte in schematischer Form zu lokalisieren, wie Freud es tut. Tatsächlich können sie aus vielen Ursachen entstehen. Es kann z. B. ein Konflikt zwischen zwei unvereinbaren neurotischen Tendenzen vorkommen, so wie etwa ein Konflikt zwischen dem Wunsch nach diktatorischer Macht und dem Bedürfnis nach Abhängigkeit von anderen. Ein einzelner neurotischer Zug kann einen Konflikt in sich bergen, wie etwa das Bedürfnis, vollkommen zu erscheinen, der sowohl die Tendenz zur Nachgiebigkeit wie die Tendenz zum Mißtrauen enthält. Das Bedürfnis, nach außen hin unfehlbar zu erscheinen, wird mit allen Zügen in Konflikt geraten, die zu diesem Bild nicht passen. Da die Art der Konflikte und die Rolle, die sie im Charakter des Neurotikers und in seinem Leben spielen, ausgesprochen und unausgesprochen in diesem Buch behandelt sind, brauche ich hier nicht ausführlicher zu werden. Ich will vielmehr sogleich erörtern, wie die verschiedene Auffassung über die neurotischen Konflikte auch zu einer anderen Auffassung der Angst bei Neurosen führt.

XII.

Die Angst

Wer, wie Freud, seelische Äußerungen auf eine organische Wurzel zurückzuführen sucht, wird in der Angst wegen ihrer engen Beziehungen zu physiologischen Vorgängen ein äußerst interessantes Problem sehen.

Nun tritt Angst zwar oft gleichzeitig mit physiologischen Symptomen auf, wie Herzklopfen, Schweißausbruch, Diarrhö, beschleunigtem Atem. Diese körperlichen Begleiterscheinungen können bei bewußter Angst oder auch bei unbewußter Angst auftreten. Vor einer Prüfung z. B. kann ein Patient Diarrhö haben und sich seiner Angst voll bewußt sein. Aber Herzklopfen oder Urinierzwang können auch ohne bewußte Angst vorkommen und erst später wird erkannt, daß Angst dabei im Spiele war. Obwohl körperliche Gefühlsäußerungen bei Angst besonders deutlich auftreten, sind sie jedoch nicht für Angst allein charakteristisch. Bei Depressionen findet eine Verlangsamung der körperlichen und geistigen Vorgänge statt; plötzliche Freude bewirkt eine Veränderung der Gewebespannung oder einen elastischeren Gang; jähe Wut verursacht Zittern oder Blutzufluß zum Kopf. Eine andere oft erwähnte Tatsache, die die Beziehung der Angst zu physiologischen Faktoren zeigen soll, ist, daß Angst auch von Chemikalien hervorgerufen werden kann. Auch das gilt nicht nur für die Angst. Chemikalien können auch gehobene Stimmung oder Schlaf bewirken, ohne daß dadurch ein psychologisches Problem entsteht. Das psychologische Problem kann nur heißen: welches sind die seelischen Voraussetzungen für Zustände wie Angst, Schlaf, gehobene Stimmung?

Angst ist, wie Furcht, eine Gefühlsreaktion auf Gefahr. Was die »Angst« im Gegensatz zu »Furcht« kennzeichnet, ist erstens ein Zustand von Unbestimmtheit und Unsicherheit. Selbst im Falle einer konkreten Gefahr, wie bei einem Erdbeben, hat sie etwas vom Schrecken des Unbekannten. Derselbe Zustand besteht bei einer neurotischen Angst, gleichgültig, ob die Gefahr unbestimmt ist oder ob sie konkrete Form angenommen hat, wie bei einer Höhen-Phobie.

Zweitens: eine Angst auslösende Gefahr bedroht, wie Goldstein[1] gezeigt hat, das Wesen oder den Kern einer Persönlichkeit. Da fast jedem Menschen etwas anderes als ganz besonders wertvoll erscheint, so muß auch das, was diesen Wert bedrohen könnte, als etwas jeweils Verschiedenes empfunden werden. Obwohl es gewisse Werte gibt, die fast allgemein als lebenswichtig empfunden werden, wie Gesundheit, Freiheit, Kinder, so hängt es doch ganz von den Lebensbedingungen eines Menschen und von der Struktur seiner Persönlichkeit ab, was für ihn speziell als wesentlicher Wert gilt – ob es z. B. sein Körper, sein Besitz, sein Beruf, seine Überzeugung, seine Arbeit oder seine Liebesbeziehungen sind. Wie wir gleich sehen werden, ist die Erkenntnis dieser Grundlage der Angst ein Wegweiser für das Verständnis der Angst bei Neurosen.

Drittens ist, wie Freud mit Recht hervorhebt, die Angst im Gegensatz zur Furcht durch das Gefühl der Hilflosigkeit gegenüber der Gefahr gekennzeichnet. Diese Hilflosigkeit kann von äußeren Faktoren bedingt sein, wie im Falle eines Erdbebens, oder von inneren, wie Schwäche, Feigheit, Mangel an Entschlußkraft. So kann die gleiche Situation entweder Furcht oder Angst auslösen, was davon abhängt, ob der Betreffende fähig oder willens ist, mit der Gefahr fertig zu werden. Ich möchte das an einer Geschichte erläutern, die mir eine Patientin erzählte: Eines Nachts hörte die Patientin Geräusche im Nebenzimmer, die so klangen, als ob Einbrecher versuchten, einzudringen. Sie reagierte mit Herzklopfen, Schweißausbruch und Angstgefühlen. Nach einer Weile stand sie auf und ging in das Zimmer ihrer ältesten Tochter. Die Tochter fürchtete sich auch, aber sie entschloß sich, der Gefahr aktiv gegenüberzutreten und in das Zimmer zu gehen, wo die Einbrecher am Werk waren. Dadurch gelang es ihr, die Einbrecher zu vertreiben. Die Mutter fühlte sich gegenüber der Gefahr hilflos, die Tochter nicht; die Mutter hatte Angst, die Tochter Furcht.

Eine befriedigende Erklärung jeder Art Angst sollte also drei Fragen beantworten: Was ist gefährdet? Welches ist die

[1] *Kurt Goldstein:* »Zum Problem der Angst« in Allgemeine ärztliche Zeitschrift für Psychotherapie, Bd. 2.

Gefahrenquelle? Was erklärt die Hilflosigkeit gegenüber der Gefahr?

Rätselhaft ist bei der neurotischen Angst das offensichtliche Fehlen einer die Angst hervorrufenden Gefahr, oder jedenfalls das Mißverhältnis zwischen der erkennbaren Gefahr und der Intensität der Angst. Man hat den Eindruck, daß die vom Neurotiker gefürchteten Gefahren nur in seiner Einbildung bestehen. Dabei kann die neurotische Angst mindestens ebenso intensiv sein wie eine Angst, die von einer eindeutig gefährlichen Situation veranlaßt wird. Freud war es, der den Weg zum Verständnis dieser verwirrenden Sachlage zeigte. Er erklärte, daß trotz des widersprechenden äußeren Eindrucks die bei der neurotischen Angst befürchtete Gefahr ebenso real ist wie bei objektiver Angst. Der Unterschied besteht nur darin, daß bei jener die Gefahr von subjektiven Faktoren stammt.

Was nun die Natur dieser subjektiven Faktoren anlangt, so führt Freud mit der spezifischen Art seiner Logik die neurotische Angst auf Triebursachen zurück. Die Gefahrenquelle ist nach Freud, kurz gesagt, die Mächtigkeit der Triebspannung oder die strafende Gewalt des »Über-Ich«; der gefährdete Gegenstand ist das »Ich«; die Hilflosigkeit entsteht durch die Schwäche des »Ich« und eine Abhängigkeit vom »Es« und »Über-Ich«.

Da die Furcht vor dem »Über-Ich« in Verbindung mit der »Über-Ich«-Theorie behandelt werden wird, will ich mich hier hauptsächlich mit Freuds Auffassung über die von ihm so genannte neurotische Angst im engeren Sinne befassen, d. h. mit der Furcht des »Ich« vor der Überwältigung durch die Triebforderungen des »Es«. Diese Theorie beruht letzten Endes auf derselben mechanistischen Auffassung wie Freuds Lehre von der Triebbefriedigung: Befriedigung ist das Ergebnis einer Abnahme der Triebspannung; Angst ist das Ergebnis ihrer Zunahme. Die von aufgestauten verdrängten Trieben erzeugte Spannung ist die eigentliche Gefahr, vor der man sich bei der neurotischen Angst fürchtet: wenn ein Kind Angst fühlt, weil es von der Mutter allein gelassen wurde, so geschieht das, weil es unbewußt eine Stauung der libidinösen Triebe infolge ihrer Nichtbefriedigung vorausahnt.

Freud sieht diese mechanistische Auffassung bestätigt

durch Beobachtungen wie diese, daß ein Patient von der Angst befreit wird, wenn er eine bisher unterdrückte Feindseligkeit gegen den Analytiker äußern kann: nach Freuds Ansicht hat die gestaute Feindseligkeit die Angst verursacht und ihre Entladung sie zerstreut. Freud erkennt zwar an, daß die Befreiung darauf zurückgeführt werden kann, daß der Analytiker die Feindseligkeit nicht mit Vorwürfen oder Zorn erwidert hat, aber er hat nicht gesehen, daß diese Erklärung genügt, seine mechanistische Auffassung ihres einzigen Beweises zu berauben. Daß dieser Schluß nicht gezogen wurde, ist wieder ein Beweis dafür, wieweit theoretische Voreingenommenheit den psychologischen Fortschritt verhindert hat.

Obwohl es stimmt, daß die Furcht vor Vorwürfen oder vor Vergeltung Angst auslösen kann, so ist das allein keine ausreichende Erklärung. Warum hat der Neurotiker solche Angst vor derartigen Folgen? Wenn wir damit einverstanden sind, daß Angst eine Reaktion auf die Bedrohung eines Lebenswertes darstellt, so sollten wir – ohne Freuds theoretische Vorurteile – untersuchen, was der Patient eigentlich durch seine Feindseligkeit gefährdet glaubt.

Die Antwort ist nicht für jeden Patienten die gleiche. Wenn er ein Typus mit vorwiegend masochistischen Zügen ist[2], wird er sich vom Analytiker so abhängig fühlen, wie vorher von seiner Mutter, seinem Vorgesetzten, seiner Frau; er wird glauben, daß er unmöglich ohne den Analytiker leben könne, daß der Analytiker die magische Kraft habe, ihn zu vernichten oder alle seine Erwartungen zu erfüllen. Die Struktur seiner Persönlichkeit, wie sie ist, sein Sicherheitsgefühl im Leben hängt von dieser Unterordnung ab. So ist die Erhaltung dieser Beziehung für ihn eine Angelegenheit auf Leben und Tod. Aus anderen in ihm selbst liegenden zwingenden Gründen glaubt ein derartiger Patient, daß jede Feindseligkeit seinerseits die Gefahr heraufbeschwört, im Stich gelassen zu werden. Daher muß jede Äußerung feindlicher Impulse Angst hervorrufen.

Wenn der Patient jedoch zu der Gruppe derer gehört, deren vorwiegendes Bedürfnis es ist, vollkommen zu erschei-

[2] Vgl. 15. Kapitel: Masochistische Phänomene.

nen, so beruht seine Sicherheit darauf, entweder seinen besonderen Maßstäben oder den vermeintlichen Erwartungen der anderen zu entsprechen. Wenn diese Vorstellung von Vollkommenheit beispielsweise im wesentlichen von nüchterner Vernunft, Unerregbarkeit und Sanftheit bestimmt ist, dann genügt der bloße Gedanke an einen feindseligen Gefühlsausbruch, um Angst zu erzeugen; denn diese beschwört die Gefahr der Verurteilung herauf, die dem perfektionistischen Typus so lebensbedrohlich ist wie das Verlassenwerden dem Masochisten.

Andere Beobachtungen über die Angst bei Neurosen entsprechen durchgängig demselben allgemeinen Prinzip. Für einen Menschen des narzißtischen Typs, dessen Sicherheit darauf beruht, geschätzt und bewundert zu werden, besteht eine tödliche Gefahr darin, seine gesellschaftliche Stellung zu verlieren. Bei ihm kann Angst auftreten, wenn er sich in einer Umgebung befindet, die ihn nicht anerkennt, wie man es oft bei Flüchtlingen beobachten kann, die in ihrem Heimatland in hohem Ansehen standen. Wenn die Sicherheit eines Menschen auf dem Zusammensein mit anderen beruht, kann sich Angst einstellen, wenn er allein ist. Wenn die Sicherheit davon abhängt, daß ein Mensch sich unauffällig verhält, wird Angst auftreten, wenn er ins Scheinwerferlicht der Öffentlichkeit gerät.

Angesichts dieser Tatsachen erscheint die Feststellung berechtigt, daß es die individuellen neurotischen Züge sind, die der Neurotiker in seiner Angst für gefährdet hält, d. h. jene Züge, auf deren Aufrechterhaltung seine Sicherheit beruht.

Diese Deutung der neurotischen Angst erleichtert die Beantwortung der Frage nach den Quellen der Gefahr. Die Antwort ist eine allgemeine: alles erweckt Angst, was die besonderen Schutzmaßnahmen des Menschen, seine spezifischen neurotischen Tendenzen gefährdet. Wenn wir erkennen, welches die Mittel sind, mit denen ein Mensch hauptsächlich seine Sicherheit gewinnt, können wir voraussagen, bei welcher Veranlassung er wahrscheinlich Angst empfinden wird.

Die Quelle der Gefahr kann in äußeren Umständen liegen, wie im Falle des Flüchtlings, der plötzlich das Ansehen verliert, das er für sein Sicherheitsgefühl braucht. Ähnlich kann eine Frau, die masochistisch von ihrem Gatten abhängt,

Angst empfinden, wenn die Gefahr besteht, daß sie den Gatten infolge äußerer Umstände verliert, sei es nun durch Krankheit, durch eine andere Frau oder dadurch, daß er außer Landes geht.

Das Verstehen der Angst bei Neurosen wird durch den Umstand kompliziert, daß Gefahrenquellen auch in dem Neurotiker selbst liegen können. Jeder in ihm selbst liegende Faktor – ein ganz normales Gefühl, ein feindseliges Reagieren, eine Hemmung, ein widerspruchsvoller neurotischer Zug – kann ein Gefahrenherd sein, wenn er imstande ist, eine Sicherheitsvorrichtung zu gefährden.

Diese Angst kann in einem Neurotiker durch einen trivialen Irrtum oder ein normales Gefühl oder irgendeinen Impuls ausgelöst werden. Er kann z. B. bei einem Menschen, dessen Sicherheit auf seiner Unfehlbarkeit beruht, aus einem Fehler oder Irrtum entstehen, wie er jedem passieren kann, wie etwa das Vergessen von Namen oder das Übersehen von Verbindungsmöglichkeiten bei einem Reiseplan. In ähnlicher Weise kann bei einem Menschen, der entschlossen ist, ein Bild der Selbstlosigkeit darzustellen, ein berechtigter, bescheidener persönlicher Wunsch Angst erwecken; bei einem, dessen Sicherheit auf Distanzierung beruht, kann sich Angst entwickeln beim Entstehen von Liebe oder Zuneigung.

Zweifellos steht an erster Stelle unter den als Bedrohung empfundenen inneren Faktoren das Auftauchen von Feindseligkeit. Die Gründe dafür sind zweierlei Art. Feindselige Reaktionen verschiedenster Art sind bei Neurosen besonders häufig, weil jede Neurose, gleich welcher Art, den Betreffenden schwach und verwundbar macht. Häufiger als der Gesunde fühlt er sich zurückgewiesen, ausgenutzt, gedemütigt und daher reagiert er auch häufiger mit Ärger, Gegenangriffen, Neid, herabsetzenden oder sadistischen Impulsen. Der andere Grund ist, daß seine in irgendeiner Form bestehende Menschenfurcht so groß ist, daß er es nicht leicht über sich bringt, sich Feinde zu machen – es sei denn, rücksichtslose Aggressivität bedeute für ihn ein Mittel der Sicherheit, was aber verhältnismäßig selten ist. Daß ein Ausbruch von Feindseligkeit so häufig ein gefahrbringender Faktor ist, sollte uns jedoch nicht zu dem Schluß verleiten, daß Feindseligkeit an sich Angst hervorruft. Wie aus der vorstehenden

Erörterung hervorgeht, müssen wir stets fragen, was eigentlich durch Feindseligkeit gefährdet ist.

Eine Hemmung ruft nicht von sich aus Angst hervor, aber sie kann es tun, wenn irgendein Lebenswert auf dem Spiele steht. Wenn z. B. ein Offizier den Befehl geben muß, daß das Schiff seinen Kurs ändert, damit ein Zusammenstoß vermieden wird, und in diesem Augenblick seine Hand oder Stimme versagt, würde ihn ein panischer Schrecken befallen, der genau der Angst des Neurotikers vergleichbar ist. Eine Hemmung der Entschlußfähigkeit z. B. führt nicht an sich zu Angst, aber sie kann dahin führen, wenn sie nicht im entscheidenden Moment überwunden wird.

Schließlich kann ein neurotischer Zug durch das Vorhandensein eines entgegengesetzten Zuges gefährdet sein. So kann ein Trieb zur Unabhängigkeit Anlaß zu Angst geben, wenn er ein Abhängigkeitsverhältnis gefährdet, das aus Gründen der Sicherheit genauso notwendig ist. Und ebenso kann der Trieb zu masochistischer Abhängigkeit Angst auslösen, wenn des Betreffenden Sicherheit in erster Linie auf dem Gefühl der Unabhängigkeit beruht. Da es eine Fülle sich widersprechender Tendenzen bei jeder Neurose gibt, bestehen auch unendliche Möglichkeiten ihrer gegenseitigen Gefährdung.

Wir müssen allerdings berücksichtigen, daß das bloße Vorhandensein sich widersprechender Neigungen nicht für das Entstehen von Angst verantwortlich ist. Es gibt viele Möglichkeiten, mit sich widersprechenden Neigungen fertig zu werden. Die eine kann so radikal verdrängt werden, daß sie auf eine andere nicht störend einwirken kann; sie kann in die Phantasiewelt übertragen werden; Kompromißlösungen können gefunden werden, etwa passiver Widerstand, der eine Kompromißlösung zwischen Widerstand und Nachgiebigkeit darstellt; ein Zug kann einfach den anderen verhindern, wie etwa ein zwanghaftes Bedürfnis, nicht aufzufallen, einem gleichzeitigen zwanghaften Ehrgeiz Einhalt gebieten kann. So können Lösungen verschiedenster Art ein wenn auch leicht zu erschütterndes Gleichgewicht herstellen. Nur wenn dieses gestört und eine Sicherheitsvorkehrung mehr oder weniger akut gefährdet ist, stellt sich Angst ein.

Es dürfte zur Klärung meiner Auffassung über die Angst

beitrag, wenn wir sie mit der von Freud vergleichen. Nach Freud liegt die Gefahrenquelle, wie bereits erwähnt, im »Es« und »Über-Ich«, von denen man sagen kann, daß sie ungefähr dem entsprechen, was ich »neurotische Tendenzen« nenne. Nach meiner Auffassung ist die Gefahrenquelle unbestimmt; sie kann aus inneren wie aus äußeren Faktoren bestehen; eine innere Ursache für die Angst muß nicht, wie Freud behauptet, ein Trieb oder Impuls sein; sie kann nämlich auch eine Hemmung sein. Ein neurotischer Zug kann ebenfalls zur Gefahrenquelle werden, aber dann aus demselben Grunde wie im Falle der anderen auslösenden Faktoren: weil er eine lebenswichtige Sicherheitsmaßnahme gefährdet.

Nach meiner Auffassung sind die neurotischen »trends« nicht als solche eine Gefahrenquelle, sondern sie sind ihrerseits gefährdet, insofern als die Sicherheit auf ihrer ungestörten Funktion beruht. Angst stellt sich ein, sobald sie nicht wirken können. Eine andere Meinungsverschiedenheit liegt darin, daß nicht das »Ich« gefährdet ist, wie Freud behauptet, sondern des Menschen Sicherheit, insofern als seine Sicherheit auf dem Funktionieren seiner neurotischen Tendenzen beruht.

Der Unterschied unserer Auffassung über die Angst bei Neurosen geht letzten Endes auf den Gegensatz zurück, der in den Ausführungen über die Libido-Theorie und das »Über-Ich« gekennzeichnet wurde. Was Freud als Triebimpulse oder deren Umformungen betrachtet, sind meines Erachtens zum Zwecke der Sicherheit entwickelte Tendenzen. Sie sind bedingt von einer zugrundeliegenden »Grundangst[3]«. Wir müssen also, entsprechend meiner Deutung der Neurosen, zwei Arten von Angst unterscheiden: die Grundangst, die eine Erwiderung auf eine potentielle Gefahr ist, und die manifeste Angst, die eine Reaktion auf eine manifeste Gefahr ist. Der Ausdruck manifest bedeutet in diesem Zusammenhang nicht, daß sie »bewußt« sei. Jede Art Angst, ob potentiell oder manifest, kann aus verschiedenen Gründen verdrängt werden[4]; die Angst kann sich lediglich in Träu-

---

[3] Vgl. 3. Kapitel: Die Libido-Theorie.
[4] Tatsächlich verdienen die verschiedenen Haltungen, die Menschen ihrer Angst gegenüber einnehmen, genaue Beobachtung, da sie bedeutsame Eigentümlichkeiten verraten.

men äußern, in gleichzeitigen körperlichen Symptomen, in einer allgemeinen Unruhe, ohne daß sie bewußt empfunden wird.

Der Unterschied zwischen den beiden Arten von Angst läßt sich an einem Bild erläutern. Angenommen, ein Mensch macht eine Reise in einem unbekannten Land, das, wie er weiß, voller Gefahren ist: feindliche Ureinwohner, gefährliche Tiere, Mangel an Nahrung. Solange er sein Gewehr und seinen Eßvorrat hat, wird er sich der potentiellen Gefahren bewußt sein, aber er wird keine manifeste Angst haben, weil er das Gefühl hat, er habe die Mittel, sich zu schützen. Aber wenn seine Munition und seine Lebensmittel beschädigt oder gestohlen sind, wird die Gefahr manifest. Dann wird er – vorausgesetzt, daß das Leben für ihn einen wesentlichen Wert hat – eine manifeste Angst haben.

Die Grundangst ist selbst eine neurotische Äußerung. Sie beruht größtenteils auf einem Konflikt zwischen einer Abhängigkeit von den Eltern und der Auflehnung gegen sie. Feindschaft gegen sie muß wegen der Abhängigkeit von ihnen verdrängt werden. Wie ich in einer früheren Schrift ausführte[5], trägt die Unterdrückung von Feindseligkeit dazu bei, einen Menschen wehrlos zu machen, weil sie ihn die Gefahr aus dem Auge verlieren läßt, die er bekämpfen sollte. Wenn er seine Feindschaft unterdrückt, so heißt das: er ist sich nicht mehr dessen bewußt, daß jemand eine Bedrohung für ihn bedeutet; daher wird er unterwürfig, nachgiebig, freundlich in Situationen sein, wo er auf der Hut sein sollte. Diese Wehrlosigkeit, in Verbindung mit der Furcht vor Vergeltung, die trotz der Verdrängung bestehen bleibt, ist einer der mächtigen Faktoren, die für das Grundgefühl der Hilflosigkeit verantwortlich sind, das der Neurotiker in einer potentiell feindlichen Welt empfindet.

Es bleibt noch die dritte, für das Verständnis der Angst wichtige Frage zu erörtern: die Hilflosigkeit des Menschen gegenüber der Gefahr. Freud hält für die Ursache dieser Hilflosigkeit die Schwäche des »Ich«, die von dessen Abhängigkeit vom »Es« und »Über-Ich« veranlaßt ist. Meiner Ansicht nach ist die Hilflosigkeit bis zu einem gewissen Grade

---

[5] *Karen Horney*, Der neurotische Mensch unserer Zeit (1951).

in der Grundangst enthalten. Ein anderer Grund für ihr Bestehen liegt darin, daß die Lage des Neurotikers eine prekäre ist. Sein starres Festhalten an seinen Sicherheitsmaßnahmen schützt ihn in mancher Hinsicht, macht ihn aber andererseits wehrlos. Er gleicht einem Seiltänzer, dessen Geschicklichkeit im Balancieren ihn vor einem durch Verlust des Gleichgewichts verursachten Fall bewahrt, ihn jedoch anderen möglichen Gefahren gegenüber hilflos läßt. Endlich ist die Hilflosigkeit in der zwanghaften Natur der neurotischen Antriebe enthalten. Die wichtigsten inneren Faktoren, die zu Angst bei Neurosen führen, haben auch deswegen einen zwingenden Charakter, weil sie in die starre neurotische Struktur eingebettet sind. Es steht nicht in der Macht des Neurotikers, sich einer feindseligen Reaktion auf gewisse Provokationen zu enthalten oder auch nur diese Reaktion abzuschwächen, ganz gleich, wie sehr sie seine Sicherheit gefährdet. Es steht nicht in seiner Macht, auch nur zeitweise z. B. seine stumpfe Gleichgültigkeit aufzugeben, so empfindlich er auch dadurch seine ehrgeizigen Bestrebungen, die gleichfalls gebieterisch sind, gefährdet. Die häufige Klage des Neurotikers, daß er sich gefangen fühle, ist durchaus berechtigt. Der bei weitem größte Teil der manifesten Angst entsteht dadurch, daß er hilflos in einem Zwiespalt steckt, der ihn von beiden Seiten mit gleicher Gewalt bedrängt[6].

Eine andere Auffassung der Angst veranlaßt notwendigerweise auch ein anderes therapeutisches Vorgehen. Ein Analytiker, der Freuds Auffassung folgt, wird der Angst des Patienten durch ein Aufspüren seiner verdrängten Triebe begegnen. Wenn während der psychoanalytischen Behandlung Angst entsteht, wird er sich etwa die Frage stellen, ob der Patient vielleicht feindliche Impulse gegen den Analytiker verdrängt hat oder ob er Sexualwünsche hat, deren er sich nicht bewußt ist. Soweit die Gedankengänge des Analytikers

[6] Der Unterschied zwischen der neurotischen Grundangst und den allgemein-menschlichen Phänomenen der »Urangst« liegt in dem Umstand, daß die »Urangst« der Ausdruck menschlicher Hilflosigkeit gegenüber vorhandenen Gefahren ist – Krankheit, Not, Tod, Naturgewalten, Feinde –, während bei der Grundangst die Hilflosigkeit weitgehend von verdrängter Feindseligkeit hervorgerufen wird und als Gefahrenquelle vorwiegend die von vornherein angenommene Feindseligkeit der anderen empfunden wird.

von theoretischen Vorurteilen bestimmt sind, muß er darauf gefaßt sein, eine beträchtliche Menge von Affekten dieser Art zu finden. Wenn er um eine Erklärung für diese tatsächlich vorhandene Vielzahl verlegen ist, wird er schließlich zu der Feststellung gelangen, daß der starken Begehrlichkeit oder Feindseligkeit ein ungebrochener kindlicher Affekt zugrunde liegt, der einst verdrängt, aber nun wiederbelebt und auf ihn übertragen worden ist.

Nach meiner Deutung der Angst würde ein Analytiker in diesem Falle dem Patienten bei passender Gelegenheit erklären, daß Angst häufig aus einem akuten Zwiespalt entsteht, dessen man sich nicht bewußt ist; er würde ihn dadurch anregen, dem Wesen dieses Zwiespaltes nachzugehen. Um bei unserem ersten Beispiel zu bleiben: einem Patienten, bei dem Feindseligkeit dem Analytiker gegenüber auftaucht, sollte, nachdem er die Ursache der feindlichen Reaktion erkannt hat, erklärt werden, daß das Aufdecken dieser Feindschaft ihn zwar befreit, aber nicht völlig das Problem seiner Angst löst; daß es Feindseligkeit ohne Angst gibt; daß, wenn Angst hinzutritt, der Betreffende zweifellos etwas Wichtiges durch die Feindseligkeit gefährdet glaubt. Wenn man diesen Fragen mit Erfolg nachgeht, wird sich die neurotische Tendenz zeigen, die von der Feindseligkeit gefährdet war.

Dieses Vorgehen ermöglicht es nach meinen Erfahrungen nicht nur, in kürzerer Zeit die Angst des Patienten zu behandeln, sondern auch wichtige Aufschlüsse über die Charakterstruktur des Patienten zu erlangen. Freud hat mit Recht gesagt, daß die Traumanalyse die Via regia zum Verständnis der unbewußten Vorgänge im Patienten ist, und das gleiche darf von der Analyse der manifesten Angst behauptet werden. Die richtige Analyse einer Angst-Situation ist einer der wichtigsten Zugänge zur Erkenntnis der Konflikte des Patienten.

XIII.

Der Begriff des »Über-Ich«

Die wichtigsten Beobachtungen, die dem Freudschen Begriff vom »Über-Ich« zugrunde liegen, sind folgende: gewisse Typen von Neurotikern scheinen an besonders strenge und hohe Moralbegriffe gebunden zu sein; die bewegende Kraft in ihrem Leben ist nicht der Wunsch nach Glück, sondern ein leidenschaftlicher Trieb zu Korrektheit und Vollkommenheit; sie stehen unter dem Zwange eines ständigen »Ich sollte« und »Ich müßte« – sie müssen ihre Arbeit vollkommen verrichten, müssen für die verschiedensten Gebiete zuständig sein, ein vollkommenes Urteil haben, müssen ein vorbildlicher Gatte, eine vorbildliche Tochter, eine vorbildliche Gastgeberin usw. sein.

Ihre zwanghaften moralischen Zielsetzungen sind unbarmherzig. Umstände, für die sie nicht verantwortlich sind, seien sie nun innerer oder äußerer Art, bleiben unberücksichtigt. Sie glauben, sie müßten jeder Angst Herr werden können, ganz gleich wie tief sie sitze – sie dürften niemals verletzt sein, nie irgendeinen Fehler machen. Wenn sie ihren eigenen moralischen Anforderungen nicht entsprechen, können sich Angst oder Schuldgefühle einstellen. Patienten, die unter dem Zwang solcher Forderungen stehen, machen sich Vorwürfe nicht nur, daß sie nicht imstande sind, sie in der Gegenwart zu erfüllen, sondern auch, daß sie dies früher nicht vermochten. Wenn sie auch unter ungünstigen Bedingungen aufgewachsen sind, meinen sie, sie hätten sich davon nicht beeinflussen lassen dürfen; sie hätten stark genug sein müssen, jede schlechte Behandlung ohne Gefühlsreaktionen wie Furcht, Nachgiebigkeit, Groll zu ertragen. Dieses Übermaß von Verantwortungsgefühl wird fälschlicherweise leicht auf Schuldgefühle aus der Zeit der Kindheit bezogen.

Der kategorische Charakter der Forderungen ergibt sich auch aus dem Umstand, daß sie in der Regel völlig wahllos gestellt werden. Ein Mensch kann sich für verpflichtet halten, jeden Mitmenschen gern zu haben, auch wenn dieser unangenehme Eigenschaften hat, und er wird es sich zum Vorwurf machen, wenn er dazu nicht imstande ist. Eine Patientin z. B. erzählt von einer Frau, die, wie aus Einzelheiten hervorging, hart, egozentrisch, rücksichtslos und neidisch war; im Verlauf des Berichts versuchte die Patientin, sich selbst auf die Ursachen ihres Mißfallens hin zu analysieren. Ich unterbrach sie mit der Frage, warum sie glaube, an der Frau Gefallen finden zu müssen, da mir schien, es wäre reichlich Grund vorhanden, gerade diese Person nicht zu mögen; auf diese Bemerkung reagierte meine Patientin mit großer Erleichterung, da ihr in diesem Augenblick klar wurde, daß es für sie ein ungeschriebenes Gesetz gewesen war, an jedermann Gefallen zu finden, ohne Rücksicht auf den Wert des Betreffenden.

Eine andere Seite der gebieterischen Natur dieser Ansprüche ist ihr »ichfremder« Charakter, wie Freud es nennt. Mit dieser Bezeichnung meint er, daß der Mensch auf die selbstauferlegten Gesetze keinen Einfluß hat: ob sie ihm gefallen, ob er an ihren Wert glaubt, spielt sowenig eine Rolle wie seine Fähigkeit, sie unterschiedslos anzuwenden. Sie sind unbestreitbar und unerbittlich vorhanden und verlangen Gehorsam. Jegliche Abweichung muß sorgsam vor dem Bewußtsein begründet werden, wenn sie nicht Schuldgefühle, Minderwertigkeitsgefühle oder Angst zur Folge haben soll.

Der Mensch kann sich seiner zwanghaften moralischen Zielsetzungen bewußt sein, er kann z. B. äußern, er sei ein »Perfektionist«. Oder aber er tut das nicht – weil sein Vollkommensheitsdünkel es ihm nicht erlaubt, einen irrationalen Vervollkommnungstrieb zuzugeben –, dahingegen spricht er unaufhörlich davon, daß er imstande sein sollte, sich niemals beleidigt zu fühlen, alle seine Empfindungen zu beherrschen oder jeder Situation gewachsen zu sein. Er kann aber auch ganz naiv davon überzeugt sein, daß er von Natur aus »gut«, gewissenhaft, vernünftig ist. Schließlich kann er sich aber auch gänzlich unklar darüber sein, überhaupt derartige Ziele zu verfolgen, ganz zu schweigen von ihrem zwanghaften Charakter. Kurz, der Grad, bis zu dem sich ein Mensch dieser Richtlinien bewußt wird, ist sehr verschieden.

Im ganzen erweist sich hier, wie auch sonst, die Frage, ob ein Trieb bewußt ist oder nicht, als zu allgemein, um zu so aufschlußreichen Ergebnissen zu führen, wie man sie vielleicht erwartet. Ein Mensch kann sich darüber klar sein, daß er ehrgeizig ist, aber ganz ahnungslos darüber, welche Macht der Ehrgeiz über ihn hat oder von welch destruktiver Art er ist. Er kann einer gelegentlichen Angst gewahr werden, aber er braucht nicht zu wissen, in welchem Ausmaß sein ganzer Lebensstil von der Angst bestimmt ist. So besagt auch die einfache Feststellung, daß jemand sich seines Bedürfnisses nach moralischer Vollkommenheit bewußt ist oder nicht, nicht viel. Es ist nicht allzu schwer, die Existenz eines solchen Bedürfnisses ins Bewußtsein zu bringen. Worauf es für den Analytiker und für den Patienten ankommt, ist, daß das Ausmaß und die Art des Einflusses erkannt wird, den diese Bedürfnisse auf das Verhältnis des Betreffenden zu anderen und zu sich selbst haben – und daß auch jene Faktoren erkannt werden, die die Aufrechterhaltung seiner starren Richtlinien notwendig machen. Diese beiden Ziele zu verfolgen erfordert harte Arbeit, weil gerade bei diesen Problemen der Kampf mit allen Arten von unbewußten Faktoren beginnt.

Es kann die Frage erhoben werden, wie es möglich ist, daß der Analytiker auf das Vorhandensein und Wirken von Ansprüchen schließen kann, wenn der Patient sich so selten der Existenz seiner Richtlinien und niemals ihrer Stärke und ihres Einflusses bewußt ist. Hierzu gibt es im wesentlichen drei Arten von Feststellungen.

Erstens macht man die Beobachtung, daß ein Mensch ständig ein starres Verhalten zeigt, auch wenn es weder die Situationen noch seine Interessen verlangen. Er kann z. B. unweigerlich und wahllos anderen Leuten zu Diensten sein, ihnen Geld leihen, ihnen Stellungen besorgen, Aufträge für sie erledigen, während er genauso unweigerlich außerstande ist, etwas in seinem eigenen Interesse zu tun.

Zweitens hat man beobachtet, daß gewisse Arten von Angst, Minderwertigkeitsgefühlen oder Selbstanklagen als Reaktionen auf tatsächliche oder mögliche Abweichungen von zwanghaften Richtlinien entstehen. Ein Medizinstudent, der mit der Laboratoriumsarbeit beginnt, kommt sich z. B. dumm vor, weil er nicht sofort Blutbilder schnell und genau machen kann; ein Mensch, der stets anderen gegenüber großzügig ist, bekommt einen Angstanfall, wenn er eine Reise machen oder eine komfortable Wohnung mieten will, obwohl ihm seine Mittel beides erlauben; ein Mensch reagiert auf einen Vorwurf wegen eines irrigen Urteils mit abgrundtiefen Minderwertigkeitsgefühlen, obgleich es sich um eine Angelegenheit handelt, über die man verschiedener Ansicht sein kann.

Schließlich wird die Beobachtung gemacht, daß ein Mensch oft glaubt, daß andere ihn verurteilen oder unmögliche Heldentaten von ihm erwarten, während sie in Wirklichkeit weder vorwurfsvoll noch anspruchsvoll sind.

In solchen Fällen läßt sich schließen, daß der Betreffende zwingende Gründe für seine Annahme hat: sie kann z. B. eine Projektion seiner eigenen fordernden und verurteilenden Haltung sich selbst gegenüber sein.

Ich halte diese Feststellungen für zutreffend. Diese Erscheinung und ihre Bedeutung für die Erkenntnis und die Therapie der Neurosen gesehen zu haben, ist einer der vielen Beweise für Freuds außerordentliche Beobachtungsgabe. Die Frage ist nur, wie sie zu erklären sind.

Auf Grund seiner Triebtheorie mußte Freud annehmen, daß eine so mächtige Energie wie das neurotische Bedürfnis nach Vollkommenheit triebhafter Natur sei. Er betrachtet es als eine direkte oder indirekte Auswirkung von Instinkten. Nach seiner Auffassung sei es eine Verbindung narzißtischer, masochistischer und vor allem von Zerstörungstrieben, es ist ferner insofern ein Überrest des Ödipus-Komplexes, als es Eltern-Symbole verkörpert, deren Verboten gehorcht werden muß. Ich will diese Möglichkeiten hier nicht besprechen, da ich in früheren Kapiteln schon begründet habe, warum ich die damit verbundenen theoretischen Schlüsse für anfechtbar halte. Nur soviel: Freuds Theorie vom »Über-Ich« steht im Einklang mit der Libido-Theorie und der Theorie vom Todestrieb; wenn man diese anerkennt, muß man auch seine Ansichten über das »Über-Ich« anerkennen.

Überblickt man Freuds Abhandlungen zu diesem Thema, so findet man als Hauptthese, daß das »Über-Ich« ein inneres Agens von vorwiegendem Verbotscharakter ist. Es ähnelt einer Geheimpolizei, die unfehlbar verbotene Triebimpulse besonders aggressiver Art aufspürt und den Betreffenden unerbittlich bestraft, wenn welche vorhanden sind. Da das

»Über-Ich« Angst und Schuldgefühle zu erwecken scheint, schließt Freud, daß es über eine zerstörerische Kraft verfügt. Das neurotische Bedürfnis nach Perfektion ist, so gesehen, eine Folge der tyrannischen Macht des »Über-Ich«. Der Mensch muß, ob er will oder nicht, Perfektion erreichen, um das »Über-Ich« zufriedenzustellen und Strafe zu vermeiden. Um diesen Punkt ganz deutlich zu machen: Freud weist ausdrücklich die übliche Ansicht über das Verhältnis zwischen selbstauferlegten Beschränkungen und Idealen zurück. Gewöhnlich werden die Beschränkungen als Folge der moralischen Zielsetzungen angesehen, Freud aber betrachtet diese als eine Folge sadistischer Übertretungen: »Der gewöhnlichen Betrachtung erscheint dies umgekehrt. Sie sieht in der Forderung des Ichideals das Motiv für die Unterdrückung der Aggression[1].« Der Sadismus, den der Mensch so gegen sich selbst richtet, erhält seine Energie von dem Sadismus, der sich sonst gegen andere richten würde. Anstatt andere zu hassen, zu quälen, anzuklagen – haßt, quält und klagt der Betreffende sich selbst an.

Freud bietet zwei Arten von Beobachtungen als Beweis für diese Behauptungen. Die eine ist, daß Typen unter dem Zwang zur Perfektion sich selbst unglücklich machen; sie ersticken, kurz gesagt, unter den einschränkenden Anforderungen. Die andere Beobachtung ist, mit Freuds Worten, die, daß »der Mensch, je mehr er seine Aggression nach außen einschränkt, strenger, also desto aggressiver in seinem Ich-Ideal wird[2]«.

Die erste Beobachtung ist zweifellos richtig, aber sie läßt auch andere Deutungen zu. Die zweite ist anfechtbar. Zwar können Menschen dieser Art großzügig gegenüber anderen erscheinen, während sie sich selbst keine Freude gönnen, sie können ängstlich vermeiden, andere zu kritisieren oder zu verletzen, während sie sich mit Selbstbeschuldigungen züchtigen. Aber diese Beobachtung läßt sich nicht verallgemeinern, abgesehen davon, daß sie auch anders interpretiert werden kann. Es gibt hier viele widersprechende Tatsachen: es gibt Neurotiker, die auch äußerlich anderen gegenüber so

---

[1] *Sigmund Freud*, Das Ich und das Es (1923).
[2] *Sigmund Freud*: a. a. O.

anspruchsvoll sind wie gegen sich selbst, ebenso geringschätzig gegenüber anderen wie gegen sich selbst, so zum Verurteilen der anderen bereit, wie zu ihrer eigenen Verdammung. Wie steht es z. B. mit all den Grausamkeiten, die im Namen moralischer oder religiöser Gebote begangen werden?

Wenn das neurotische Bedürfnis zur Perfektion nicht das Ergebnis einer angenommenen verbietenden Instanz ist, was bedeutet es dann? Freuds Deutungen, so anfechtbar sie sind, enthalten dennoch einen konstruktiven Hinweis, nämlich den, daß dem Perfektionsstreben die Echtheit fehlt. Wenn ich einen volkstümlichen Ausdruck gebrauchen darf: es ist etwas faul mit seinem Streben nach Moral. Alexander hat diesen Gesichtspunkt noch weiter verfolgt, indem er zeigte, daß das Streben des Neurotikers nach moralischen Zielen zu formalistisch ist und daß es einen pharisäerhaften, heuchlerischen Charakter hat[3].

Diejenigen, die von einem unwiderstehlichen Bedürfnis nach Vollkommenheit getrieben zu sein scheinen, bemühen sich lediglich um den Anschein von Tugenden, die sie in Wirklichkeit nicht besitzen[4]. Wenn jemand etwas ernsthaft erreichen möchte und in sich selbst Hindernisse auf dem Weg zu diesem Ziel bemerkt, ist er bereit, zur Wurzel des Übels vorzudringen, um es so schließlich zu überwinden. Wenn er z. B. findet, daß er manchmal grundlos gereizt ist, wird er zunächst versuchen, seine Reizbarkeit zu beherrschen, und wenn das nicht gelingt, wird er alle Anstrengungen machen, herauszubekommen, welche persönlichen Züge in ihm daran schuld sind, und wird sie, wenn möglich, abzuändern suchen. Nicht so der neurotische Typus, von dem wir sprechen. Er wird zuerst seine Reizbarkeit verkleinern oder sie rechtferti-

---

[3] *Franz Alexander*, Psychoanalysis of the Total Personality (1935).

[4] Der berühmteste Ausdruck des Unterschiedes zwischen einer formalistischen und einer von Herzen kommenden Erfüllung des Gesetzes findet sich im ersten Brief des Paulus an die Korinther: »Wenn ich mit Menschen- und mit Engelszungen redete und hätte der Liebe nicht, so wäre ich ein tönend Erz und eine klingende Schelle. Und wenn ich weissagen könnte und wüßte alle Geheimnisse und alle Erkenntnis und hätte allen Glauben, also daß ich Berge versetzte, und hätte der Liebe nicht, so wäre ich nichts. Und wenn ich alle meine Habe den Armen gäbe und ließe meinen Leib brennen und hätte der Liebe nicht, so wäre mir's nichts nütze.« 1. Kor. 13, 1.

gen. Wenn das mißlingt, wird er sich wegen seines Verhaltens mitleidlos beschimpfen. Er wird sich sehr bemühen, sich zu beherrschen. Wenn ihm das auch nicht gelingt, wird er sich wegen seiner ungenügenden Selbstbeherrschung Vorwürfe machen. Aber hier ist es mit seiner Bemühung zu Ende. Es wird ihm niemals einfallen, daß etwas bei ihm nicht in Ordnung sein könnte, was die Reizbarkeit bewirkt. Daher ändert sich nichts, und das Spiel wiederholt sich von vorn.

Wenn der Betreffende sich in der Analyse befindet, wird er, wenn auch widerwillig, die Nutzlosigkeit seiner Anstrengungen einsehen. Er wird den Andeutungen des Analytikers, daß die Erregungszustände gleichsam nur an die Oberfläche steigende Blasen sind, höflich und mit seinem Intellekt folgen. Aber sobald der Analytiker eine der tieferliegenden Störungen berührt, wird er mit einer Mischung von verborgener Erregung und unbestimmter Angst reagieren und bald sehr geschickt beweisen, daß der Analytiker unrecht habe, daß er zumindest stark übertreibe; und am Ende wird er sich wieder verurteilen, daß es ihm nicht gelingt, seine Erregung zu beherrschen. Diese Reaktion kann sich bei jedem tieferen Problem, das auftaucht, wiederholen – und wenn es auch noch so behutsam angepackt wird.

So fehlt diesen Typen nicht nur der Antrieb, eine Störung zu prüfen, bis auf ihre Wurzeln zu verfolgen und sich wirklich zu ändern, sondern sie widersetzen sich sogar ganz entschieden. Sie wollen nicht analysiert werden, sondern verabscheuen dies. Wenn es nicht wegen gewisser schwerer Symptome wie Phobie, hypochondrische Furcht usw. wäre, würden sie nie zur Analyse kommen, wie groß ihre inneren Schwierigkeiten auch tatsächlich sein mögen. Wenn sie dennoch zur Behandlung kommen, möchten sie die Symptome beseitigt haben, ohne daß man ihrer Persönlichkeit nähertritt.

Der Schluß, den ich aus diesen Beobachtungen ziehe, ist der, daß der fragliche Typus nicht vom Bedürfnis nach einer »immer zunehmenden Perfektion« getrieben wird, wie Freud annimmt, sondern von dem Bedürfnis, den Anschein der Vollkommenheit aufrechtzuerhalten. Aber für wessen Augen? Der erste Eindruck ist, daß dieser Typ vor allem sich selbst im rechten Licht erscheinen muß. Er kann sich tatsächlich wegen Unzulänglichkeiten tadeln, gleichgültig, ob diese von anderen bemerkt werden oder nicht. Er ist offenkundig verhältnismäßig unabhängig von den Leuten. Dieser Eindruck veranlaßte Freud zu der Annahme, daß das »Über-Ich«, obwohl es ursprünglich aus Liebe, Haß und Furcht der Kindheit entsteht, schließlich zu einer autonomen inneren Verkörperung moralischer Verbote würde.

Es ist richtig, daß diese Typen einen entschiedenen Zug zur Unabhängigkeit zeigen, was deutlich wird, wenn man sie mit Typen mit vorwiegend masochistischen Zügen vergleicht. Aber es ist eine mehr aus Widerspruchsgeist als aus innerer Stärke erwachsene Unabhängigkeit und sie ist aus diesem Grunde größtenteils unecht. Tatsächlich sind die Betreffenden äußerst abhängig von anderen – in ihrer eigenen besonderen Weise. Ihre Empfindungen, Gedanken und Handlungen sind davon bestimmt, was man, wie sie glauben, von ihnen erwartet, ob sie nun auf solche Erwartungen mit Nachgiebigkeit oder trotziger Ablehnung reagieren. Auch sind sie von anderer Leute Meinung über sich abhängig. Aber auch dies ist eine Abhängigkeit besonderer Art; es ist für sie unbedingt erforderlich, daß ihre Unfehlbarkeit anerkannt wird. Jede Meinungsverschiedenheit macht sie unsicher, weil dies ihrer Meinung nach ihre unfehlbare Urteilskraft in Frage stellt. Das Bild der Rechtlichkeit, das zu bieten sie so ängstlich bemüht sind, wird sowohl der anderen wegen wie im eigenen Interesse zur Schau gestellt. Wenn ich im folgenden von dem Bedürfnis, vollkommen zu erscheinen, rede, so ist das ein vereinfachter Ausdruck für das Bedürfnis, vor sich selbst wie vor den anderen vollkommen zu erscheinen.

Dieses Merkmal der Vorspiegelung zeigt sich auch, oft noch drastischer, bei jenen zwanghaften Perfektionsbedürfnissen, die nicht moralischen, sondern bloßen egozentrischen Zielen dienen, also etwa alles wissen zu müssen – eine Erscheinung, die bei Intellektuellen von heute häufig ist und oft beobachtet werden kann. Wenn einem solchen Typus eine Frage gestellt wird, die er nicht beantworten kann, wird er um jeden Preis behaupten, die Antwort zu wissen, auch wenn es seinem geistigen Prestige in keiner Weise schaden würde, seine Unkenntnis zuzugeben. Oder er wird rein formal mit wissenschaftlichen Ausdrücken, Methoden und Theorien jonglieren.

Die ganze Auffassung vom »Über-Ich« ändert sich grundsätzlich, wenn wir sehen, wie die Bemühungen eines Individuums auf eine »Vorspiegelung« von Vollkommenheit und Unfehlbarkeit gerichtet sind, deren Aufrechterhaltung aus irgendeinem Grunde notwendig ist. Das »Über-Ich« ist dann nicht mehr ein besonderes Agens innerhalb des »Ich«, sondern ein spezielles Bedürfnis des Betreffenden. Es ist nicht der Anwalt moralischer Vervollkommnung, sondern drückt das Bedürfnis des Neurotikers aus, den Anschein der Vollkommenheit zu erwecken.

Bis zu einem gewissen Grade muß jeder, der in einer organisierten Gemeinschaft lebt, auf äußeren Anschein bedacht sein. Bis zu einem gewissen Grade hat jeder von uns sich die Maßstäbe der Umwelt zu eigen gemacht. Bis zu einem gewissen Grade sind wir alle von der Meinung anderer abhängig[5]. Was jedoch bei dem hier betrachteten Typus geschieht, das ist – ein wenig übertrieben – die völlige Einstellung eines Menschen auf die äußere Fassade. Es spielt einfach keine Rolle mehr, was er selbst wünscht, liebt, mißachtet oder schätzt. Das einzige, worauf es ankommt, ist, den Erwartungen und allgemeinen Normen zu entsprechen und Pflichten zu erfüllen.

Der Zwang, vollkommen zu erscheinen, wird sich danach richten, was in einer bestimmten Kultur geschätzt wird: Ordentlichkeit, Sauberkeit, Pünktlichkeit, Gewissenhaftigkeit, Tüchtigkeit, geistige oder künstlerische Leistung, Vernunft, Großzügigkeit, Toleranz, Selbstlosigkeit. Die Art der Perfektion, die der einzelne Mensch besonders betont, hängt von verschiedenen Umständen ab: von seinen angeborenen Fähigkeiten, von den Menschen oder Eigenschaften, die auf ihn in seiner Jugend einen günstigen Eindruck gemacht haben; von den Unzulänglichkeiten der Umgebung, unter denen er als Kind litt und die ihn den Entschluß fassen ließen, es besser machen zu wollen; von seinen tatsächlichen Möglichkeiten, sich hervorzutun; von der besonderen Art von Angst, gegen die er sich durch Perfektion schützen muß.

---

[5] Neben anderen haben *W. James* und *C. G. Jung* diese Tatsache betont, indem sie darauf hinwiesen, daß jeder ein »gesellschaftliches Ich« (James) oder eine »persona« (Jung) besitzt.

Wie ist aber ein so dringendes Bedürfnis, vollkommen zu erscheinen, zu verstehen?

Was dessen Entstehung anlangt, so hat uns Freud einen Anhaltspunkt gegeben, indem er zeigt, daß die Tendenz schon in der Kindheit einsetzt und daß sie mit den Verboten der Eltern und mit dem unterdrückten Ressentiment gegen sie in Zusammenhang steht[6]. Es wäre jedoch eine Vereinfachung, die Verbote des »Über-Ich« als nahezu direkte Überreste der von den Eltern auferlegten Tabus zu betrachten. Wie zur Erklärung jeder anderen neurotischen Tendenz ist nicht das eine oder andere individuelle Merkmal der Kindheit schuld, sondern die gesamte Situation. Die perfektionistische Haltung erwächst im wesentlichen aus derselben Grundlage wie die narzißtischen Tendenzen. Da diese Grundlage in Verbindung mit dem Narzißmus behandelt worden ist, genügt es hier, das dort Gesagte kurz zu wiederholen. Infolge vieler widriger Einflüsse findet sich das Kind in einer quälenden Situation. Seine eigene Persönlichkeit ist dadurch verkümmert, daß es gezwungen wird, den Erwartungen der Eltern zu entsprechen. Es verliert dadurch die Fähigkeit zu eigener Initiative, zu eigenen Wünschen, eigenen Zielen, eigenen Urteilen. Auf der anderen Seite ist es von den Menschen entfremdet und fürchtet sich vor ihnen. Wie bereits erwähnt, gibt es mehrere Auswege aus dieser fundamentalen Kalamität: narzißtische, masochistische oder perfektionistische Zwangstendenzen können sich entwickeln.

Die Kindheitsgeschichte eines Patienten mit ausgesprochen perfektionistischen Zügen zeigt oft, daß er selbstgerechte Eltern hatte, die einen unbestrittenen autoritären Einfluß auf ihre Kinder ausübten, eine Autorität, die sich in der Hauptsache auf die allgemeinen Normen berief oder vorwiegend in einem persönlichen autokratischen Regime bestand. Oft litt das Kind auch unter ungerechter Behandlung, wie unter der Bevorzugung anderer Geschwister oder Vorwürfen wegen einer Sache, an der die Eltern oder eines der Geschwister schuld waren. Obwohl solche ungerechte Behandlung nicht über den üblichen Durchschnitt hinausging, erweckte sie den-

---

[6] *Melanie Klein* war die erste, die diesen Zusammenhang erkannt hat.

noch einen überdurchschnittlichen Groll und Unwillen infolge des Mißverhältnisses zwischen der Behandlung und den Ansprüchen der Eltern auf ihre Unfehlbarkeit. Klagen darüber konnten nicht geäußert werden, weil das Kind zu unsicher darüber war, wieweit es überhaupt erwünscht war.

Infolge dieser Umstände verliert das Kind sein eigenes Schwergewicht und überantwortet es gänzlich der Autorität. Dieser Vorgang vollzieht sich allmählich und unbewußt. Es ist, als ob das Kind beschlossen hätte, daß Vater oder Mutter immer recht hätten. Die Maßstäbe dafür, was gut oder schlecht ist, wünschenswert oder nicht, angenehm oder unangenehm, lobenswert oder nicht, werden von außen entnommen und bleiben auch außerhalb des Individuums. Es hat kein eigenes Urteil mehr.

Wenn es diese Entwicklung hinnimmt, bewahrt es sich vor der Erkenntnis, klein beigegeben und sich äußere Maßstäbe zu eigen gemacht zu haben, und rettet so den Anschein der Unabhängigkeit. Der Sinn dieses Vorgangs kann so umschrieben werden: Ich tue alles, was man von mir erwartet, kaufe mich daher von jeder Verpflichtung los und erwerbe das Recht, in Ruhe gelassen zu werden. Durch Befolgung der äußeren anerkannten Richtlinien erreicht der Betreffende auch einen gewissen Halt, der seine vorhandene Schwäche verbirgt, einen Halt, vergleichbar mit jenem, den ein Korsett einem Menschen mit Rückgratbeschädigung verleiht. Seine Maßstäbe schreiben ihm vor, was er zu wollen hat, was richtig oder falsch ist, und daher erweckt er den irreführenden Eindruck eines starken Charakters. Diese beiden Vorteile unterscheiden ihn vom Masochisten, der ganz offen von anderen abhängt und dessen zu große Weichheit nicht hinter einem starren Panzer von Regeln verborgen ist.

Durch seine übergroße Anpassung an anerkannte Normen oder an Erwartungen stellt er sich jenseits von Tadel und Angriff und schaltet dadurch Konflikte mit der Umwelt aus; seine zwanghaften inneren Maßstäbe regulieren seine menschlichen Beziehungen.

Schließlich gewinnt er durch die Befolgung dieser Maßstäbe auch ein gewisses Überlegenheitsgefühl. Diese Befriedigung ähnelt der durch unbewußte »Selbstüberhebung« gewonnenen nur mit folgendem Unterschied: Ein Narzißt wird es genießen, daß er so wunderbar ist, und daher wird er auch die Bewunderung der anderen genießen: beim Selbstgerechten herrscht die Rachsucht gegen andere vor. Sogar die so leicht entstehenden Schuldgefühle werden als Tugend empfunden, weil sie dem Betreffenden seine große Empfindlichkeit für moralische Erfordernisse beweisen. Wenn also der Analytiker einem Patienten zeigt, wie übertrieben seine Selbstbeschuldigungen sind, wird der Patient – bewußt oder unbewußt – sich stillschweigend für viel zu feinfühlig halten, als daß der Analytiker mit seinen »niedrigeren« Maßstäben ihn verstehen könnte. Diese Haltung hat eine meist unbewußte sadistische Befriedigung zur Folge: anderen einen Stich zu versetzen und sie durch die eigene Überlegenheit einfach zu zerschmettern. Die sadistischen Impulse können sich lediglich in herabsetzenden Gedanken über die Fehler und Unzulänglichkeiten anderer äußern. Aber der Impuls besteht, den anderen zu sagen, wie dumm, wertlos und verächtlich sie sind, und sie sich wie Dreck fühlen zu lassen; der Trieb besteht, sie von der Höhe der eigenen Unfehlbarkeit aus mit selbstgerechter Entrüstung zu treffen. So erwirbt sich der Mensch durch seine pharisäische Selbstgerechtigkeit das Recht, auf andere herabzublicken und ihnen damit die gleiche Kränkung zuzufügen, wie seine Eltern sie ihm zufügten. Nietzsche hat in der »Morgenröte« (30) diese Art moralischer Überlegenheit unter der Überschrift »Die verfeinerte Grausamkeit als Tugend« beschrieben:

»Hier ist eine Moralität, die ganz auf dem Triebe nach Auszeichnung beruht – denkt nicht zu gut von ihr! Was ist denn das eigentlich für ein Trieb und welches ist sein Hintergedanke? Man will machen, daß unser Anblick dem Anderen wehe tue und seinen Neid, das Gefühl der Ohnmacht und seines Herabsinkens wecke; man will ihm die Bitterkeit seines Fatums zu kosten geben, indem man auf seine Zunge einen Tropfen unseres Honigs träufelt und ihm scharf und schadenfroh bei dieser vermeintlichen Wohltat ins Auge sieht. Dieser ist demütig geworden und vollkommen jetzt in seiner Demut – suchet nach denen, welchen er damit seit langer Zeit eine Tortur hat machen wollen! Ihr werdet sie schon finden! Jener zeigt Erbarmen gegen die Tiere und wird deshalb bewundert – aber es gibt gewisse Menschen, an welchen er eben damit seine Grausamkeit hat auslassen wollen. Dort steht ein großer Künstler: die vorempfundene Wollust am Neide bezwungener Nebenbuhler hat seine Kraft nicht schlafen lassen, bis daß er groß geworden ist – wie viele bittere Augenblicke anderer Seelen hat er sich für das Großwerden zahlen lassen! Die Keuschheit der Nonne: mit welchen strafenden Augen sieht sie in das Gesicht anderslebender Frauen! Wie viel Lust der Rache ist in diesen Augen! – Das Thema ist kurz, die Variationen darauf könnten zahllos sein, aber nicht langweilig, – denn es ist immer noch eine gar zu paradoxe und fast wehe tuende Neuigkeit, daß die Moralität der Auszeichnung im letzten Grade die Lust an verfeinerter Grausamkeit ist.«

Der Trieb zum rachsüchtigen Triumph über andere entsteht bei diesem Typus aus vielerlei Ursachen. Ein solcher Mensch hat nur geringe Befriedigungsmöglichkeiten, weder auf dem Wege über menschliche Beziehungen, noch durch Arbeit. Sowohl Liebe wie Arbeit werden zu auferlegten Pflichten, gegen die er sich innerlich auflehnt. Spontane positive Gefühle für andere werden erstickt, Gründe für Ressentiments gibt es genug. Aber die eigentliche Wurzel, aus der unaufhörlich sadistische Impulse entstehen, liegt darin, daß er sein Leben nicht als ihm gehörig empfindet, daß er ständig den von außen kommenden Erwartungen entsprechen muß. Da er nicht weiß, daß er seinen Willen und seine Maßstäbe auf andere übertragen hat, ächzt er unter dem Joch der Verpflichtungen. Daher sein Wunsch, über andere auf die einzige Art zu triumphieren, die ihm möglich ist, nämlich dadurch, daß er sich mit seiner Rechtlichkeit und Tugend auszeichnet.

Die Kehrseite des glatten Äußeren eines solchen Menschen ist also eine innere Auflehnung gegen alles, was man von ihm erwartet. Der bloße Umstand, daß eine Tätigkeit oder eine Empfindung zu der Kategorie des von ihm erwarteten Tuns oder Fühlens gehört, genügt, um sein Mißtrauen wachzurufen. In extremen Fällen gibt es nur wenig Tätigkeiten, die nicht unter diese Kategorie fallen, etwa das Lesen von Detektivgeschichten oder der Genuß von Süßigkeiten; dann werden das die einzigen, ohne inneren Widerstand getanen Dinge sein. In jedem anderen Falle wird ein solcher Mensch unbeabsichtigt dem zuwiderhandeln, was von ihm erwartet wird oder was er glaubt, daß man von ihm erwartet. Das Ergebnis ist oft Teilnahmslosigkeit und Schlaffheit. Individuelle Betätigung, wie auch das Leben überhaupt, wird grau und uninteressant für jemanden, der, wenn auch ohne es zu wissen, unfrei ist, der nicht aus eigenem Antrieb handelt, dessen Tun und Fühlen ihm vorgeschrieben ist.

Wegen ihrer praktischen Bedeutung soll auf eine spezielle Folge dieser unbewußten Obstruktion der Erwartungen gesondert hingewiesen werden: die Arbeitshemmungen. Obgleich eine Arbeit der eigenen Initiative des Betreffenden entsprungen sein kann, wird sie sehr bald unter die Kategorie der zu erfüllenden Pflichten fallen und daher einen passiven Widerstand gegen ihre Erledigung auslösen. So befindet sich der Mensch häufig im Konflikt zwischen einem hektischen Trieb nach einer vollkommenen Leistung und dem Unwillen zur Arbeit überhaupt. Das Ergebnis dieses Konfliktes ist verschieden, je nach der Stärke der auf beiden Seiten wirksamen Faktoren. Es kann zu einer fast völligen Schlaffheit kommen. Perioden hektischer Arbeit und Perioden der Trägheit können bei ein und demselben Menschen abwechseln. Das kann seine Arbeit ungewöhnlich anstrengend machen. Die Anstrengung ist um so größer, je mehr eine Arbeit über eine durchschnittliche geistige Leistung hinausgeht, da jede Unternehmung unanfechtbar in Ordnung sein muß und die Möglichkeit, einen Irrtum zu begehen, Angst hervorruft. Daher werden Entschuldigungen gesucht und gefunden, um eine Arbeit gänzlich aufzugeben oder die Verantwortung für eine Arbeit anderen zuzuschieben.

Diese zweifache Tendenz, sowohl zu Nachgiebigkeit wie zu Widerstand, erklärt auch eine der therapeutischen Schwierigkeiten. Daß der Analytiker vom Patienten die Äußerung seiner Gedanken und Empfindungen erwartet, um Einblicke in sein Inneres zu gewinnen und möglicherweise eine Veränderung herbeizuführen, provoziert dessen äußersten Widerstand gegen dieses Verfahren. Infolgedessen ist dieser Typus äußerlich gefügig, innerlich aber entschlossen, jedes Bemühen des Analytikers zu verhindern.

Diese Grundveranlagung kann zwei verschiedene Arten Angst verursachen. Die eine ist von Freud beschrieben worden. Es ist jene, die er als Furcht vor der strafenden Macht des »Über-Ich« bezeichnet. Einfach ausgedrückt, ist es die Angst, die wegen eines begangenen Fehlers, einer erkannten Unzulänglichkeit oder eines vorausgesehenen Versagens entstehen kann.

Meiner Deutung nach entsteht diese Angst aus einer Inkongruenz zwischen der äußeren Fassade und dem, was dahintersteckt. Es ist in der Hauptsache eine Furcht vor dem Entlarvtwerden. Auch wenn sie an etwas Bestimmtes, wie Masturbation, gebunden sein kann, ist dies die alles durchdringende, unklare Furcht des Neurotikers, daß er eines Tages als Schwindler entlarvt würde, daß die anderen eines Tages entdecken würden, daß er in Wirklichkeit nicht großzügig oder altruistisch, sondern egozentrisch und selbstsüchtig ist, oder daß er in Wirklichkeit nicht an seiner Arbeit, sondern nur an seinem Ruhm interessiert ist. Bei einem intelligenten Menschen kann diese Furcht einen Argwohn vor jeder Diskussion zur Folge haben, weil irgendeine Anspielung gemacht, eine Frage gestellt werden könnte, die er nicht sogleich zu widerlegen oder zu beantworten imstande wäre – so daß seine »Alleswisserei« als Bluff erkannt wäre. Er hat Freunde, die ihn gern haben; aber lieber nicht zu vertraulich mit ihnen werden, da sie enttäuscht werden könnten. Sein Arbeitgeber ist ihm wohlwollend gesinnt und bietet ihm eine verantwortungsvollere Stellung an: aber lieber sie nicht annehmen, da sich herausstellen könnte, daß er letzten Endes doch nicht so tüchtig ist!

Die Furcht, in all seiner unbewußten Unaufrichtigkeit durchschaut zu werden, füllt einen Menschen dieses Typus mit Mißtrauen und Besorgnis in bezug auf eine Analyse, denn diese will ja ausdrücklich etwas »ausfindig« machen. Diese Furcht kann als jähe Angst aufflackern; sie kann bewußt sein; sie kann sich in allgemeiner Scheu äußern; sie kann hinter scheinbarer Offenheit stecken. Die Furcht vor der Entlarvung ist die Ursache von vielem und unfaßbarem Elend. Sie trägt z. B. zu dem schmerzlichen Gefühl des Unerwünschtseins bei, das hier soviel bedeutet wie »niemand mag mich so wie ich bin«. Sie ist eine der Hauptgründe für Gefühle der Ausgeschlossenheit und Vereinsamung.

Die Furcht vor der Entlarvung ist noch größer wegen der

sadistischen Impulse, die in dem Perfektionsbedürfnis stek-
ken. Wenn man sich auf ein hohes Pferd gesetzt hat, um von
dort über anderer Leute Unzulänglichkeiten zu spotten, dann
beschwört ein eigener Fehler die Gefahr der Lächerlichkeit,
der Verachtung und Demütigung herauf.

Die bei dieser Veranlagung vorkommende andere Art von
Angst entsteht, wenn der Betreffende sich bewußt wird,
Wünsche zu haben oder zu verfolgen, die er nicht durch ihre
Notwendigkeit aus Gründen der Gesundheit, der Bildung,
der Nächstenliebe u. dgl. rechtfertigen kann. So hatte z. B.
eine Frau, die stets überbescheiden in ihren Ansprüchen war,
einen Angstanfall, als sie ein erstklassiges Hotel aufsuchte,
obgleich die Ausgaben dafür in keiner Weise ihre Mittel
überschritten und obgleich Freunde und Verwandte sie für
töricht gehalten hätten, wenn sie nicht dorthin gegangen
wäre. Die gleiche Patientin pflegte deutliche Angst zu empfinden, wenn bei der Analyse die Frage ihrer Ansprüche an
das Leben berührt wurde.

Es gibt verschiedene Möglichkeiten, diese Art zu erklären.
Man kann die Bescheidenheit als Reaktionsbildung auf Habgier ansehen und die beim Auftauchen irgendeines berechtigten Wunsches auftretende Angst als eine Furcht, die Herrschaft über diese Habgier zu verlieren. Solche Deutungen erweisen sich jedoch als unbefriedigend. Sicher haben diese Patienten Anfälle von Habgier, aber das sind meiner Meinung
nach sekundäre Reaktionen auf eine allgemeine Unterdrük-
kung aller persönlichen Wünsche.

Oder man kann diese Äußerung der »Selbstlosigkeit« als
ebenso gebieterisch für den Patienten ansehen wie die Äußerung von Toleranz, Vernünftigkeit usw. Dann wäre die bei
der Entdeckung »selbstsüchtiger« Wünsche auftretende
Angst erklärbar als Furcht vor der Entlarvung der Vorspiegelungen. Diese zwar richtige Erklärung ist nach meiner Erfahrung ungenügend, d. h. sie befähigt den Patienten nicht,
sich so frei zu fühlen, daß er eigene Wünsche hat.

Erst nachdem ich in der beschriebenen Weise die Struktur
dieses Typs erkannt hatte, sah ich eine Möglichkeit, zu einem
tiefergehenden Verständnis dieser Art Angst zu gelangen. Bei
der Analyse glaubt ein solcher Mensch oft, daß der Analytiker ein bestimmtes Betragen von ihm erwartet und ihn ta-

deln wird, wenn er dem nicht entspricht. Diese Neigung wird gewöhnlich als Projektion des »Über-Ich« auf den Analytiker beschrieben. Daher wird dem Patienten gesagt, daß er die Ansprüche, die er an sich selber stellt, auf den Analytiker projiziert. Nach meiner Erfahrung ist diese Interpretation unvollständig. Der Patient projiziert nicht nur seine eigenen Ansprüche; er hat auch ein entschiedenes Interesse daran, den Analytiker als Kapitän zu betrachten, der sein (des Patienten) Schiff steuert. Ohne Vorschriften würde er sich verloren vorkommen, wie ein steuerlos treibendes Schiff. So fürchtet er sich nicht nur davor, durchschaut zu werden, sondern seine Sicherheit hängt so sehr von seiner Bereitwilligkeit ab, sich Regeln zu unterwerfen und den auf ihn gerichteten Erwartungen zu entsprechen, daß er gar nicht anders handeln kann.

Als ich einmal eine Patientin zu überzeugen versuchte, daß die Erwartung, alles für die Analyse opfern zu müssen, nicht von mir ausging, sondern daß sie selbst aus irgendeinem Grunde diese Vorstellung entwickelt hatte, wurde sie ärgerlich und meinte, ich hätte an die Patienten Zettel verteilen sollen, in denen stünde, wie sie sich bei der Analyse zu benehmen hätten. Wir sprachen darüber, daß sie ihre Initiative verloren habe (was sich aus einem Traum schließen ließ) und die Fähigkeit zu eigenen Wünschen, so daß sie nicht völlig sie selbst sein konnte. Obgleich der Gedanke, ganz sie selbst sein zu können, ihr als das Wünschenswerteste im Leben erschien, hatte sie in der folgenden Nacht einen Angsttraum, daß ein Hochwasser käme und ihre Aufzeichnungen gefährdete. Sie fürchtete nicht für sich selbst, sondern nur für diese Aufzeichnungen. Diese versinnbildlichten ihre Perfektion. Sie up to date und makellos zu wissen, war ihr eine Sache auf Leben und Tod. Der Sinn des Traumes war: wenn ich ganz ich selbst bin, wenn ich meinen Gefühlen (dem Hochwasser) nachgebe, dann ist die Fassade meiner Vollkommenheit gefährdet.

Wir neigen naiverweise dazu, wie die Patientin anzunehmen, es sei äußerst wünschenswert, ganz so sein zu können, wie man wirklich ist. Sicher ist das sehr wertvoll. Aber wenn die ganze Lebenssicherheit eines Menschen darauf aufgebaut ist, nicht er selbst zu sein, dann ist es erschreckend, hinter der

Maske ein menschliches Wesen zu entdecken. Man kann nicht zugleich eine Marionette und ein spontaner Mensch sein. Erst wenn man die aus dieser Diskrepanz entstandene Angst überwunden hat, kann man die Sicherheit finden, die darin liegt, den Schwerpunkt im eigenen Ich wiederzugewinnen.

Unter den hier gezeigten Gesichtspunkten erscheinen die Kräfte der Verdrängung in einem neuen Licht, sowohl die Kraft, die verdrängt, als die Faktoren, die verdrängt werden. Freud nimmt an, daß es, abgesehen von der direkten Menschenfurcht, die Furcht vor dem »Über-Ich« ist, die eine Verdrängung bewirkt. Ich glaube, daß diese Auffassung von den verdrängenden Faktoren zu eng ist. Jeder Trieb, jedes Bedürfnis oder Gefühl kann verdrängt werden, wenn dadurch ein anderer Trieb, ein Bedürfnis oder Gefühl gefährdet wird, das für den Betreffenden lebenswichtig ist. Ein destruktiver Ehrgeiz kann verdrängt werden wegen der Notwendigkeit, eine altruistische Fassade aufrechtzuerhalten. Ein destruktiver Ehrgeiz kann aber auch verdrängt werden, weil sich der Betreffende aus Sicherheitsgründen in masochistischer Form an andere anhängen muß. Das »Über-Ich«, wie man es auch auffaßt, ist daher als Anlaß für eine Verdrängung wichtig, aber meiner Ansicht nach ist es nur ein wichtiger Faktor unter anderen[7].

Was die Kraft des »Über-Ich« anlangt, Verdrängungen zu erzeugen, so schreibt sie Freud in der Hauptsache dem Selbstzerstörungstrieb zu. Ich meine, es ist vor allem deswegen so wirksam, weil es ein mächtiges Bollwerk gegen eine zugrundeliegende Angst bildet. Daher muß es um jeden Preis aufrechterhalten bleiben.

Freud glaubt, daß es die Triebregungen sind, die wegen ihres asozialen Charakters der Verdrängung durch das »Über-Ich« erliegen. Wenn ich es um der Klarheit willen in naiven Moralbegriffen ausdrücken darf, so ist es das Schlechte, das Böse im Menschen, das nach Freuds Meinung verdrängt wird. Diese Lehre enthält zweifellos eine der treffenden Ent-

---

[7] Vgl. *Franz Alexanders* bedeutsame Abhandlung über »The Relation of Structural and Instinctual Conflicts« in Psychoanalytic Quarterly (1933).

deckungen Freuds. Aber ich möchte lieber eine biegsamere Formulierung vorschlagen: was verdrängt wird, hängt von der Art der Fassade ab, die zu bieten ein Mensch sich gezwungen fühlt; alles das wird verdrängt, was nicht zu dieser Fassade paßt. Ein Mensch kann sich z. B. gestatten, in obszönen Gedanken und Handlungen zu schwelgen oder gegen viele Leute Todeswünsche zu hegen, kann aber jeden Wunsch nach persönlichem Gewinn verdrängen. Die von mir vorgeschlagene Formulierung hat jedoch keine große praktische Bedeutung. Die Fassade wird ungefähr dem entsprechen, was man als »gut« betrachtet, und was daher um ihretwillen verdrängt wird, wird sich in der Hauptsache damit decken, was als »schlecht« oder »minderwertig« gilt.

Es gibt aber einen anderen, wichtigeren Unterschied hinsichtlich der Faktoren, die verdrängt werden. Um es kurz zu sagen, die Notwendigkeit, eine gewisse Fassade aufrechtzuerhalten, führt nicht nur zur Verdrängung »schlechter«, asozialer, egozentrischer, »triebhafter« Regungen, sondern auch zur Verdrängung der wertvollsten, lebensvollsten Züge in einem Menschen, wie spontanes Wollen, spontanes Fühlen, eigenes Urteil usw. Freud sah zwar dieses Moment, aber nicht seine Bedeutung. Er hat z. B. beobachtet, daß die Menschen nicht nur Habgier verdrängen können, sondern auch ihre berechtigten Wünsche. Aber er hat das damit erklärt, daß es nicht in unserer Macht stünde, das Ausmaß einer Verdrängung vorzuschreiben: während nur die Habgier verdrängt werden sollte, werden berechtigte Wünsche mit beseitigt. Sicherlich kann das vorkommen, aber es gibt auch eine Verdrängung wertvoller Eigenschaften als solcher. Sie müssen verdrängt werden, weil sie die Fassade gefährden würden.

Um zusammenzufassen: Das Bedürfnis des Neurotikers, vollkommen zu erscheinen, führt also erstens zur Verdrängung alles dessen, was nicht zu seiner besonderen Fassade paßt, und zweitens alles dessen, was ihm die Aufrechterhaltung dieser Fassade unmöglich machen würde.

Angesichts der peinlichen Folgen, die das Perfektionsbedürfnis haben kann, ist es verständlich, wieso Freud behauptete, daß das »Über-Ich« eine im wesentlichen gegen das Ich gerichtete Kraft sei. Die scheinbare Aggression gegen das eigene Ich ist aber nach meiner Auffassung solange eine unvermeidliche Konsequenz, wie ein Mensch sich gezwungen fühlt, unfehlbar zu sein.

Freud betrachtet das »Über-Ich« als die innere Repräsentanz moralischer Forderungen und besonders moralischer Verbote. Auf Grund dieser Ansicht hält er sich für berechtigt, den verallgemeinernden Schluß zu ziehen, daß das »Über-Ich« im wesentlichen identisch ist mit den normalen Phänomenen des Gewissens und der sittlichen Ideale, nur anspruchsvoller. Nach Freud sind beide im wesentlichen ein Ausdruck von Grausamkeit gegen das Ich[8].

Auch bei der anderen Deutung, die ich vorgenommen habe, bleibt noch einige Ähnlichkeit zwischen normalen Moralbegriffen und dem neurotischen Bedürfnis, vollkommen zu erscheinen. Es ist richtig, daß die Moralbegriffe vieler Menschen keinen anderen Sinn haben als die Aufrechterhaltung des Anscheins der Moral. Aber zu behaupten, daß die Moralbegriffe im allgemeinen nichts anderes als dies sind, wäre eine nicht den Tatsachen entsprechende Feststellung. Wenn man die philosophische Problematik bei der Definition des Begriffes der sittlichen Ideale beiseite läßt, kann man sagen, daß sie den Maßstab für Gefühle oder Betragen darstellen, den der einzelne als für ihn gültig und verpflichtend anerkennt. Sie sind nicht ichfremd, sondern sind ein integraler Bestandteil des Ich. Mit ihnen hat das »Über-Ich« nur oberflächliche Ähnlichkeit. Es wäre auch nicht ganz korrekt, zu sagen, der Inhalt des Perfektionsbedürfnisses decke sich nur zufällig mit den kulturell anerkannten Moralwerten: die perfektionistischen Bestrebungen würden ihre verschiedenen Funktionen nicht erfüllen, wenn sie sich mit den anerkannten Maßstäben nicht deckten. Aber sie ahmen moralisches Verhalten lediglich nach. Sie sind sozusagen Falschmünzer echter Moralwerte.

So wenig die pseudomoralischen Ziele mit den sittlichen Normen und Idealen identisch sind, so sehr hindern sie diese an ihrer Entwicklung. Der Typus, den wir betrachtet haben, hat seine Maßstäbe unter dem Druck der Furcht angenom-

---

[8] »Schon die gemeine normale Moral hat den Charakter des hart Einschränkenden, grausam Verbietenden« (*Sigmund Freud,* Das Ich und das Es).

men, der Furcht, daß sein Frieden gestört würde. Er findet sich formal mit ihnen ab, aber mit innerer Opposition. Er ist z. B. äußerlich freundlich zu den Leuten, empfindet aber diese Haltung – unbewußt – als lästige Zumutung. Erst nachdem seine Freundlichkeit ihren zwanghaften Charakter verloren hat, kann er anfangen zu überlegen, ob er nicht vielleicht selbst gern freundlich zu den anderen sein möchte.

In dem neurotischen Bedürfnis nach Perfektion stecken allerdings moralische Probleme, aber nicht die, mit denen der Patient offensichtlich ringt, noch jene, die er zu haben vorgibt. Die wirklichen moralischen Probleme, um die es sich hier handelt, liegen in der Unaufrichtigkeit, der Anmaßung und der verfeinerten Grausamkeit, die von der beschriebenen Veranlagung nicht zu trennen sind. Der Patient ist für diese Charakterzüge nicht verantwortlich; er konnte nichts daran ändern, daß sie sich entwickelten. Aber in der Analyse muß er ihnen gegenübertreten, nicht, weil es die Aufgabe des Analytikers ist, seine Moral zu bessern, sondern weil er unter ihnen leidet: sie stören ein gutes Verhältnis zu den anderen und zu sich selbst und verhindern seine bestmögliche Entwicklung. Obgleich dieser Teil der Analyse besonders peinlich und aufregend für den Patienten ist, vermag er aber auch gleichzeitig die intensivste Erleichterung zu gewähren. William James hat einmal gesagt, daß es eine ebenso beglückende Erleichterung ist, falsche Ansprüche aufzugeben, wie sie erfüllt zu bekommen; nach den Beobachtungen bei der Analyse zu urteilen, scheint die Erleichterung, sie aufgegeben zu haben, sogar die größere von beiden zu sein.

XIV.

Neurotische Schuldgefühle

Ursprünglich schrieb man den Schuldgefühlen bei Neurosen keine besondere Rolle zu. Soweit man sie beachtete, bezog man sie auf libidinöse Triebe oder auf Phantasien prägenitalen oder inzestuösen Charakters. Aber außer von Marcinowski wurde nur selten die Behauptung aufgestellt, daß alle Neurosen Schuldneurosen sind. Erst seit der Formulierung des »Über-Ich«-Begriffs richtete sich die Aufmerksamkeit auf die Schuldgefühle, ja sie wurden schließlich sogar als ein wesentliches Element in der Dynamik von Neurosen betrachtet. In der Tat ist die Betonung der Schuldgefühle, besonders die Theorie der unbewußten Schuldgefühle und des Masochismus, nur eine andere Seite der »Über-Ich«-Konzeption. Wenn ich sie gesondert behandele, so geschieht dies, weil sonst gewisse Probleme, die ich für wichtig halte, nicht die genügende Beachtung fänden.

In einigen Fällen können Schuldgefühle als solche geäußert werden und können das Gesamtbild überschatten. Sie können sich dann entweder in allgemeinen Gefühlen der Unwürdigkeit äußern oder mit bestimmten Handlungen, Trieben, Gedanken, Phantasievorstellungen über Inzest und Masturbation, mit Todeswünschen für geliebte Menschen usw. verknüpft sein. Was zu der Annahme führte, daß die Schuldgefühle eine universale und zentrale Rolle bei Neurosen spielten, waren praktisch jedoch nicht so sehr diese verhältnismäßig seltenen direkten Äußerungen, als vielmehr die häufigen indirekten Äußerungen. Von den vielen Manifestationen, denen vermutlich Schuldgefühle zugrunde liegen, erwähne ich einige besonders bedeutsame.

An erster Stelle steht die Tatsache, daß gewisse neurotische Typen sich feinen oder groben Selbstbeschuldigungen über alles und jedes hingeben: daß sie anderer Leute Gefühle verletzten, daß sie schlecht seien, unehrlich, geizig, träge, schwach, unpünktlich, daß sie jeden anderen vernichten wollten. Die Beschuldigungen sind gewöhnlich mit der Neigung verbunden, sich die Schuld an irgendwelchen widrigen

Vorfällen zuzuschreiben, angefangen von einer Erkältung bis zu einem Mord in China. Wenn ein Mensch dieses Typs krank wird, tadelt er sich, nicht auf seine Gesundheit geachtet, sich nicht richtig angezogen zu haben, nicht rechtzeitig zum Arzt gegangen zu sein oder sich einer Ansteckung ausgesetzt zu haben. Wenn ein Freund eine Zeitlang nicht vorgesprochen hat, ist die erste Reaktion, über die Möglichkeit zu grübeln, ob man etwa dessen Gefühle verletzt habe. Wenn es ein Mißverständnis über eine Verabredung gibt, so hält der Betreffende es bestimmt für seinen eigenen Fehler, daß er nicht richtig aufgepaßt habe.

Manchmal äußern sich diese Selbstbeschuldigungen in endlosem Nachdenken darüber, was er hätte sagen oder tun oder unterlassen sollen; das kann so weit gehen, daß darüber jede andere Betätigung unterbleibt oder Schlaflosigkeit entsteht. Es wäre nutzlos, den Inhalt solchen Grübelns beschreiben zu wollen: der Betreffende kann stundenlang darüber nachdenken, was er gesagt hat, was der andere gesagt hat, was er selbst gesagt haben könnte, welche Wirkung seine Worte hatten, ferner darüber, ob er den Gashahn geschlossen hatte und ob jemand zu Schaden gekommen sein könnte dadurch, daß er offen geblieben wäre; ob jemand über eine Orangenschale auf dem Bürgersteig gefallen sein könnte, weil er sie nicht aufgehoben hatte.

Meines Erachtens ist die Häufigkeit der Selbstanklagen noch größer, als man gewöhnlich annimmt, weil sie sich hinter dem scheinbaren Wunsch des Betreffenden verbergen können, seine Beweggründe zu erkennen. In diesen Fällen wird sich der Neurotiker nicht offen in irgendeiner Form selbst verdammen, sondern sich scheinbar nur selbst »analysieren«. Er möchte z. B. wissen, ob er nicht einen bestimmten Flirt nur deshalb begonnen habe, um seine Anziehungskraft zu beweisen; ob er nicht mit irgendeiner Bemerkung nur einen anderen verletzen wollte; oder ob nicht pure Trägheit ihn von der Arbeit abhalte. Es kann manchmal schwer zu unterscheiden sein, ob hinter all diesem ein ehrliches Fragen nach den Beweggründen steht, aus dem der Wunsch nach etwaiger Besserung spricht, oder ob es sich um eine der psychoanalytischen Methode spitzfindig angepaßte Form der Selbstbeschuldigung handelt.

Eine andere Gruppe von Manifestationen, die gleichfalls auf bestehende Schuldgefühle schließen lassen, äußert sich in der Form der Überempfindlichkeit gegen jede Mißbilligung seitens anderer oder in der Form der Furcht, durchschaut zu werden. Neurotiker dieser Art fürchten ständig, daß die Menschen bei näherer Bekanntschaft mit ihnen enttäuscht werden würden. Während der Psychoanalyse sind sie imstande, wichtige Informationen zurückzuhalten. Sie haben gegenüber dem psychoanalytischen Vorgang ein Gefühl wie der Verbrecher vor dem Gerichtshof; infolgedessen befinden sie sich stets in Defensivhaltung, ohne jedoch eigentlich zu wissen, vor welcher Enthüllung sie sich fürchten. Um jeden möglichen Vorwurf zu umgehen oder zu entkräften, sind sie übervorsichtig, um nur ja keinen Fehler zu machen und dem Buchstaben des Gesetzes zu genügen.

Schließlich gibt es Neurotiker, die unglückliche Vorfälle anzuziehen scheinen. Ihr Betragen kann so herausfordernd sein, daß sie ständig schlecht behandelt werden. Sie scheinen Unfälle geradezu auf sich zu ziehen, werden oft krank, verlieren Geld – und sie können sich tatsächlich wohler fühlen, wenn ihnen etwas dergleichen passiert, als wenn alles gut geht. Diese Manifestation hält man gleichfalls für ein Zeichen tiefer Schuldgefühle, oder vielmehr für ein Bedürfnis, durch Leiden eine Schuld zu sühnen.

Es schien richtig, aus all diesen Tendenzen auf die Existenz von Schuldgefühlen zu schließen. Selbstbeschuldigungen scheinen ein ziemlich direkter Ausdruck von Schuldgefühlen zu sein. Überempfindlichkeit gegen jede Kritik oder gegen das Forschen nach Motiven einer Handlung ist oft die Folge eines Vergehens, dessen Aufdeckung befürchtet wird (ein Dienstmädchen, das etwas gestohlen hat, wird jede harmlose Frage nach einem Gegenstand als Zweifel an ihrer Ehrlichkeit auffassen). Das Kreuz für seine Sünden auf sich zu nehmen ist ein ehrwürdiger Brauch. Daher könnte man mit Recht annehmen, daß ein Neurotiker ein den Durchschnitt bei weitem übersteigendes Maß von Schuldgefühlen besitzt.

Diese Annahme jedoch führte zu dem Problem: Warum fühlen sich Neurotiker so schuldig? Es hat nicht den Anschein, daß sie schlechter sind als andere Leute. Die Antwort Freuds auf diese Frage ist in der »Über-Ich«-Idee enthalten.

Neurotiker sind nicht schlechter als andere, aber infolge ihres strengen übermoralischen »Über-Ich« fühlen sie sich eher schuldig als andere. Nach Freuds Formulierung sind also Schuldgefühle der Ausdruck einer Spannung zwischen dem »Über-Ich« und dem »Ich«. Aber hier erhob sich eine neue Schwierigkeit. Während einige Patienten auf einen Hinweis betreffs Schuldgefühlen bereitwillig eingingen, weigerten sich andere, darauf einzugehen[1]. Den Ausweg aus diesem Dilemma bot die Theorie der unbewußten Schuldgefühle: ohne es zu wissen, kann der Patient an tiefen unbewußten Schuldgefühlen leiden; er muß sie mit Unglücklichsein und neurotischer Krankheit büßen. Seine Furcht vor dem »Über-Ich« ist so groß, daß er lieber krank bleibt, als daß er erkennt, daß er sich schuldig fühlt.

Es stimmt, daß ein Schuldgefühl verdrängt werden kann. Aber es genügt nicht, die Existenz unbewußter Schuldgefühle als endgültige Erklärung für die Manifestationen gelten zu lassen, die aus jenen Gefühlen hervorgehen sollen. Die Theorie der unbewußten Schuldgefühle befaßt sich nicht mit dem Inhalt solcher Gefühle, mit ihrem Warum und Wann und Wie. Sie bestimmt nur, sozusagen auf Grund von Indizienbeweisen, daß hier Schuldgefühle vorhanden sein müssen, deren sich der Betreffende nicht bewußt ist. Das macht die Analyse wertlos für die Therapie und läßt die Theorie unbewiesen.

Es würde, hier wie bei anderen Problemen, wesentlich zur Klärung beitragen, wenn man sich über den Sinn der Bezeichnung einig wäre und sie nicht für andere Zwecke gebrauchte. In der psychoanalytischen Literatur wird der Ausdruck »Schuldgefühle« manchmal benützt, um die Reaktion auf eine unbewußte Schuld zu bezeichnen, manchmal wird er als Synonym für das Verlangen nach Strafe gebraucht. In der Umgangssprache benutzt man den Ausdruck heute oft

[1] »Aber dieses Schuldgefühl ist für den Kranken stumm, es sagt ihm nicht, daß er schuldig ist, er fühlt sich nicht schuldig, sondern krank. Dies Schuldgefühl äußert sich nur als schwer reduzierbarer Widerstand gegen die Herstellung. Es ist auch besonders schwierig, den Kranken von diesem Motiv seines Krankbleibens zu überzeugen, er wird sich an die näherliegende Erklärung halten, daß die analytische Kur nicht das richtige Mittel ist, ihm zu helfen« (S. Freud, Das Ich und das Es).

und ganz allgemein, so daß man im Zweifel ist, ob sich ein Mensch wirklich schuldig fühlt, wenn er es sagt.

Was bedeutet »sich wirklich schuldig fühlen?« Ich möchte sagen, daß Schuld immer dort entsteht, wo die in der jeweiligen Kultur gültigen moralischen Forderungen oder Verbote übertreten werden – und daß das Schuldgefühl ein Ausdruck einer solchen peinlich empfundenen Übertretung ist. Aber der eine Mensch fühlt sich schuldig, wenn er einem Freund in der Not nicht geholfen hat oder wenn er außereheliche Beziehungen unterhält, und ein anderer tut es nicht, obwohl die bestehende Norm für beide die gleiche ist. Wir müssen also hinzufügen, daß die peinliche Empfindung bei den Schuldgefühlen von der Übertretung einer Norm herrührt, die der Mensch selbst als Norm anerkennt.

Das Schuldgefühl kann echt sein oder auch nicht. Ein wesentliches Kriterium für die Echtheit von Schuldgefühlen liegt darin, ob sie von dem ernsten Wunsch nach Besserung begleitet sind. Ob dieser Wunsch besteht, hängt in der Regel nicht nur davon ab, wie wichtig einem Menschen die verletzte sittliche Norm erscheint, sondern auch von dem Vorteil, den er durch die Verletzung gewinnen kann. Das gilt sowohl für Vergehen tätlicher oder gefühlsmäßiger, triebhafter wie phantasiemäßiger Art.

Gewiß kann ein Neurotiker echte Schuldgefühle haben. Je echter die in seinen Maßstäben enthaltenen Elemente sind, desto echter wird das Schuldgefühl sein, mit dem er auf deren tatsächliche oder eingebildete Verletzung reagiert. Aber seine Moralbegriffe sind, wie wir sahen, zumindest teilweise nur eine Fassade, die einem bestimmten Zwecke dient. Je unechter sie sind, desto weniger hat seine Reaktion auf eine Verletzung jener Fassade mit dem oben definierten Schuldgefühl zu tun, sondern ist bloße Heuchelei. Man kann also weder annehmen, daß echte Schuldgefühle entstehen, wenn den strengen Moralforderungen des »Über-Ich« nicht nachgegeben wird, noch läßt sich aus dem Auftreten von Schuldgefühlen darauf schließen, daß eine echte Schuld dahinter steht.

Wenn man die Behauptung nicht anerkennt, daß die beschriebenen neurotischen Manifestationen die Folge unbewußter Schuldgefühle sind, so ist zu fragen, was dann ihr tatsächlicher Inhalt und ihr Bedeutung ist. Einige Seiten dieses Problems sind bereits bei der Untersuchung des »Über-Ich« angedeutet worden. Aber da sie durch neue ergänzt werden müssen, will ich hier nochmals darauf zurückkommen.

Überempfindlichkeit gegen alles, was an Kritik oder Zweifel an den Beweggründen erinnert, entsteht überwiegend aus einer Inkongruenz zwischen der Fassade der Perfektion und den vorhandenen Unzulänglichkeiten oder Mängeln. Da die Fassade aufrechterhalten werden muß, ist jeder Zweifel an ihrer Stabilität notwendigerweise erschreckend und aufreizend. Hinzu kommt noch, daß die perfektionistischen Normen und der Versuch, ihnen nachzukommen, sich mit dem persönlichen Stolz verbindet. Es ist ein falscher Stolz, der an die Stelle der wirklichen Selbstachtung tritt. Aber ob falsch oder echt, der Betreffende ist stolz auf sein Niveau und fühlt sich seinetwegen anderen überlegen. Daher reagiert er auf Kritik auch noch auf andere Weise: er fühlt sich gedemütigt. Diese Reaktion ist von praktischer Bedeutung bei der Therapie, da zwar manche Patienten sie äußern, andere aber sie verbergen oder verdrängen. Soweit ihr Vollkommenheitsbegriff sich auch auf ein rationales Verhalten bezieht, fühlen sie, daß sie sich von Hinweisen des Analytikers nicht verletzen lassen sollten, da sie ja zur Analyse kommen mit dem ausdrücklichen Zwecke, solche Hinweise zu empfangen. Wenn diese versteckten Gefühle der Demütigung nicht rechtzeitig aufgedeckt werden, kann die Analyse ihretwegen scheitern. Die Neigung, krank zu werden oder zu bleiben, wird in Verbindung mit den masochistischen Phänomenen behandelt werden.

Selbstbeschuldigungen sind in der Regel von komplizierter Struktur. Die Frage nach ihrem Sinn läßt sich nicht mit einem Wort beantworten, und wer bei psychologischen Fragen auf einfachen Antworten besteht, wird nicht zum Ziele kommen. Selbstbeschuldigungen ergeben sich zunächst einmal unvermeidlich aus dem kategorischen Charakter des Perfektionsbedürfnisses. Zwei einfache Beispiele aus dem täglichen Leben mögen das erläutern: Wenn es aus irgendeinem Grunde für einen Menschen wichtig ist, ein Pingpongspiel zu gewinnen, wird er sich über sich selbst ärgern, wenn er ungeschickt spielt; wenn es für ihn aus irgendeinem Grunde wichtig ist, bei einer Unterredung einen guten Eindruck zu machen, wird er sich gleichfalls über sich selbst ärgern, wenn er einen Punkt zu erwähnen vergessen hat, der ihn in ein gutes Licht gesetzt hätte; er wird sich hinterher selbst beschimpfen, wie dumm es von ihm war, nicht darüber gesprochen zu haben. Wir brauchen dieses Beispiel nur auf die neurotischen Selbstbeschuldigungen anzuwenden. Dort ist, wie wir sahen, das Bedürfnis, vollkommen zu erscheinen, aus vielen Gründen zwingend. Für den Neurotiker bedeutet es Niederlage und Gefahr, wenn es ihm einmal nicht gelingt, den Anschein der Vollkommenheit aufrechtzuerhalten. Daher muß er sich notwendigerweise bei jedem Schritt, der – sei es in Gedanken, im Fühlen oder Handeln – nach seiner Meinung seine Vollkommenheit beeinträchtigt, über sich selbst ärgern.

Dieser Vorgang wird von Freud als die »Wendung gegen sich selbst« beschrieben, was eine Feindseligkeit gegen das eigene Ich als Einheit bedeutet. Tatsächlich ist der Betreffende jedoch nur wegen irgend etwas Bestimmtem über sich ärgerlich. Allgemein kann man sagen, er beschuldigt sich, ein Ziel gefährdet zu haben, dessen Erreichen wichtig, ja unentbehrlich ist. Wie man sich erinnern wird, ähnelt diese Formulierung derjenigen über die neurotische Angst, und Angst kann in der Tat in derartigen Situationen entstehen. Man ist versucht, darüber nachzudenken, ob die Selbstbeschuldigungen nicht ihrerseits ein Versuch sind, mit der aufsteigenden Angst fertig zu werden.

Eine zweite Folgeerscheinung der Selbstbeschuldigungen ist mit der vorstehenden eng verbunden. Perfektionisten sind, wie gesagt, voll tiefer Furcht vor jedem, der ihre Fassade als solche erkennt; daher ihre rasende Furcht vor Kritik und Vorwürfen. In dieser Hinsicht sind ihre Selbstbeschuldigungen ein Versuch, die Vorwürfe vorwegzunehmen, und, indem man sie selber erhebt, andere daran zu hindern, sie zu erheben – ja sogar, andere zu beschwichtigen, indem man zeigt, wie offensichtlich streng man gegen sich selbst ist und sie dadurch auch noch zu beruhigender Zurede veranlaßt. Die Analogie zu einem normalen psychischen Verhalten liegt auf der Hand. Ein Kind, das fürchtet, wegen eines Tintenfleckes getadelt zu werden, kann darüber untröstlich scheinen, weil es hierdurch den Lehrer beschwichtigen und ihn zu einigen tröstenden Bemerkungen zu veranlassen sucht, wie z. B. ein Tintenfleck sei doch schließlich kein Verbrechen. Bei einem Kind kann das bewußte Taktik sein. Auch der Neurotiker, der sich selbst beschuldigt, bedient sich einer Kriegslist, obwohl er sich dessen nicht bewußt ist: wenn jemand seine Selbstbeschuldigungen wörtlich nimmt, wird er sofort in Verteidigungsstellung übergehen; und derselbe Mensch, der sich selbst so übermäßig anklagte, wird wütend, wenn andere ihn in der leichtesten Form kritisieren und empfindet das als eine äußerst ungerechte Behandlung.

In diesem Zusammenhang ist daran zu erinnern, daß Selbstbeschuldigungen nicht die einzige Kriegslist sind, um Vorwürfe abzuwehren. Es gibt auch die entgegengesetzte Art, nämlich den Spieß umzudrehen und in die Offensive zu gehen, gemäß dem alten Grundsatz, daß der Angriff die beste Verteidigung ist. Das ist eine direktere Methode, da sie eine in den Selbstbeschuldigungen verborgen bleibende Tendenz aufdeckt, die nämlich, das Vorhandensein irgendwelcher Unzulänglichkeiten heftig zu leugnen. Es ist auch die wirksamere Verteidigung. Aber sie steht nur jenen Neurotikern zur Verfügung, die sich nicht fürchten, andere anzugreifen.

Diese Furcht, andere zu tadeln, ist jedoch gewöhnlich vorhanden. Sie ist sogar ein Faktor, der wesentlich zum Entstehen von Selbstvorwürfen beiträgt. Das bewegende Moment liegt darin, daß man, aus Furcht andere anzuklagen, den Tadel auf sich selbst richtet. Das spielt bei Neurosen eine wichtige Rolle infolge der Intensität der Vorwürfe gegen andere, die ein Neurotiker gewöhnlich hegt, und seiner ebenso intensiven Furcht, sie anzuklagen.

Die Gründe für anklägerische Gefühle gegen andere sind mannigfaltig und divergierend. Der Neurotiker hat guten Grund, gegen seine Eltern oder andere Menschen seiner Umgebung bittere Gefühle zu hegen. Der neurotische Teil seiner Anklagen erwächst hierbei aus seiner besonderen Charakterstruktur. Darauf können wir hier nicht eingehen, weil das hieße, alle Möglichkeiten neurotischer Verwicklungen erneut durchzugehen, dann im einzelnen zu erkennen, wieso Anklagen entstehen müssen. Es muß daher genügen, nur einige wenige Ursachen zu skizzieren: übertriebene, obwohl nicht erkannte Ansprüche an andere und das Gefühl, ungerecht behandelt zu werden, wenn sie nicht erfüllt werden; Abhängigkeit von anderen – sich leicht unterjocht fühlen und es übelnehmen; Selbstüberhebung oder ein selbstgerechtes Auftreten – sich mißverstanden, unterschätzt, ungerecht kritisiert fühlen; die Notwendigkeit, unfehlbar zu erscheinen; Abwehr gegen die Entdeckung der eigenen Unzulänglichkeiten durch Tadeln anderer; altruistische Fassade – sich leicht mißbraucht und hintergangen fühlen u. dgl.

Ebenso gibt es oft gewichtige Gründe, anklägerische Empfindungen zu verdrängen. Zunächst: der Neurotiker fürchtet sich vor den Menschen. Er ist in irgendeiner Form von den anderen ungewöhnlich abhängig, von ihrer Protektion, ihrer Hilfe oder ihrer Meinung. Da er sich von einer vernünftigen Seite zu zeigen hat, darf er keinerlei Beschwerde fühlen oder äußern, die nicht völlig begründet ist. So entsteht oft ein Zustand, bei dem sich bittere Vorwürfe gegen andere aufspeichern. Da sie an ihrer Entladung gehindert werden, werden sie zum Explosivstoff und bilden so für den Betreffenden eine Gefahrenquelle. Er muß ständig wachsende Anstrengungen machen, sie unter Kontrolle zu halten. An dieser Stelle setzen die Selbstbeschuldigungen zum Zwecke ihrer Zügelung ein. Der Betreffende macht sich weis, die anderen seien keineswegs zu tadeln, sondern nur er selbst[2]. Das ist nach meinem Dafürhalten der innere Beweggrund jenes Vorganges, den Freud als Identifizierung mit dem angeschuldigten Menschen beschreibt[3].

Die Gewohnheit, Vorwürfe gegen andere auf sich selbst zu richten, beruht häufig auf der Auffassung, daß irgend jemand getadelt werden muß, wenn ein Mißgeschick passiert. Menschen, die eine ungeheure Apparatur errichten, um den Anschein der Vollkommenheit zu bewahren, sind oft, wenn auch nicht immer, äußerst empfindlich gegen ein drohendes

[2] Das ängstliche Bemühen, jede Kritik von anderen fernzuhalten, erhöht die Unfähigkeit, andere kritisch zu bewerten und trägt so dazu bei, das Gefühl der Hilflosigkeit ihnen gegenüber zu vergrößern.
[3] Vgl. *Sigmund Freud:* »Trauer und Melancholie« in Gesammelte Schriften, Bd. 4; *Karl Abraham,* Versuch einer Entwicklungsgeschichte der Libido (1924).

Unheil. Sie leben wie unter einem hängenden Schwert, das jeden Augenblick herabfallen kann, wenn sie sich auch dieser Furcht nicht bewußt sein mögen. Sie sind ganz und gar unfähig, dem Auf und Ab des Lebens als Tatsache ins Auge zu sehen. Sie können sich nicht mit dem Umstand befreunden, daß das Leben nicht wie eine mathematische Aufgabe berechenbar ist, daß es in gewisser Hinsicht einem Abenteuer oder einem Glücksspiel gleicht, dem Gewinn und Verlust anheimgegeben, voller unberechenbarer Schwierigkeiten und Gefahren, unerwarteter und nicht vorhersehbarer Verwicklungen. Um der Sicherheit willen klammern sie sich an die Vorstellung, das Leben sei berechenbar und kontrollierbar. Daher glauben sie, irgend jemand müsse daran schuld sein, wenn etwas schief geht, denn so können sie die unangenehme und erschreckende Erkenntnis umgehen, daß das Leben unberechenbar und unkontrollierbar ist. Wenn solche Menschen aus irgendeinem Grunde verhindert sind, andere zu tadeln, werden sie die Schuld an einem Mißgeschick auf sich selbst nehmen.

Die Fülle der Probleme, die sich hinter scheinbaren Schuldgefühlen verbergen, ist mit den erwähnten Faktoren nicht ausgeschöpft; Neigungen zur Selbsterniedrigung, die aus verschiedenen Ursachen entstehen, kann man z. B. leicht mit einer aus Schuldgefühlen stammenden Empfindung der eigenen Unwürdigkeit erklären. Aber meine Absicht geht nicht so sehr dahin, eine erschöpfende Darstellung der zugrundeliegenden Antriebe zu geben, als vielmehr den einen Punkt zu erläutern, daß nicht alle auf Schuldgefühle hinweisenden Manifestationen tatsächlich auch so erklärt werden müssen: es kann ein gefälschtes Schuldgefühl vorhanden sein und gar keine Schuld; und es kann eine Reaktion bestehen – wie Furcht, Demütigung, Ärger, Entschlossenheit zur Abwehr von Kritik, Unfähigkeit, andere zu tadeln, das Bedürfnis, die Schuld an Mißgeschicken irgend jemandem in die Schuhe zu schieben – Reaktionen, die nichts mit Reue zu tun haben und nur auf Grund theoretischer Voreingenommenheit in diesem Sinne interpretiert werden.

Meine von Freud abweichende Auffassung vom »Über-Ich« und den Schuldgefühlen hat auch ein anderes therapeutisches

Vorgehen zur Folge. Freud betrachtet unbewußte Schuldgefühle als ein Hindernis bei der Heilung schwerer Neurosen, wie er in seiner Theorie der negativen therapeutischen Reaktion näher ausgeführt hat[4]. Nach meiner Interpretation liegt die Schwierigkeit, den Patienten zur wirklichen Einsicht in seine Probleme zu führen, in der anscheinend undurchdringlichen äußeren Fassade, die er auf Grund seines zwanghaften Bedürfnisses nach Perfektion errichtet hat. Er kommt zur Psychoanalyse als einer letzten Zuflucht, aber er kommt mit der Überzeugung, daß er im Grunde in Ordnung, normal, nicht wirklich krank ist. Er nimmt jede Art Deutung übel, die seine Beweggründe in Frage stellt oder die ihm zeigt, daß es da Probleme gibt, und im besten Falle folgt er ihr nur rein verstandesmäßig. Er fühlt sich so verpflichtet, unfehlbar zu erscheinen, daß er jeden Mangel, ja sogar jedes in ihm selbst liegende Problem ableugnen muß. Mit einer nahezu instinktiven Sicherheit vermeiden seine Selbstbeschuldigungen die schwachen Punkte, die er tatsächlich hat. Ihre eigentliche Aufgabe besteht eben nur darin, ihn von der Erkenntnis seiner wirklichen Mängel abzuhalten. Sie sind ein oberflächliches Zugeständnis an die bestehenden Zielsetzungen, ein bloßes Mittel zur Bestätigung, daß er doch schließlich nicht so schlecht sei und daß gerade seine Gewissensskrupel ihn über die anderen erheben. Sie sind eine Maßnahme, um »das Gesicht zu wahren«, denn wenn jemand sich wirklich zu bessern wünscht und eine Möglichkeit hierzu sieht, wird er nicht seine Zeit mit Selbstbeschuldigungen verschwenden; auf jeden Fall wird er nicht glauben, daß damit genug getan ist, sich anzuklagen; er wird sich positiv um Selbsterkenntnis und Besserung bemühen. Der Neurotiker tut jedoch nichts anderes, als sich selbst beschimpfen.

Was also nottut, ist, ihm zuerst zu zeigen, daß er Unmögliches von sich verlangt, dann ihm den formalistischen Charakter seiner Ziele und seiner Taten klarmachen. Der Unterschied zwischen seiner perfektionistischen Fassade und seinen tatsächlichen Neigungen muß ihm gezeigt werden. Er muß

[4] Sigmund Freud: »Neue Vorlesungen zur Einführung in die Psychoanalyse«, »Das ökonomische Problem beim Masochismus«, in Gesammelte Schriften, Bd. 2. Jenseits des Lustprinzips und Das Ich und das Es (1923).

ein Gefühl dafür bekommen, daß in der Heftigkeit seiner perfektionistischen Bedürfnisse ein Problem liegt. Alle Folgen dieses Bedürfnisses müssen sorgsam durchgearbeitet werden. Seine akuten Reaktionen auf die Fragen des Analytikers, der sich bemüht, Aufschluß über ihn zu erlangen, müssen analysiert werden. Er muß die Faktoren erkennen, die das Bedürfnis schufen und jene, die es unterhalten. Er muß die Funktion erkennen, die es erfüllt, und er muß schließlich den moralischen Kern, auf den es dabei ankommt, erkennen. Ein solches Vorgehen ist schwieriger als das übliche, aber es läßt eine weniger pessimistische Ansicht über die therapeutischen Möglichkeiten zu, als Freud sie hat.

XV.

Masochistische Phänomene

Masochismus wird gewöhnlich als ein Streben nach sexueller Befriedigung durch Leiden definiert. Diese Definition enthält dreierlei Voraussetzungen: Masochismus sei im wesentlichen ein sexuelles Phänomen; er sei hauptsächlich ein Streben nach Befriedigung und er bestehe vorwiegend aus dem Bedürfnis zu leiden.

Die Begründung für die erste Feststellung bilden die wohlbekannten Tatsachen, daß Kinder durch Schläge sexuell erregt werden können, daß bei der masochistischen Perversion sexuelle Befriedigung durch Erniedrigung, Unterjochung oder körperliche Mißhandlung erreicht wird, und daß die Vorstellung derartiger Situationen in den masochistischen Phantasien zu Masturbation führt. Die Mehrzahl der masochistischen Phänomene ist jedoch nicht offensichtlich sexueller Natur und es sind auch keine Beweise für einen letztlich sexuellen Ursprung vorhanden. An die Stelle von Beweisen tritt die auf die Libido-Theorie gestützte Feststellung, daß masochistische Charakterzüge oder Haltungen gegenüber anderen eine Art Umformung masochistischer Sexualtriebe seien. So würde man etwa behaupten, daß die Befriedigung, die eine Frau aus einer Märtyrerrolle gewinnt, letzten Endes sexuellen Ursprungs sei, auch wenn diese offenbar keineswegs sexueller Natur ist.

Eine andere Hypothese befaßt sich mit dem sog. »moralischen Masochismus«, d. i. mit der Bereitwilligkeit des »Ich« Mißerfolge zu akzeptieren oder Unfälle auf sich zu ziehen oder sich mit Selbstvorwürfen zu geißeln, um sich mit dem »Über-Ich« auszusöhnen. Freud gibt zu verstehen, daß »moralischer Masochismus« gleichfalls ein im Grunde sexuelles Phänomen ist. Er behauptet, das Bedürfnis nach Strafe diene als Sicherung gegen die Furcht vor dem »Über-Ich«, es sei aber zugleich auch eine modifizierte sexuell-masochistische Unterwerfung des »Ich« unter das »Über-Ich«, wobei dieses das Sinnbild der Eltern verkörpere. Alle diese Theorien sind anfechtbar, da sie von Voraussetzungen ausgehen, die ich als irrig betrachte. Da diese Voraussetzungen schon erörtert worden sind, brauchen die einzelnen Behauptungen nicht weiter untersucht zu werden.

Andere Autoren legen das Schwergewicht weniger auf die sexuelle Befriedigung bei den masochistischen Phänomenen, halten aber an der Prämisse fest, daß man den Masochismus nur verstehen könne, wenn man ihn unter dem Gesichtspunkt des Strebens nach Befriedigung erklärt. Diese Prämisse geht von der Überzeugung aus, daß ein Verlangen, das so unwiderstehlich und schwer zu bekämpfen ist wie das masochistische, notwendig von einem letzten, Befriedigung versprechenden Ziel bestimmt sein müsse[1]. So weist Franz Alexander[2] darauf hin, daß Menschen, die Leiden auf sich zu nehmen gewillt sind, das nicht nur deshalb tun, weil sie eine vom »Über-Ich« drohende Strafe abwehren möchten, sondern auch weil sie glauben, gewissen verbotenen Trieben nachgeben zu dürfen, wenn sie mit der Buße des Leidens dafür bezahlen. Fritz Wittels zeigt, daß »der Masochist die Nutzlosigkeit des einen Teils seiner Persönlichkeit beweisen will, um desto gesicherter in dem wichtigen anderen Teil zu leben. Er gewinnt Lust aus dem Schmerz, den der andere Teil fühlt.« Ich selbst habe eine Hypothese vorgeschlagen[3], wonach alles masochistische Begehren letzten Endes auf Befriedigung gerichtet ist, nämlich auf das Ziel des Vergessens, auf das Ziel, sich vom Ich mit all seinen Konflikten und all seinen Schranken loszumachen. Die masochistischen Phänomene, denen wir bei Neurosen begegnen, wären danach eine pathologische Form der dionysischen Tendenzen[4], die über die ganze Welt verbreitet zu sein scheinen.

Es bleibt jedoch die Frage, ob ein Streben nach dieser Art von Befriedigung die masochistischen Phänomene im Grunde bestimmt. Könnte man, kurz gesagt, den Masochismus definieren als das Verlangen nach dem Aufgeben des Ich? Während ein solches Bestreben in manchen Fällen deutlich zu beobachten ist, tritt es bei anderen nicht in Erscheinung. Wenn

---

[1] Vgl. 3. Kapitel: Die Libido-Theorie.
[2] *Franz Alexander*, Psychoanalysis of the Total Personality (1935).
[3] *Karen Horney*, Der neurotische Mensch unserer Zeit (1951).
[4] *Friedrich Nietzsche*, Die Geburt der Tragödie; *Ruth Benedict*, Patterns of Culture (1934).

die Definition des Masochismus als eines Strebens nach Selbstentäußerung aufrechterhalten werden soll, brauchen wir zu ihrer Unterstützung die weitere Hypothese, daß dieses Bestreben auch dann wirksam ist, wenn es nicht in Erscheinung tritt. Das wird häufig angenommen; z. B. ist es die Grundlage für die These, daß alle masochistischen Phänomene letzten Endes sexueller Natur seien. Es kommt gewiß vor, daß wir irgendwelchen Phantomen der Befriedigung nachjagen, ohne uns dessen bewußt zu sein. Aber mit solchen Theorien zu arbeiten, wenn man kein Beweismaterial für sie hat, ist doch recht zweifelhaft.

Wie ich im folgenden zu zeigen versuche, wäre es förderlicher, wenn wir von der vorgefaßten Meinung, daß es sich bei dem Problem des Masochismus im wesentlichen um ein Streben nach Befriedigung handele, Abstand nehmen könnten. Tatsächlich hält selbst Freud nicht absolut an dieser Auffassung fest. Er erklärte, der Masochismus sei das Ergebnis einer Verbindung des Todestriebes mit den Sexualtrieben, und die Funktion dieser Verbindung sei die Bewahrung des Menschen vor der Selbstzerstörung. Obwohl diese Hypothese infolge des spekulativen Charakters des Todestriebes auf unsicherem Boden steht, ist sie deshalb bemerkenswert, weil sie die Idee einer schützenden Funktion in die Diskussion über den Masochismus einführt.

Die dritte Feststellung, die in der üblichen Definition des Masochismus enthalten ist – ihn nämlich hauptsächlich als ein Leidenwollen zu betrachten –, entspricht der populären Auffassung. Das geht aus Redensarten hervor wie etwa, diesem oder jenem sei nicht wohl, wenn er nicht etwas habe, worum er sich ängstigen oder dem er sich ausgeliefert fühlen könne usw. In der Psychiatrie kann diese Annahme insofern zur Gefahr werden, als man die Schwierigkeit, gewisse Neurosen zu heilen, damit zu erklären sucht, daß der Patient den Wunsch habe, krank zu bleiben – anstatt diese Schwierigkeit mit den Unzulänglichkeiten unseres derzeitigen psychologischen Wissens in Verbindung zu bringen.

Wie schon aufgezeigt, übersieht man bei dieser Ansicht vor allem den Umstand, daß für die Notwendigkeit eines Begehrens seine Fähigkeit, Angst zu mindern, ausschlaggebend ist. Wir werden anschließend erkennen, daß das masochistische

Begehren gleichfalls weitgehend eine besondere Form des Strebens nach Sicherheit darstellt.

Der Ausdruck »masochistisch« dient zur Bezeichnung einer bestimmten charakterlichen Eigenschaft, ohne daß er jedoch eine bündige Vorstellung von der Natur dieser Eigenschaft vermittelte. Masochistische Charakterzüge haben in Wirklichkeit zwei Haupttendenzen zur Folge.

Die eine ist die Tendenz, sich selbst so unbedeutend wie nur möglich zu machen. Meist ist sich der Betreffende dessen gar nicht bewußt, sondern nur des Ergebnisses, das in dem Gefühl besteht, nicht anziehend, unbedeutend, untüchtig, dumm und wertlos zu sein. Im Gegensatz zu der narzißtischen Tendenz, die ich als Inflation des Ichgefühls beschrieben habe, besteht die masochistische Tendenz des Ichgefühls. Während ein Narzißt[5] dazu neigt, seine guten Eigenschaften und Fähigkeiten vor sich selbst und vor den anderen zu übertreiben, neigt der Masochist zu einer Übertreibung seiner Unzulänglichkeiten. Der Narzißt glaubt, er könne jede Aufgabe leicht bewältigen, der Perfektionist glaubt, er müsse mit jeder Situation fertig werden können, der Masochist aber reagiert mit einem hilflosen »Ich kann nicht«. Der Narzißt will im Mittelpunkt der Aufmerksamkeit stehen, der Perfektionist sondert sich ab und hegt sein geheimes Überlegenheitsgefühl, das ihm seine Normen geben, der Masochist aber möchte sich unbemerkbar machen und sich in die Ecke verkriechen.

Die andere Haupttendenz ist auf persönliche Abhängigkeit gerichtet. Die masochistische Abhängigkeit von anderen ist von der narzißtischen oder perfektionistischen sehr verschieden. Der Narzißt ist von anderen abhängig, weil er ihre Aufmerksamkeit und Bewunderung braucht. Der Perfektionist, obwohl mit der Wahrung seiner Unabhängigkeit übermäßig beschäftigt, ist de facto ebenfalls von den anderen abhängig, weil seine Sicherheit darauf beruht, daß er sich dem, was die anderen vermeintlich von ihm erwarten, automatisch

---

[5] Wenn ich von Narzißten, Masochisten oder Perfektionisten spreche, so ist diese Bezeichnung ein vereinfachter Ausdruck für einen Menschen, bei dem narzißtische, masochistische oder perfektionistische Tendenzen vorherrschen.

anpaßt. Aber er ist ängstlich bemüht, die Tatsache und das Ausmaß dieser Abhängigkeit vor sich selbst zu verbergen, und er empfindet jede diesbezügliche Enthüllung, die in der Analyse zu Tage tritt, als einen Angriff auf seinen Stolz und seine Sicherheit. Bei diesen beiden Typen ist Abhängigkeit das unerwünschte Ergebnis der besonderen Charakterstruktur. Dagegen ist Abhängigkeit für den Masochisten tatsächlich eine Lebensbedingung. Er glaubt ohne die Gegenwart, das Wohlwollen, die Liebe und Freundschaft eines anderen Menschen ebensowenig leben zu können wie er ohne Sauerstoff leben kann.

Der Einfachheit wegen wollen wir den Menschen, von dem der masochistische Typus abhängig ist, seinen Partner nennen, gleichgültig, ob dieser Partner nun eines der Eltern, die Geliebte, der Ehegatte, Freund oder Arzt ist[6], der »Partner« muß nicht ein Individuum, es kann auch eine Gruppe von Menschen sein, etwa die anderen Mitglieder der Familie oder einer religiösen Vereinigung.

Der Masochist glaubt, er könne nichts von sich aus tun, und er erwartet alles von seiten des Partners: Liebe, Erfolg, Ansehen, Fürsorge und Schutz. Ohne daß er sich je darüber klar wird, und meist im Gegensatz zu seiner bewußten Bescheidenheit und Demut, sind seine Erwartungen parasitären Charakters. Seine Gründe, sich einem anderen anzuhängen, sind zwingend genug, ihn völlig an der Erkenntnis der Tatsache zu hindern, daß der Partner nicht geeignet ist, seine Erwartungen zu erfüllen und es auch niemals sein wird; er will die Schranken nicht erkennen, die mit einer bestimmten Beziehung gegeben sind. Daher ist er unersättlich nach jedem Zeichen der Zuneigung[7] oder des Interesses. Meist nimmt er dieselbe Haltung gegenüber dem Schicksal im allgemeinen an; er fühlt sich als hilfloses Spielzeug in den Händen des Schicksals oder er fühlt sich verdammt und kann keinerlei Möglichkeit sehen, sein Schicksal in die eigenen Hände zu nehmen.

[6] *F. Künkel* zeigte die Wahrheit einer Beziehungsperson für den Neurotiker, aber er sah darin ein allgemeines Kennzeichen der Neurosen, anstatt ein spezifisch masochistisches. *E. Fromm* nennt diese Art Beziehung eine symbiotische und betrachtet sie als einen Grundzug der masochistischen Charakterstruktur.

[7] Vgl. *Karen Horney*, Der neurotische Mensch unserer Zeit (1951).

Diese masochistischen Grundtendenzen entwickeln sich im wesentlichen auf demselben Boden wie die narzißtischen und perfektionistischen Züge. Um es kurz zu wiederholen: infolge vielfacher schädlicher Einflüsse verkümmert bei einem Kinde das spontane Geltendmachen seiner persönlichen Initiative, seiner Gefühle, Wünsche, Auffassungen, und es empfindet die Umwelt als potentiell feindlich; unter diesen schwierigen Verhältnissen muß es eine Möglichkeit finden, mit dem Leben einigermaßen gesichert fertig zu werden, und so entwickelt es, was ich die neurotischen Zwangstendenzen genannt habe. Wir sahen, daß die Überbetonung der eigenen Bedeutung eine solche Tendenz ist, übermäßige Anpassung an die üblichen Normen eine andere. Und ich glaube, daß die Entwicklung masochistischer Züge, wie sie oben beschrieben wurden, gleichfalls hierher gehört. Auf diese Weise wird eine wirkliche Sicherheit gewonnen. Die Pseudoanpassung der Perfektionisten z. B. schaltet offene Konflikte mit anderen Menschen aus und gibt ihm ein gewisses Stärkegefühl. Wir wollen nun zu verstehen suchen, in welcher Form die masochistischen Tendenzen ebenfalls Schutz und Sicherheit vermitteln.

Freunde oder Verwandte zu besitzen, auf die man sich verlassen kann, ist für jedermann eine Beruhigung. Der in der masochistischen Abhängigkeit gesuchte Rückhalt ist im Prinzip von der gleichen Art. Ihre Absonderlichkeit liegt nur darin, daß sie von anderen Voraussetzungen ausgeht. Ein Mädchen aus der Zeit unserer Großeltern, das in einer beschützten Umgebung aufwuchs, war von anderen gleichfalls abhängig. Aber die Welt, von der sie abhängig war, war in der Regel freundlich. Eine anlehnende und empfängliche Haltung gegenüber einer freigiebigen, wohlwollenden und schützenden Umgebung ist weder mühsam noch führt sie zu Konflikten.

Bei den Neurosen jedoch wird die Welt als mehr oder weniger unzuverlässig, kalt, mißgünstig, rachsüchtig empfunden; und sich einer solchen potentiell feindlichen Welt gegenüber hilflos und abhängig fühlen ist dasselbe, wie sich wehrlos einer Gefahr gegenübersehen. Die masochistische Art, mit dieser Situation fertig zu werden, besteht nun darin, sich der Gnade irgendeines anderen auszuliefern. Durch das gänzliche Ausschalten der eigenen Persönlichkeit und das

Aufgehen im Partner gewinnt der Masochist eine gewisse Sicherung. Man kann diese Sicherung mit der vergleichen, die eine kleine gefährdete Nation gewinnt, die ihre Rechte und ihre Unabhängigkeit einer mächtigen und aggressiven Nation überantwortet und dadurch Protektion erlangt. Ein Unterschied liegt u. a. darin, daß die kleine Nation weiß, daß sie diesen Schritt nicht aus Liebe zu der großen unternimmt, während der Vorgang für den Neurotiker oft den Anschein von Loyalität, Ehrerbietung oder der großen Liebe hat. Tatsächlich aber ist der Masochist zur Liebe unfähig und glaubt auch nicht, daß der Partner oder irgend jemand sonst ihn lieben kann. Was unter dem Zeichen der Ergebenheit existiert, ist in Wirklichkeit ein bloßes Sichanklammern an den Partner zum Zwecke der Angstbeschwichtigung. Daher auch die prekäre Beschaffenheit dieser Art Sicherheit und die nie verschwindende Furcht vor dem Verlassenwerden. Jede freundliche Geste seitens des Partners bringt erneut Bestätigung, aber jedes Interesse, das der Partner für andere Menschen oder für seine eigene Arbeit zeigt, jede Nichterfüllung des ständigen Verlangens nach Zeichen positiver Teilnahme kann sofort die Gefahr des Verlassenwerdens heraufbeschwören und damit Angst erzeugen.

Die Form von Sicherheit, die durch die Selbstverkleinerung gewonnen wird, ist die Sicherheit der Unauffälligkeit. Wiederum ist zu betonen, daß man Sicherheit wirklich finden kann, indem man sich unbedeutend, reizlos, unbemerkbar macht, gerade so, wie man sie auch dadurch erreicht, daß man andere mit seinen rühmlichen Eigenschaften beeindruckt. Ein Mensch, der diese Sicherheit in der Unauffälligkeit sucht, verhält sich wie eine Maus, die lieber in ihrem Loche bleibt, weil sie fürchtet, von der Katze gefressen zu werden, wenn sie herauskäme. Das daraus entstehende Lebensgefühl gleicht also etwa dem eines blinden Passagiers, der unbemerkt bleiben muß und keine eigenen Rechte hat.

Das Vorhandensein einer solchen Haltung verrät sich in der Starrheit, mit der ein Mensch sich an die Vorschriften völliger Unauffälligkeit zu klammern bemüht ist, und ihr zwanghafter Charakter ergibt sich aus dem Umstand, daß Angst auftritt, sobald diesen Regeln nicht entsprochen wird. Wenn z. B. einem solchen Menschen eine günstigere Stellung angeboten wird, gerät er in Unruhe. Oder ein Mensch, der seine Fähigkeiten vor sich selbst verkleinert, gerät in Furcht, wenn er seine Meinung in einer Diskussion vertreten will; selbst wenn er etwas Wertvolles dazu beizutragen hat, bringt er es in entschuldigender Form vor. In ihrer Kindheit oder Jugendzeit fürchteten sich diese Menschen oft, besonders gute Kleidung zu tragen, die schöner war als die der Freunde, weil sie das als zu auffällig empfanden. Sie können auch weder begreifen, daß sich jemand von ihnen verletzt fühlen, noch sie lieben oder schätzen kann; weil sie trotz gegenteiliger Beweise an ihrer Überzeugung festhalten, daß es auf sie doch nicht »ankomme«. Sie werden sich meistens auch bei jedem wohlverdienten Lobe für eine gute Leistung verlegen und unbehaglich fühlen; sie neigen dazu, deren Wert herabzusetzen und sich so der Befriedigung über einen Erfolg zu berauben. In diesem Zusammenhang auftretende Angst ist häufig ein wichtiges Merkmal bei Arbeitshemmungen. Schöpferische Arbeit kann z. B. zur Pein werden, weil dabei stets die eigenen besonderen Ansichten oder Gefühle geltend gemacht werden müssen. Die Aufgabe kann dann nur gelöst werden, wenn irgendein anderer Mensch da ist, der einen ständig bestätigt.

Daß die aus der »Mauseloch«-Haltung entstehende Angst nicht so oft in Erscheinung tritt, als der Häufigkeit dieser Haltung entsprechen würde, liegt daran, daß sich das Leben ganz von selbst in Formen vollzieht, die der Entstehung der Angst hinderlich sind oder auch daran, daß automatisch mit Zurückhaltung reagiert wird. Günstige Gelegenheiten werden nicht wahrgenommen oder nicht einmal bemerkt; zweitrangige Stellungen, die den vorhandenen Möglichkeiten oder Fähigkeiten nicht entsprechen, werden unter irgendwelchen Vorwänden festgehalten; man ist sich nicht einmal der Ansprüche bewußt, die erhoben werden könnten und sollten; die Berührung mit Menschen, die man wirklich liebt oder die nützlich sein könnten, wird vermieden; Erfolg, wenn er sich trotz all dieser Schwierigkeiten einstellt, wird gefühlsmäßig gar nicht als solcher empfunden. Eine eigene neue Idee, eine eigene gute Leistung wird sofort innerlich entwertet. Man kauft lieber billig als gut, obwohl man das Gute lieber hätte und auch finanziell dazu in der Lage wäre.

Der Neurotiker ist sich meist der Tatsache nicht bewußt, daß er eine Tendenz zur Überbescheidenheit und Unauffälligkeit hat, in der Regel fühlt er nur die Folgen davon. Er kann bewußt eine Defensivhaltung einnehmen und glauben, er hasse auffallendes Benehmen oder er kümmere sich nicht um Erfolg. Oder er kann auch einfach bedauern, daß er schwach, unbedeutend, nicht anziehend ist. Oder, was sehr häufig der Fall ist, er ist der vagen Ansicht, Minderwertigkeitsgefühle zu haben. Diese Gefühle sind eher das Ergebnis als die Ursache seiner Tendenz, jeder Selbstbehauptung aus dem Wege zu gehen.

Alle diese Züge, die auf eine schwache und hilflose Haltung dem Leben gegenüber schließen lassen, sind bekannte Phänomene, aber sie werden gewöhnlich auf andere Ursachen zurückgeführt. In der psychoanalytischen Literatur werden sie beschrieben als Ergebnisse passiv homosexueller Tendenzen, von Schuldgefühlen oder als Folge des Wunsches, ein Kind zu sein – alle diese Deutungen treffen nach meiner Meinung aber nicht den Kern. Was den Wunsch anlangt, ein Kind zu sein, so kann man die masochistischen Tendenzen tatsächlich in dieser Perspektive sehen; in Träumen kann die Vorstellung einer Rückkehr in den Mutterleib oder des Getragenwerdens in den Mutterarmen vorkommen. Aber man darf solche Manifestationen nicht damit deuten wollen, daß der Neurotiker sich wünsche, ein Kind zu sein, er »wünscht« so wenig ein Kind zu sein, wie er »wünscht«, hilflos zu sein; der Druck seiner Angst zwingt ihn dazu, derartige Taktiken zu ergreifen. Der Traum, ein Kind zu sein, ist nicht der Beweis für einen Wunsch, ein Kind zu sein, aber es ist der Ausdruck eines Wunsches, beschützt zu werden, nicht auf eigenen Füßen stehen zu müssen, keine Verantwortung zu haben – ein Wunsch, der verlockend ist, weil sich ein Gefühl der Hilflosigkeit entwickelt hat.

Wir haben nun die masochistischen Tendenzen erkannt als ein besonderes Mittel, die Angst zu lindern und mit den Schwierigkeiten des Lebens, vor allem mit seinen Gefahren oder was dafür gehalten wird, fertig zu werden. Es ist jedoch ein Mittel, das unweigerlich in sich selbst Konflikte birgt. Zunächst verachtet sich jeder Neurotiker ausnahmslos wegen seiner Schwäche. Hier besteht ein deutlicher Unterschied gegenüber der kulturell bedingten Hilflosigkeit und Abhängigkeit. Das Mädchen aus der Zeit unserer Großeltern konnte mit ihrer Abhängigkeit ganz zufrieden sein; sie stand ihrem Glück nicht im Wege und untergrub nicht ihr Selbstvertrauen. Im Gegenteil, eine gewisse zerbrechliche Zartheit und Hilflosigkeit waren erwünschte weibliche Eigenschaften. Für den Masochisten jedoch gibt es kein kulturelles Schema, das eine solche Haltung rechtfertigte. Es ist ferner ja nicht Hilflosigkeit, die sich der Neurotiker wünscht (obgleich sie für ihn ein wertvolles strategisches Mittel darstellt, zu erreichen, was er möchte), sondern bescheidenes Zurückstehen und Abhängigkeit, und selbst diese will er nur wegen des Sicherheitsgefühls, das er dadurch gewinnt. Die Schwäche ist ein unvermeidliches und unerwünschtes Ergebnis des eingeschlagenen Weges. Sie ist um so mehr unerwünscht, da es ja – wie ich gezeigt habe – gefährlich ist, inmitten einer potentiell feindlichen Welt schwach zu sein. Diese Gefährlichkeit und die Mißbilligung der anderen machen diese Schwäche dem Neurotiker verächtlich.

So ist die Schwäche der Anlaß einer beinahe ständigen Gereiztheit oder sogar ohnmächtigen Wut, die durch unzählige Anlässe täglich ausgelöst werden kann. Sowohl die Anlässe wie die nachfolgenden Gereiztheiten werden oft nur undeutlich wahrgenommen. Aber ein Mensch dieses Typs wird tief im Innern stets verzeichnen, wenn er einmal nicht für seine Meinung eingetreten ist, wenn er seine Wünsche nicht zu äußern wagte, wenn er nachgab, wo er sich hätte weigern sollen, wenn er viel zu spät merkte, daß jemand hinterhältig gemein zu ihm war. Ein anderes Mal war er versöhnlich und nachsichtig, wo er sich hätte durchsetzen sollen; hier hat er eine Gelegenheit verpaßt, dort eine schwierige Situation dadurch umgangen, daß er krank wurde.

Dieses ständige Leiden an der eigenen Schwäche ist eine der Ursachen, die zu einer unterschiedslosen Anbetung der Stärke führt. Jeder, der es wagt, offen aggressiv oder bestimmt zu sein, ist zumindest der geheimen Verehrung gewiß, ungeachtet seines sonstigen Wertes. Ein Mensch, der zu lügen oder zu bluffen wagt, flößt ebensolche versteckte Bewunderung ein wie jemand, der um einer guten Sache willen Mut zeigt.

Eine andere Folge dieses inneren Zwiespaltes ist ein Überhandnehmen grandioser Vorstellungen über sich selbst. In der Einbildung kann der Masochist seinem Arbeitgeber und seiner Frau sagen, was er von ihnen denkt, in seiner Phantasie ist er der erfolgreichste Don Juan aller Zeiten, macht er Erfindungen und schreibt Bücher. Diese Phantasien haben den Wert eines Trostmittels, aber sie verschärfen den bestehenden inneren Gegensatz.

Auf masochistischer Abhängigkeit aufgebaute Beziehungen sind voll von Feindseligkeit gegenüber dem Partner. Ich möchte nur dreierlei Ursachen hierfür erwähnen. Die eine liegt in den Erwartungen, die der Neurotiker auf den Partner richtet. Da er selbst weder Energie, noch Entschlußkraft oder Mut hat, erwartet er im geheimen alles vom Partner, angefangen von Fürsorge, Hilfe, Befreiung von Gefahr und Verantwortung bis zu vollem Lebensunterhalt, zu Ansehen und Ruhm. Im Grunde – und das wird stets tief verdrängt – möchte er vom Leben des Partners zehren. Diese Erwartungen können nicht gut erfüllt werden, da ihnen kein Partner, der sich seine Individualität und sein eigenes Leben erhalten will, entsprechen kann. Die feindlichen Reaktionen auf eine Enttäuschung würden nicht den Umfang annehmen, den sie oft haben, wenn sich der Neurotiker des Ausmaßes seiner Ansprüche an den Partner bewußt wäre; er würde sich in diesem Falle nur ärgern, wenn er nicht alles das erhielte, was er haben möchte. Es liegt jedoch in seinem Interesse, nicht mit offenen Karten zu spielen, und so muß er als der bescheidene oder unschuldige kleine Junge auftreten. Der Vorgang, der in Wirklichkeit eine einfache selbstsüchtige Zornreaktion ist, stellt sich ihm selbst verzerrt dar. Nicht er ist egozentrisch und rücksichtslos in seinen Erwartungen, sondern sein Partner vernachlässigt, hintergeht, mißbraucht ihn. Daher verwandeln sich die unberechtigten Zornreaktionen in eine bösartige sittliche Entrüstung.

Obwohl der Masochist aus Sicherheitsgründen nicht einen Zoll breit von seiner Überzeugung abgeht, daß es auf ihn »nicht ankommt«, ist er dennoch überempfindlich gegen das leichteste Anzeichen von Mißachtung oder Vernachlässigung seitens der anderen und reagiert darauf mit heftigem Ärger, der aus vielen Gründen daran gehindert wird, sich zu äußern. Selbst wenn ihm wahre Freundschaft entgegengebracht wird, so wird das nicht zur Kenntnis genommen, weil jemand, auf den es seiner Meinung nach »nicht ankommt«, nicht gut begreifen kann, daß er jemandem anderen wichtig ist. Die so entfachte Verbitterung gegen andere ist hauptsächlich an der Verschärfung des Konfliktes schuld, der darin besteht, daß man die anderen zugleich braucht und haßt.

Die dritte Hauptursache von Feindseligkeit ist tiefer verborgen. Da der Masochist irgendeine Distanz zwischen sich und dem Partner, geschweige denn eine Trennung, nicht verträgt, fühlt er sich faktisch unterjocht. Er glaubt, die Bedingungen des Partners annehmen zu müssen, gleich welcher Art sie sind. Aber da er seine eigene Abhängigkeit haßt und sie als Erniedrigung empfindet, muß er innerlich gegen jeden Partner rebellieren, so rücksichtsvoll dieser auch sein mag. Er fühlt sich von ihm beherrscht, gefangen wie eine Fliege im Spinnennetz des Partners. Da Ehemann und Ehefrau oft ähnlich veranlagt sind, kann es in einer Ehe vorkommen, daß sich beide darüber beklagen, in einer unerträglichen Art und Weise beherrscht zu werden.

Ein Teil der so entstandenen Feindseligkeit kann in gelegentlichen Explosionen zum Ausdruck kommen. Im ganzen jedoch stellt die Feindseligkeit des Masochisten gegen seinen Partner eine ständige latente Gefahr dar, da er den Partner braucht und fürchten muß, ihn sich zu entfremden.

Jedes akute Auftauchen von Feindseligkeit kann Angst zur Folge haben. Aber vermehrte Angst vermehrt wiederum das Bedürfnis, sich an den Partner anzuklammern. Der so entstehende Circulus vitiosus macht eine Trennung zunehmend schwierig und schmerzlich. Der den menschlichen Beziehungen des Masochisten innewohnende Konflikt ist also im Grunde ein Konflikt zwischen Abhängigkeit und Feindseligkeit.

Die obigen Grundtendenzen der masochistischen Struktur beeinflussen notwendigerweise alle Lebenssphären. Sie bestimmen je nach ihrer Stärke die Art, in der ein Mensch seinen Wünschen nachgeht, seine Feindseligkeit äußert, Schwierigkeiten vermeidet. Sie bestimmen auch die Art und Weise,

wie er mit etwa vorhandenen anderen neurotischen Bedürfnissen umgeht, wie etwa dem Bedürfnis, andere zu beherrschen oder vollkommen zu erscheinen. Schließlich bestimmen
sie die Art von Befriedigung, die ihm erreichbar ist, und beeinflussen dadurch sein Sexualleben. Wenn ich im folgenden
die spezifisch masochistischen Merkmale dieser verschiedenen
Lebenssphären erörtere, wähle ich nur einige charakteristische Züge aus, da ich in diesem Kapitel keine Studie über den
Masochismus, sondern einen allgemeinen Eindruck von den
grundlegenden masochistischen Phänomenen vermitteln
möchte.

Gewisse Wünsche des Masochisten können direkt geäußert
werden, obwohl der Grad, bis zu dem das geschehen kann,
und die Bedingungen dafür sehr verschieden sind. Die spezifisch masochistische Form jedoch, Wünsche zu äußern, besteht darin, daß der Betreffende in anderen den Eindruck erwecken möchte, seine Bedürfnisse seien nur deshalb so groß,
weil er in solch schlechter Verfassung sei. Ein Versiche-
rungsagent z. B. bittet, anstatt den Wert seiner Versicherung
zu rühmen, den mutmaßlichen Kunden dringend, die Versicherung doch von ihm zu nehmen, da er den Auftrag dringend benötige; ein guter Musiker, der sich um Beschäftigung
bewirbt, betont, anstatt eine Probe seiner Kunst zu geben,
wie notwendig er Geld verdienen müsse. Noch zugespitzter
ausgedrückt, die spezifische Form, Wünsche zu äußern, tritt
als verzweifelter Hilfeschrei auf, des Inhalts etwa: »Ich bin
so elend und verzweifelt – hilf mir!« oder »Mit mir ist es
aus, wenn du mir nicht hilfst!« oder »Ich habe niemanden
auf der Welt als dich – du mußt gut zu mir sein!« oder »Du
hast mir geschadet, du bist an meinem ganzen Elend schuld
– jetzt mußt du etwas für mich tun!« Dem so Angeredeten
wird eine bindende moralische Verpflichtung auferlegt. Der
unbeteiligtere psychiatrische Beobachter wird feststellen, daß
der Patient seine Not und seine Bedürfnisse unbewußt übertreibt um des taktischen Zweckes willen, zu erhalten, was er
möchte. Das ist bis zu einem gewissen Grad durchaus begreif-
lich; der Patient manövriert in typisch masochistischer Weise, nämlich durch Zurschaustellung von Not und Hilflosigkeit, sein Ziel zu erreichen.

Es bleibt aber die Frage, warum er gerade diese besondere

Taktik anwendet. Sie mag zeitweise wirksam sein, aber wie die meisten Fälle zeigen, läßt die Wirkung allmählich nach; die Menschen werden dieser Art Beschwörung müde, nehmen die Not des Betreffenden als gegeben hin und fühlen sich nicht mehr zum Eingreifen veranlaßt. Der Masochist kann dennoch sein Ziel erreichen, wenn er seine Angriffe verstärkt, indem er z. B. mit Selbstmord droht; aber auch das wird mit der Zeit unwirksam. Daher können wir diese Haltung nicht nur als eine Kriegslist auffassen. Um sie besser zu verstehen, müssen wir uns darüber klar werden, daß der Masochist bewußt oder unbewußt tief davon überzeugt ist, daß die Welt um ihn hart und mißgünstig ist und daß es so etwas wie spontane Freundlichkeit nicht gibt. Daher glaubt er nur durch starken Druck erreichen zu können, was er möchte. Ferner fühlt er im Grunde, daß er kein Recht hat, alles für sich zu beanspruchen, und so muß er seine Wünsche vor sich selbst rechtfertigen. In dieser Kalamität findet er den Ausweg, seine tatsächliche Hilflosigkeit und Not als ein Mittel zu benutzen, sowohl Druck auszuüben, wie seine Ansprüche zu rechtfertigen. Ohne sich dessen bewußt zu sein, läßt er sich in ein Gefühl tieferer Not und Hilflosigkeit hinabgleiten als sie schon besteht und fühlt sich dann subjektiv berechtigt, Hilfe zu verlangen. Ob dieser Vorgang sich in mehr oder weniger liebenswürdiger oder streitsüchtiger Form vollzieht, hängt von vielerlei Dingen ab, aber im Prinzip scheinen die Grundbestandteile dieses »masochistischen Hilferufes« immer die gleichen zu sein.

Die Art, in der Feindseligkeit sich äußert, wechselt je nach der Struktur einer Persönlichkeit. Der Typus, dessen Hauptbedürfnis dahin geht, vollkommen zu erscheinen, will anderen durch seine moralische oder geistige Überlegenheit und durch seine Unfehlbarkeit einen Hieb versetzen oder sie verletzen. Die spezifisch masochistische Art, Feindseligkeit zu äußern, besteht in Leiden, Hilflosigkeit, ferner darin, daß der Betreffende sich als das geschädigte Opferlamm darstellt und sich in unbewußtem Trotz zugrundegehen läßt, indem er sich sozusagen vor der Tür des Schuldigen tötet. Seine Feindseligkeit kann sich auch in Grausamkeitsphantasien äußern, worin er denjenigen, von denen er sich verletzt fühlt, eine Demütigung nach der anderen zufügt.

Die Feindseligkeit des Masochisten ist durchaus nicht nur defensiver Art. Sie hat oft einen sadistischen Charakter. Ein Mensch ist sadistisch, wenn es ihm Befriedigung gewährt, andere hilflos oder leidend zu machen[8]. Der sadistische Trieb entspringt der Rachsucht eines schwachen und unterdrückten Individuums, eines Sklaven gleichsam, der danach verlangt, zu empfinden, daß auch er andere seinen Wünschen unterwerfen und sie unter seine Willkür beugen kann. Der Masochist weist in seiner Grundstruktur alle Vorbedingungen für die Entwicklung sadistischer Neigungen im oben definierten Sinne auf; er ist aus vielen Gründen schwach, er ist oder fühlt sich gedemütigt und unterdrückt und macht im tiefsten Innern andere für sein Leiden verantwortlich.

Eine kleine theoretische Abschweifung ist hier am Platze. Freud behauptet stets, daß eine Beziehung zwischen sadistischen und masochistischen Tendenzen bestünde. Seine Meinung war ursprünglich, den Masochismus als einen nach innen gewendeten Sadismus zu betrachten, wobei er annahm, daß die Befriedigung primär darin bestehe, andere leiden zu machen und daß sekundär der gleiche Trieb gegen das eigene Ich gewendet werden kann. Freuds spätere Auffassung des Masochismus ändert nichts an dieser Behauptung, weil — auch wenn der Masochismus als eine Verschmelzung des Sexual- und des Zerstörungstriebes angesehen wird — seine klinischen Äußerungen, an denen wir allein interessiert sind, eine Umkehrung der sadistischen Triebe bleiben, d. h. daß sie, statt nach außen, auf das eigene Ich gerichtet werden. Die neue Theorie läßt jedoch spekulativ die Möglichkeit zu, daß der Masochismus dennoch vor dem Sadismus da ist (primärer Masochismus). Während ich mit dem theoretischen Inhalt dieser Auffassung nicht übereinstimme, tue ich dies jedoch vom klinischen Gesichtspunkt aus. Die masochistische

---

[8] Diese Definition ist unvollständig, weil eine ähnliche Befriedigung erreicht werden kann, wenn der Betreffende Unglücksfällen oder Akten der Grausamkeit lediglich beiwohnt oder von ihnen hört. Dennoch besteht hier gleichfalls das Element des Genießens der Überlegenheit über andere, die Unfällen, Akten der Grausamkeit, Demütigungen u. dgl. ausgesetzt sind. Das Element der Macht hat Marquis de Sade selbst aufgezeigt. Es ist von Nietzsche in allen seinen Schriften hervorgehoben worden. Und neuerdings hat es Erich Fromm in seinen Vorlesungen über die Psychologie der Autorität betont.

Grundstruktur ist ein fruchtbarer Boden für sadistische Tendenzen. Man sollte jedoch diese Feststellung nicht verallgemeinern, da sadistische Tendenzen keineswegs für den masochistischen Typ allein charakteristisch sind. Jeder Mensch, der aus anderen als neurotischen Gründen schwach und unterdrückt ist, kann sie gleichfalls entwickeln.

Vor der Bewältigung von Schwierigkeiten zurückzuschrecken, ist gewiß an sich nicht masochistisch. Die spezifisch masochistischen Elemente zeigen sich darin, was der Mensch als Schwierigkeit empfindet und vor allem darin, wie er sie umgeht. Infolge seines zwanghaften Bedürfnisses, nicht aufzufallen und seiner Abhängigkeit, mit allem was diese Eigenschaften nach sich ziehen, erscheint ihm eine Mücke oft als Elefant, besonders wenn er etwas für sich selbst tun soll oder wenn er sich einer Verantwortung oder Gefahr gegenübersieht. Einige Typen gehen einfach jeder Anstrengung aus dem Wege und reagieren z. B. mit tödlicher Müdigkeit bei der bloßen Aussicht auf größere Arbeit, wie z. B. Weihnachtseinkäufe machen oder Umziehen. Die typische Reaktion des Masochisten auf Schwierigkeiten ist ein sofortiges »Ich kann nicht«, das sich manchmal in die Furcht kleidet, die notwendige Anstrengung würde ihm schaden.

Seine charakteristische Art, Schwierigkeiten zu vermeiden, besteht im Aufschieben der Dinge und besonders im Krankwerden. Wenn ihn eine unangenehme und abschreckende Aufgabe erwartet, wie eine Prüfung oder eine Auseinandersetzung mit seinem Vorgesetzten, vor der er Angst hat, wird er krank werden oder zumindest wünschen, daß ihm ein Unfall zustößt. Wenn er zum Arzt gehen oder bestimmte geschäftliche Anordnungen treffen muß, schiebt er es auf und verdrängt die vorhandenen Probleme aus seinem Gedächtnis. Eine verwickelte Familienangelegenheit ist z. B. in Ordnung zu bringen. Würde er sich hinsetzen und sie ernsthaft in Angriff nehmen, so würde er auch zu einer Lösung kommen und die Sache los sein. Statt dessen denkt er nie klar an die vorhandene Kalamität; er hegt eine undeutliche und verworrene Hoffnung, daß sie mit der Zeit von selbst in Ordnung kommen würde und fühlt sie infolgedessen dauernd als vage und riesige Drohung über seinem Haupte schweben. Dieses Ausweichen vor allen Schwierigkeiten verstärkt sein Schwächegefühl und macht ihn tatsächlich schwächer, da ihm die Stärke verlorengeht, die er gewänne, wenn er sie durch-kämpfte.

Die masochistische Grundstruktur bestimmt auch die Form, in der der Mensch andere neurotische Neigungen be-kämpft, die mit seinen masochistischen Tendenzen verbun-den sein können. Ich will kurz auf einige der hier möglichen Beziehungen eingehen.

Man kann die masochistische Struktur, wie bereits er-wähnt, nicht von der Neigung zu übertriebenen Vorstellun-gen über das eigene Ich trennen[9]. Sie gehören zu dieser Struk-tur, da sie meist ein Mittel darstellen, sich vor der Selbstver-achtung zu retten. Sie verbleiben gewöhnlich ganz im Bereich der Phantasie und absorbieren einen guten Teil Zeit und Kraft.

Ein anderes Bild ergibt sich jedoch, wenn gleichzeitig ein neurotischer Ehrgeiz besteht, der es unerträglich macht, nicht auch in Wirklichkeit Großes und Einmaliges zu leisten. In die-sem Falle ergibt sich insofern ein heftiger Zwiespalt, als der Ehrgeiz den Betreffenden zum Erfolg antreibt, während das Bedürfnis, unter keinen Umständen aufzufallen, ihn vor Er-folgen zurückschrecken läßt. Die spezifisch masochistische Art, damit fertig zu werden, besteht darin, die Vorwürfe wegen eines Mißerfolges auf andere zu lenken – auf Perso-nen oder Umstände – und ein Alibi in Form von Krankheit oder angeblichen Unzulänglichkeiten zu suchen. Eine Frau wird ihr Versagen dem Umstand zur Last legen, daß sie nur eine Frau ist. Das Unvermögen zu schöpferischer Arbeit kann auf die Anforderungen des täglichen Lebens zurückge-führt werden. Ein Mädchen, das eine große Schauspielerin sein möchte, aber Furcht davor hat, kann ihren Widerstand vor der Bühne damit begründen, daß sie von zu kleiner Sta-tur sei. Eine andere Frau schreibt das Mißlingen einer großen Bühnenlaufbahn dem Neid der anderen zu. Andere wieder legen ihre Mißerfolge ihren ärmlichen Familienverhältnissen

---

[9] Diese Feststellung ist nicht umkehrbar. Inflation des Ich kann ohne masochistische Tendenzen vorkommen, oder zumindest ohne daß sie für die betreffende Persönlichkeit von Bedeutung sind. Vgl. 5. Kapitel: Der Begriff des Narzißmus.

zur Last oder beschuldigen Freunde und Verwandte, daß sie ihre Pläne störten oder sie nicht genügend unterstützten.

Patienten dieses Typs können ganz bewußt das Verlangen nach einer chronischen Krankheit haben, wie Tuberkulose. Für gewöhnlich sind sie sich jedoch nicht bewußt, daß die Aussicht auf Krankheit etwas Faszinierendes für sie hat. Aber man kann sich diesem Eindruck schwer entziehen, wenn man sieht, wie ein solcher Mensch begierig die geringste Möglichkeit des Krankseins aufgreift: wie jedes Herzklopfen den Glauben an ein Herzleiden heraufbeschwört, jedes vorübergehende häufige Urinieren eine Diabetes, jeder Magenschmerz eine Blinddarmentzündung vermuten läßt. Diese Tendenz ist häufig ein Element der hypochondrischen Furcht, die ihrerseits eine Reaktion auf die so lebhaft vorgestellte Möglichkeit des Krankseins darstellt. Das unbedingte Interesse, das ein solcher Mensch am Kranksein hat, erschwert es, ihn davon zu überzeugen, daß bei ihm Herz, Lungen, Magen in Ordnung sind. Wie jeder Arzt aus Erfahrung weiß, kann ein solcher Patient trotz seiner Furcht die Feststellung, daß ihm nichts fehle, absolut übelnehmen. Unnötig zu erwähnen, daß die hypochondrische Furcht hiermit nicht völlig, sondern nur teilweise erklärt ist.

Schließlich können die neurotischen Störungen selbst als Alibi benutzt werden, ein Moment, das die Heilung verzögern kann. Ein Mensch dieses Typs glaubt, daß ihm im Falle einer Heilung jeder gute Grund verlorenginge, daß er seine Fähigkeiten nicht tatsächlich unter Beweis stellte. Er fürchtet diesen Beweis aus mehreren Gründen. Einmal, weil er wegen seiner Neigung, sich so unbedeutend wie nur möglich zu machen, grundsätzlich daran zweifelt, daß er etwas leisten könne, zum anderen, weil ihm jedes Streben nach Erfolg als ein »sich zu weit vorwagen« erscheint; außerdem spürt er undeutlich, daß die Aussicht auf wirkliche Arbeit und Erfolg ihn nicht lockt. Im Vergleich zu den blendenden Möglichkeiten, die man in der Phantasie ohne jede Anstrengung erreicht, gibt es bei einer ehrlichen Arbeit, die rastlose und beständige Mühe erfordert, allzuwenig äußeren Glanz. Daher wird der Betreffende seine ehrgeizigen Ziele lieber der Phantasie überlassen und seine neurotischen Störungen als Alibi beibehalten. In der Psychoanalyse wird das oft als Abneigung gegen das Gesundwerden gedeutet, z. B. aus einem Bedürfnis nach Strafe.

Eine solche Deutung ist unhaltbar. Der Patient kann sich z. B. zeitweilig wohlfühlen, wenn er sich in einem Sanatorium oder einem Erholungsort befindet, wo er keine Verantwortung und keine Pflichten hat und weder den Anforderungen anderer noch seinen eigenen nachkommen muß. Korrekter müßte man sagen, daß diese Patienten, obwohl sie gesund werden möchten, dennoch vor der Aussicht darauf insofern zurückschrecken, als Gesundsein auch bedeutet, daß man eine aktive Stellung zum Leben einnimmt und keine Entschuldigung mehr dafür hat, wenn man nicht die eine oder andere Ambition tatsächlich zu verwirklichen sucht.

Masochistische Tendenzen können auch mit einem gebieterischen Macht- und Herrschaftsbedürfnis verbunden sein. Ich kann mich darüber kurz fassen, weil es allgemein bekannt ist, daß die Art und Weise, in der ein Masochist seine Herrschaft ausübt, in seinem Leiden und seiner Hilflosigkeit liegt. Seine Familie und seine Freunde fügen sich seinen Wünschen, weil sie fürchten, daß es sonst irgendein Unglück gibt: Verzweiflung, Depression, Hilflosigkeit, köperliche Funktionsstörungen u. dgl. Es ist jedoch auch darauf hinzuweisen, daß die Verwandten gewöhnlich dieses Verhalten als bloße Taktik auffassen. Es ist das Verdienst Alfred Adlers[10], die Wichtigkeit unbewußter taktischer Manöver aufgezeigt zu haben, aber es ist eine seiner vielen Oberflächlichkeiten, daß er sich mit solchen Erklärungen begnügt. Man muß die Gesamtstruktur erkennen, um zu begreifen, warum es für einen Neurotiker unerläßlich ist, ein bestimmtes Ziel zu erreichen, und warum ihm dafür nur bestimmte Mittel zur Verfügung stehen.

Eine letzte hier zu erwähnende Kombination ist die Verbindung masochistischer und perfektionistischer Tendenzen. Die Selbstbeschuldigungen, die mit diesem Bedürfnis verbunden sind, wurzeln, wie Freud behauptet, in einer masochistischen Unterwerfung unter die strafende Macht des »Über-Ich«. Wie ich bereits zeigte, sind diese Tendenzen nicht an sich masochistisch, sondern von anderen Faktoren der cha-

---

[10] *Alfred Adler*, Understanding Human Nature (1927).

rakterlichen Struktur bestimmt[11]. Sie können jedoch bei einem Menschen auftreten, in dem masochistische Tendenzen vorherrschend sind; in diesem Falle sind es nicht bloß Selbstbeschuldigungen, sondern sie nehmen eine Form an, die zum Schwelgen in Schuldgefühlen tendiert und in Leiden Zuflucht sucht, um für diese Schuld zu büßen. Die unneurotische Art, sich mit Schuldgefühlen auseinanderzusetzen, besteht darin, daß man seine Unzulänglichkeiten erkennt und sie zu überwinden sucht. Diese Art erfordert jedoch ein Maß innerer Aktivität, die dem Masochisten fremd ist.

Selbstverständlich folgt der Masochist bei dem Versuch, durch Leiden zu büßen, einem kulturbedingten Schema. Die Götter durch Opfer zu versöhnen, ist ein weit verbreiteter religiöser Brauch. In unserer Kultur besteht der christliche Glaube an das Leiden als eines Mittels der Buße; es bestehen die Strafgesetze, die als Sühne für ihre Übertretung Leiden auferlegen; und die Erziehung hat erst neuerdings dieses Prinzip aufgegeben. Der Masochist macht von solchen Vorbildern Gebrauch, weil sie zu seiner Veranlagung passen. Das Überraschende an seiner Bereitschaft, Leiden als Strafe auf sich zu nehmen oder sich mit Selbstvorwürfen zu züchtigen, liegt in ihrer völligen Nutzlosigkeit; der Grund ist, daß diese Bereitschaft, Strafe auf sich zu nehmen, nicht echten Schuldgefühlen entspringt, sondern dem zwanghaften Bedürfnis dient, vollkommen zu erscheinen, und letzten Endes ein Versuch ist, das jeweilige Vollkommenheitsideal wiederherzustellen.

Schließlich bestimmt die masochistische Grundstruktur auch die erreichbaren Befriedigungsmöglichkeiten. Befriedigende masochistische Erlebnisse können sexueller oder nichtsexueller Natur sein, wobei die ersteren in masochistischen Phantasievorstellungen und Perversionen, die letzteren im Schwelgen in Elend und Wertlosigkeit bestehen.

Um zum Verständnis der rätselhaften Tatsache zu gelangen, daß Leiden Befriedigung verursachen kann, müssen wir uns zuerst darüber klar werden, daß nahezu alle anderen Möglichkeiten der Befriedigung dem Masochisten verschlossen bleiben. Jede Art konstruktiver, selbstsicherer Tätigkeit

[11] Vgl. 14. Kapitel: Neurotische Schuldgefühle.

wird gewöhnlich vollkommen vermieden, oder ist andernfalls mit so viel Angst verbunden, daß dadurch jede sonst mögliche Befriedigung verhindert wird. Die auf diese Weise ausgeschalteten Möglichkeiten für befriedigende Erlebnisse erstrecken sich nicht nur auf jede Art von Führerschaft und Pionierarbeit, sondern auch auf jede selbständige Leistung oder stete, planmäßige und zielbewußte Bemühung. Es kann sich ferner infolge des Zwanges zur Überbescheidenheit und Unauffälligkeit keinerlei Freude über Anerkennung oder Erfolg einstellen. Und schließlich ist der Masochist unfähig, alle seine Kräfte freiwillig in den Dienst einer Sache zu stellen. Obwohl er sich an einen »Partner« oder an eine Gruppe anschließen muß, da er nicht auf eigenen Füßen stehen kann, ist er viel zu ängstlich, mißtrauisch und egozentrisch, um sich freiwillig und mit ganzem Herzen an irgend etwas oder irgend jemand hinzugeben.

Seine Unfähigkeit, eine aktive, spontane Zuneigung für andere zu empfinden, wie die Unfähigkeit, sich hinzugeben, müssen eine tiefgehende Schädigung seines Liebeslebens zur Folge haben. Die anderen sind ihm zur Erfüllung gewisser Bedürfnisse unentbehrlich, jedoch kann er ein spontanes Mitempfinden für ihre Interessen, ihre Bedürfnisse, ihr Glück, ihre Entwicklung nicht aufbringen; und er kann sich anderen in Liebe ebensowenig hingeben wie er sich an eine Sache hingeben kann. Die sonst im Liebes- und Sexualleben möglichen Befriedigungen verkümmern also auch.

Die ihm erreichbaren Befriedigungsmöglichkeiten sind daher sehr beschränkt. Befriedigung kann faktisch nur mit denselben Mitteln gewonnen werden wie Sicherheit. Diese Mittel sind, wie wir sahen, durch Abhängigkeit und Überbescheidenheit gekennzeichnet. Aber hier stoßen wir auf ein Problem, weil Abhängigkeit und Überbescheidenheit allein nicht Befriedigung hervorbringen können. Die Beobachtung zeigt, daß Befriedigung entsteht, wenn diese Haltungen bis zum Extrem getrieben werden. In einer sexuell masochistischen Phantasie oder Perversion ist der Masochist nicht einfach vom Partner abhängig, sondern er ist Ton in dessen Händen, er wird genotzüchtigt, versklavt, gedemütigt, gequält. Dementsprechend kann überbescheidenes Benehmen ihm Befriedigung gewähren, wenn sie ins Extreme geht, z. B. wenn er sich gänzlich in der »Liebe« oder Aufopferung verliert, wenn er sein Ich, seine Würde aufgibt, seine Individualität in der Selbstherabsetzung untergehen läßt.

Warum ist es nötig, auf der Suche nach Befriedigung so ins Extrem zu gehen? Die Abhängigkeit vom Partner kann, da sie eine Art Lebensbedingung für den Masochisten darstellt, nicht viel Befriedigung gewähren, weil sie mit Konflikten und schmerzlichen Erfahrungen belastet ist. Um ein häufiges Mißverständnis zu bekämpfen, möchte ich erneut ausdrücklich feststellen, daß der Masochist die Konflikte und schmerzlichen Erlebnisse weder insgeheim wünscht noch sie genießt, sondern daß sie unvermeidlich und für ihn ebenso schmerzlich sind, wie sie für jeden anderen sein würden. Die Erfahrungen, die die masochistischen Beziehungen unglücklich machen müssen, habe ich bei der Erörterung der Grundstruktur erwähnt. Um einige zu wiederholen: der masochistische Typus verachtet sich, weil er abhängig ist; infolge seiner übertriebenen Ansprüche an seinen Partner muß er enttäuscht und übelnehmerisch werden, er muß sich häufig ungerecht behandelt fühlen.

Daher kann Befriedigung aus einer solchen Beziehung nur durch Ausschaltung der Konflikte und Betäubung der seelischen Leiden gewonnen werden. Das kann auf verschiedene Weise geschehen. Der aus der Abhängigkeit erwachsende Konflikt des Masochisten ist, allgemein ausgedrückt, der zwischen Schwäche und Stärke, zwischen Untertauchen und Selbstbehaupten, zwischen Selbstverachtung und Stolz. Seine besondere Art nun, diesen Konflikt zu lösen, besteht darin, in Perversionen und Phantasien sich seines Strebens nach Kraft, Stolz, Würde, Selbstachtung zu entäußern und sich vollständig seinen Schwäche- und Abhängigkeitsneigungen zu überlassen. Wenn er auf diese Weise ein hilfloses Werkzeug in den Händen seines Partners geworden ist, sich ganz der Erniedrigung anheimgegeben hat, kann er ein befriedigendes Sexualerlebnis haben. Die spezifisch masochistische Art, seelische Leiden zu überwinden, besteht darin, sie zu intensivieren und sich ihnen gänzlich zu ergeben. Dadurch daß der Patient in seiner Demütigung schwelgt, wird der Schmerz seiner Selbstverachtung betäubt und kann dann zu einem befriedigenden Erlebnis werden.

Daß ein unerträglicher Schmerz gelindert und durch ein Untergehen des Ich im Gefühl seines Elends lustbetont werden kann, das zeigen viele Beobachtungen. Ein Patient, der über eine gute Selbstbeobachtung verfügt, wird das spontan bestätigen. Er wird eine Geringschätzung, einen Vorwurf, einen Mißerfolg zunächst nur schmerzlich empfinden, sich dann aber in das Gefühl tiefsten Elends abgleiten lassen. Er ist sich wohl undeutlich bewußt, daß er übertreibt und daß er sich von seinem Elend befreien könnte, aber im Grunde weiß er auch, daß er das gar nicht will, weil für ihn ein unwiderstehlicher Reiz darin liegt, sich so dem Schmerz zu überlassen. Wenn die masochistischen mit perfektionistischen Tendenzen verbunden sind, wird einer Abweichung von dem Vollkommenheitsideal in ähnlicher Weise begegnet. Das Einsehen eines Fehlers ist nur schmerzlich, aber durch Intensivierung dieser Empfindung und durch ein Schwelgen in Selbstbeschuldigungen und Wertlosigkeitsgefühlen kann der Masochist den Schmerz betäuben und aus einer Orgie der Selbsterniedrigung Befriedigung schöpfen. Das wäre dann eine nichtsexuelle masochistische Befriedigung.

Wie kann nun Schmerz durch Intensivierung gemildert werden? Ich habe im Vorhergesagten das hierbei wirksame Prinzip beschrieben und möchte hier wörtlich zitieren. Bei der Erörterung der scheinbar freiwilligen Verstärkung des Leidens sagte ich: »Bei einem solchen Leiden sind keine sichtbaren Vorteile zu gewinnen, ist keine Zuschauerschaft zu beeindrucken, keine Sympathie zu erringen und kein geheimer Triumph darüber, daß man anderen seinen Willen aufzwingt. Dennoch gibt es für den Neurotiker einen Gewinn, aber er ist ganz anderer Art. Einen Mißerfolg in der Liebe, eine Niederlage bei einem Wettbewerb zu erleben, eine entschiedene Schwäche oder eigene Unzulänglichkeit einsehen zu müssen, ist für den unerträglich, der so hochfliegende Vorstellungen von seiner Einzigartigkeit hat. Wenn er also in seiner eigenen Achtung zu einem Nichts zusammensinkt, hören für ihn die Begriffe Erfolg, Mißerfolg, Überlegenheit und Minderwertigkeit auf zu bestehen; indem er sein Leid übertreibt und sich in einem allgemeinen Gefühl von Elend und Wertlosigkeit auflöst, verliert das bedrückende ärgerliche Erlebnis etwas von seiner Realität, wird der stechende

Schmerz dieses speziellen Elends gelindert und betäubt. Das diesem Vorgang zugrundeliegende Prinzip ist ein dialektisches, es enthält die philosophische Wahrheit, daß an einem gewissen Punkt Quantität sich in Qualität verwandelt. Konkret ausgedrückt bedeutet es, daß Leiden zwar schmerzhaft ist, daß aber die völlige Hingabe an ein übermäßiges Leid als ein Opiat gegen Schmerz dienen kann[12].«

Die auf diese Weise erlangte Befriedigung besteht also darin, daß man sich selbst an etwas hingibt und verliert. Ich weiß nicht, ob das eine weitere Analyse zuläßt. Wir können es jedoch seines Mysteriums entkleiden, wenn wir es mit bekannten Erscheinungen in Verbindung bringen, wie sexuelle Preisgabe, religiöse Ekstase, Aufgehen in einem großen Gefühl, sei es nun von der Natur, der Musik oder der Begeisterung für eine Sache erweckt. Nietzsche hat es das Dionysische genannt und hält es für eine der fundamentalsten menschlichen Befriedigungsmöglichkeiten. Ruth Benedict[13] und andere Anthropologen haben nachgewiesen, daß es in vielen Kulturerscheinungen wirksam ist. Daß es beim Masochisten in Form einer Preisgabe an die Abhängigkeit, an Elend und Selbsterniedrigung auftritt, liegt an dessen Grundstruktur, die keine andere Form der Befriedigung zuläßt.

Wenn wir zu den anfangs aufgeworfenen Fragen zurückkehren – ob nämlich der Masochismus eine besondere Art des sexuellen Begehrens darstellt, ob er als Streben nach Befriedigung im allgemeinen oder nach Befriedigung durch Leiden im besonderen definiert werden kann –, so gelange ich zu dem Schluß, daß alle diese Bestrebungen nur gewisse Seiten des Phänomens darstellen und nicht seinen Kern. Sein Kern ist darin zu sehen, daß ein eingeschüchtertes und isoliertes Individuum versucht, durch Abhängigkeit und demonstrative Anspruchlosigkeit mit dem Leben und seinen Gefahren fertig zu werden. Die aus diesem Grundstreben erwachsende Charakterstruktur bestimmt die Form, in der ein Wunsch durchgesetzt, Feindseligkeit geäußert, ein Versagen gerechtfertigt wird und in der man sich anderen gleichzeiti-

---

[12] *Karen Horney* a. a. O., 14. Kapitel.
[13] *Ruth Benedict*, Patterns of Culture (1934).

gen neurotischen Bestrebungen gegenüber verhält. Sie bestimmt auch die Art von Befriedigung, die gesucht, und die Form, in der sie gefunden wird. Die besondere sexuelle Befriedigung in masochistischen Perversionen und Phantasien ist gleichfalls von der Grundstruktur bestimmt. Um das Ergebnis polemisch zu fassen: die masochistische Perversion erklärt nicht den masochistischen Charakter, sondern der Charakter erklärt die Perversion. Der Masochist genießt das Leiden ebensowenig wie andere, aber sein Leiden ist das Ergebnis seiner Charakterstruktur. Die gelegentlichen Befriedigungen findet er nicht im Leiden, sondern in ekstatischer Hingabe an Not und Selbsterniedrigung.

Daher ist es die Aufgabe der Therapie, die masochistischen Grundtendenzen des Charakters bloßzulegen, ihnen in alle ihre Verästelungen nachzugehen und ihre Konflikte mit entgegengesetzten Tendenzen aufzuspüren.

XVI.

Psychoanalytische Therapie

Die psychoanalytische Therapie ist, soweit sie nicht der Intuition oder einfach dem gesunden Menschenverstand folgt, von theoretischen Auffassungen beeinflußt. Diese Auffassungen sind weitgehend entscheidend dafür, welche Faktoren zu beachten sind und welche Faktoren für die Entstehung, Unterhaltung und Heilung einer Neurose als wichtig angesehen werden und was man als therapeutisches Ziel betrachtet. Neue Wege der Theorie bedingen notwendig neue Wege in der Therapie. Mehr noch als in den anderen Kapiteln bedaure ich es hier, daß es mir im Rahmen dieses Buches nicht möglich war, mehr auf Einzelheiten einzugehen und daß ich viele wichtige Probleme gänzlich übergehen mußte. Die Fragen, über die ich hier sprechen will, werden sich mehr oder weniger auf die in einer Analyse notwendige Arbeit beschränken, auf die Heilfaktoren, auf das therapeutische Ziel, auf die für den Patienten und Analytiker bestehenden Schwierigkeiten, und auf die seelischen Faktoren, die dem Patienten zur Überwindung seiner Störungen helfen.

Zum besseren Verständnis dieser Faktoren möchte ich kurz zusammenfassen, wie im wesentlichen eine Neurose zustande kommt. Das Zusammentreffen widriger Einflüsse der Umgebung[1] bewirkt Störungen in der Beziehung des Kindes zum eigenen Ich und zu anderen. Als unmittelbare Folge davon ergibt sich, was ich die »Grundangst« genannt habe, ein Sammelbegriff für das Gefühl innerer Schwäche und Hilflosigkeit gegenüber einer als potentiell feindlich und bedrohlich empfundenen Welt. Die Grundangst verlangt nach der Suche von Möglichkeiten, mit dem Leben erfolgreich fertig zu werden. Die Möglichkeiten, die gewählt werden, sind die unter den gegebenen Bedingungen erreichbaren. Diese Möglichkeiten, die ich neurotische Tendenzen nenne, nehmen zwanghaften Charakter an, weil der Betreffende glaubt, sich

---

[1] Ich erörtere nicht den Einfluß konstitutioneller Faktoren, teils, weil sie für die psychoanalytische Therapie nicht von Belang sind, aber vor allem, weil wir zu wenig von ihnen wissen.

im Leben nur behaupten und möglichen Gefahren ausweichen zu können, wenn er ihnen unbeirrt nachgeht. Die Gewalt, die die neurotischen Tendenzen über ihn haben, wird noch durch den Umstand verstärkt, daß sie ihm als das einzige Mittel dienen, sowohl Befriedigung wie Sicherheit zu erreichen; andere Befriedigungsmöglichkeiten bleiben ihm verschlossen, da sie zu sehr mit Angst verbunden sind. Die neurotischen Tendenzen sind ferner ein Ventil für das Ressentiment, das er gegen die Welt hegt.

Sie sind also von entscheidender Wichtigkeit für den Betreffenden, zugleich aber haben sie in der Regel auch weitreichende ungünstige Folgen für seine weitere Entwicklung.

Die von ihnen gewährte Sicherheit ist immer zweifelhaft; der Betreffende unterliegt leicht der Angst, sobald sie versagen. Sie machen ihn verkrampft, um so mehr als oft weitere Schutzvorrichtungen aufgebaut werden müssen, um neue Beängstigungen zu unterdrücken. Stets wird ein solcher Mensch in widerstreitende Wünsche verwickelt; diese können von Anfang an entstehen, ein heftiger Trieb in der einen Richtung kann einen entgegengesetzten Trieb hervorrufen, oder eine neurotische Tendenz kann in sich selbst einen Konflikt bergen[2]. Das Vorhandensein solcher unvereinbarer Wünsche vergrößert noch die zahlreichen Möglichkeiten des Entstehens von Angst, denn gerade ihre Unvereinbarkeit schließt die Gefahr in sich, daß der eine den anderen gefährdet. Daher machen die neurotischen Tendenzen, im ganzen gesehen, einen Menschen noch unsicherer.

Überdies entfremden die neurotischen Tendenzen den Menschen sich selbst. Diese Tatsache und die Verkrampftheit seines Wesens beeinträchtigen seine Produktivität ganz erheblich. Er kann arbeitsfähig sein, aber die lebendige Schaffenskraft seines wahren spontanen Ich wird notwendigerweise gelähmt. Außerdem wird er unzufrieden, denn seine Be-

---

[2] Ein typisches Beispiel der ersten Art ist die Entwicklung eines neurotischen Ehrgeizes gleichzeitig mit einem neurotischen Liebesbedürfnis; ein Beispiel der zweiten Art ist die masochistische Tendenz zur Unauffälligkeit, die ihrerseits das Bedürfnis nach einem übertriebenen Ichgefühl hervorruft; ein Beispiel der dritten Art bieten die widerstreitenden Tendenzen zu Willfährigkeit und Trotz, in denen das Perfektionsbedürfnis wurzelt.

friedigungsmöglichkeiten sind begrenzt und die Befriedigungen selbst sind in der Regel nur vorübergehend und geteilt.

Und schließlich tragen die neurotischen Tendenzen zu einer weiteren Verschlechterung der menschlichen Beziehungen bei, obgleich ihre Funktion eigentlich darin besteht, eine Grundlage für den Umgang mit anderen herzustellen. Die Hauptgründe dafür sind, daß sie zur Erhöhung der Abhängigkeit von den anderen beitragen und daß sie verschiedenste Arten feindlicher Reaktionen auslösen.

Die Charakterstruktur, die sich so entwickelt, ist der Kern der Neurosen. Trotz unendlich vieler Varianten weist sie stets gewisse allgemeine Kennzeichen auf; zwanghafte Wünsche, widerstreitende Neigungen, die Neigung, manifeste Angst zu entwickeln, Beeinträchtigung der Beziehungen zu sich selbst und zu den anderen, auffallende Diskrepanz zwischen vorhandenen Möglichkeiten und tatsächlich Erreichtem.

Die sogenannten Symptome der Neurosen, die gewöhnlich als Kriterien für die Klassifizierung gelten, sind keine wesentlichen Elemente. Neurotische Symptome, wie Phobie, Depressionen, Müdigkeit u. dgl. brauchen sich überhaupt nicht zu entwickeln. Wenn sie sich aber entwickeln, sind sie ein Ergebnis der neurotischen Charakterstruktur und nur aus dieser Grundlage heraus zu verstehen. Der einzige Unterschied zwischen »Symptomen« und neurotischen Charakterschwierigkeiten ist de facto der, daß die letzteren der Struktur der Persönlichkeit zugehören, während die ersteren nicht offensichtlich mit dem Charakter in Verbindung stehen, sondern scheinbar unabhängig davon sind. Die Schüchternheit eines Neurotikers ist unverkennbar ein Ergebnis seiner Charaktertendenz; seine Höhenangst ist es nicht. Dennoch ist die letztere nur eine Ausdrucksform der ersteren, denn in dieser Höhenangst haben sich seine verschiedenen Furchtgefühle nur auf einen bestimmten Faktor gerichtet und konzentriert.

Angesichts dieser Deutung der Neurosen scheinen zwei Arten des therapeutischen Vorgehens als abwegig. Die eine versucht zu einem unmittelbaren Verständnis des symptomatischen Bildes zu gelangen, ohne zuvor Einblick in die besondere Charakterstruktur zu haben. Bei bloßen Situations-Neurosen ist es manchmal möglich, das auftretende Symptom direkt zu bekämpfen, indem man es auf den akuten Konflikt bezieht. Aber bei chronischen Neurosen verstehen wir anfangs nur sehr wenig von dem symptomatischen Bild, weil es das letzte Ergebnis aller vorhandenen neurotischen Verwicklungen darstellt. Wir wissen z. B. nicht, warum der eine Patient eine Syphilisangst hat, ein anderer periodische Freßsucht, ein dritter hypochondrische Befürchtungen. Der Analytiker sollte wissen, daß die Symptome nicht direkt verstanden werden können und warum das so ist. In der Regel erweist sich jeder Versuch, eine unmittelbare Deutung der Symptome zu geben, als Fehlschlag und bedeutet mindestens Zeitverschwendung. Es ist besser, sie zunächst für sich zu behalten und später auf sie zurückzukommen, wenn von der Erkenntnis der Charakterzüge her Licht auf sie fällt.

Der Patient ist meist mit diesem Vorgehen nicht zufrieden. Er möchte seine Symptome natürlich sofort erklärt haben und nimmt den vermeintlich unnötigen Aufschub übel. Der tiefere Grund für seinen Unwillen ist oft, daß er niemandem gestatten will, in die Geheimnisse seiner Persönlichkeit einzudringen. Der Analytiker wird dann gut tun, ihm offen die Gründe für sein Vorgehen zu erklären und die Reaktionen des Patienten darauf zu analysieren.

Die andere irrige Methode besteht darin, die gegenwärtigen Eigentümlichkeiten des Patienten direkt auf gewisse Kindheitserfahrungen zu beziehen und eiligst eine Kausalverbindung zwischen beiden Faktorenreihen herzustellen. In der Therapie ist Freud in erster Linie daran interessiert, gegenwärtige Schwierigkeiten bis auf die Triebquellen und die infantilen Erlebnisse zurückzuverfolgen und dieses Vorgehen hängt mit dem triebbezogenen und genetischen Charakter seiner Psychologie zusammen.

In Übereinstimmung mit diesem Prinzip hat Freud in der Therapie zwei Ziele. Wenn man – ungeachtet der dabei vorliegenden Ungenauigkeit – die Triebregungen und das »Über-Ich« Freuds meinen »neurotischen Tendenzen« gleichsetzt, so ist Freuds erstes Ziel, das Vorhandensein der neurotischen Tendenzen zu erkennen. Er würde z. B. aus dem Vorhandensein von Selbstbeschuldigungen und selbstauferlegten Beschränkungen darauf schließen, daß der Patient ein gewichtiges »Über-Ich« (Bedürfnis nach äußerer Vollkommenheit) hat. Sein nächstes Ziel wäre, diese Züge auf infantile Ursprünge zu beziehen und daraus zu erklären. Hinsichtlich des »Über-Ich« würde ihm in erster Linie an der Erkennung derjenigen elterlichen Verbote liegen, die in dem Patienten noch wirksam sind, und ferner an der Aufdeckung der Ödipus-Beziehungen (der sexuellen Bindungen, Feindschaften, Identifizierungen), die nach seiner Ansicht letzten Endes das Phänomen bedingen.

Nach meiner Auffassung von der Neurose sind die wichtigsten neurotischen Störungen eine Folge der neurotischen Trends. Nachdem ich daher die neurotischen Tendenzen erkannt habe, geht mein Hauptbestreben in der Therapie dahin, im einzelnen ihre Funktionen aufzudecken, sowie die Wirkungen, die sie auf die Persönlichkeit und das Leben des Patienten haben. Um wieder auf das Beispiel des Perfektionsbedürfnisses zurückzugreifen, so käme es mir in erster Linie darauf an, zu erkennen, was diese Tendenz für den Betreffenden bedeutet (das Ausschalten von Konflikten mit den anderen, das über andere erlangte Überlegenheitsgefühl) und auch, welche Folgen die Tendenz für seinen Charakter und sein Leben hat. Diese Untersuchung würde es z. B. ermöglichen, zu verstehen, wieso ein solcher Mensch sich den Erwartungen und den allgemeinen Maßstäben in einer Weise anpaßt, daß er zu einem bloßen Automaten wird und sie dennoch heimlich verachtet; man würde erkennen, wieso dieses Doppelspiel zu Teilnahmslosigkeit und Passivität führt; wieso der Betreffende auf seine scheinbare Unabhängigkeit stolz ist, obwohl er de facto völlig von den Ansprüchen und Meinungen der anderen abhängt, wie er allem, was man von ihm erwartet, mit Ressentiment begegnet und sich doch ohne solche Ansprüche, die ihm eine Richtung geben, verloren fühlt, wie sehr er es fürchtet, daß jemand die Dürftigkeit seiner moralischen Bemühungen und die Zweideutigkeit seines Lebens erkennt; und wie ihn das wiederum abgesondert und überempfindlich gegen Kritik gemacht hat.

Ich unterscheide mich von Freud darin, daß er, nach dem Erkennen der neurotischen Tendenzen, zunächst ihrer Entstehung nachgeht, während ich in erster Linie ihre gegenwärtigen Funktionen und ihre Auswirkungen untersuche. Unsere Absicht ist die gleiche: den Einfluß der neurotischen Tendenzen auf den Menschen zu vermindern. Freud glaubt, daß der Patient durch die Erkenntnis der infantilen Natur seiner Tendenzen von selbst einsieht, daß sie nicht mehr zu ihm als einer erwachsenen Persönlichkeit passen und daß er ihrer daher Herr zu werden vermöge. Die in dieser Feststellung enthaltenen Fehlerquellen sind erörtert worden. Ich glaube, daß alle die Hindernisse, die Freud für therapeutische Mißerfolge verantwortlich macht – wie etwa die Tiefe unbewußter Schuldgefühle, narzißtische Unnahbarkeit, die Unveränderlichkeit der biologischen Triebe –, sich in Wirklichkeit auf die irrtümlichen Voraussetzungen dieser Theorie zurückführen lassen.

Ich glaube, daß sich durch Behandlung der Folgeerscheinungen der neurotischen Tendenzen die Angst des Patienten so sehr verringert und seine Beziehung zum Ich und zu den anderen so sehr bessert, daß er sich von diesen Tendenzen freimachen kann. Ihre Entwicklung war durch des Kindes feindselige und argwöhnische Haltung gegenüber der Welt bedingt. Wenn die Analyse der Folgeerscheinungen, d. h. die Analyse der tatsächlich vorhandenen neurotischen Struktur dem Menschen dazu verhilft, sich anderen gegenüber besonders freundlich zu verhalten, anstatt ihnen unterschiedslos feindlich zu begegnen, wenn seine Angst sich beträchtlich verringert, wenn er an innerer Stärke und Aktivität gewinnt – so benötigt er seine Sicherheitsapparatur nicht mehr, sondern kann mit den Schwierigkeiten des Lebens nach eigenem Ermessen fertig werden.

Nicht immer ist es der Analytiker, der dem Patienten nahelegt, nach Ursachen in der Kindheit zu forschen; oft bietet der Patient von selbst genetisches Material. Soweit er für seine Entwicklung bedeutsames Material anführt, ist diese Neigung fruchtbar. Aber sofern er es umbewußt dazu benutzt, eine eilfertige Kausalverbindung herzustellen, ist sie eine Ausflucht. Meist hofft er dadurch der Erkenntnis von Tendenzen auszuweichen, die bei ihm tatsächlich vorhanden sind. Der Patient hat ein verständliches Interesse daran, sich weder über die Unangemessenheit solcher Tendenzen noch über den Preis, den er dafür bezahlt, klar zu werden; bis zu dem Zeitpunkt der Analyse beruhten seine Sicherheit wie seine Befriedigungsansprüche darauf, daß er diesen Bestrebungen nachging. Er würde sich lieber die verworrene Hoffnung bewahren, daß seine Triebe nicht so gebieterisch und so unvereinbar sind wie sie es scheinen, daß er sein Steckenpferd behalten kann und sich nichts zu ändern braucht. Daher widersetzt er sich mit gutem Grund, wenn der Analytiker darauf besteht, die tatsächlichen verwickelten Konsequenzen durchzuarbeiten.

Sobald der Patient selbst fähig ist, zu erkennen, daß seine genetischen Bemühungen zu einem toten Punkt führen, empfiehlt es sich, aktiv einzugreifen und aufzuzeigen, daß die angeführten Erlebnisse zwar einen Einfluß auf die vorhandene Tendenz haben mögen, daß sie jedoch nicht erklären, warum die Tendenz noch heute aufrechterhalten wird; dem Patienten sollte erklärt werden, daß es meist zweckmäßiger ist, seine Wißbegier über die Entstehungsgründe zurückzustellen und zuerst die Auswirkungen zu untersuchen, die die einzelne Tendenz für seinen Charakter und für sein Leben hat.

Die Betonung, die ich auf die Analyse der gegenwärtigen Charakterstruktur lege, besagt nicht, daß Fakten der Kindheit vernachlässigt werden sollten. Das von mir beschriebene Vorgehen – ein Vorgehen, das sich künstlicher Rekonstruktionen enthält – führt im Gegenteil sogar zu einem klareren Verständnis der Kindheitsschwierigkeiten. Nach meinen Erfahrungen ist es – gleichgültig, ob man mit der alten oder mit der modifizierten Technik arbeit – relativ selten, daß gänzlich vergessene Erinnerungen zum Vorschein kommen. Häufiger werden falsche Erinnerungen korrigiert, und Zufällen, die als unerheblich betrachtet wurden, wird Bedeutung gegeben. Das Verständnis, das der Patient allmählich auf diese Weise für seine besondere Entwicklung erwirbt, trägt dazu bei, ihn wieder zu sich selbst zurückzubringen. Indem er sich selbst versteht, versöhnt er sich auch wieder mit seinen Eltern oder mit ihrem Andenken; er erkennt, daß sie gleichfalls in Konflikten befangen waren und nichts dafür konnten, daß sie ihm geschadet haben. Und was noch wichtiger ist: wenn er nicht mehr an dem ihm zugefügten Schaden leidet oder wenigstens einen Weg sieht, ihn zu überwinden, so beruhigen sich alte Ressentiments.

Die Werkzeuge, die der Analytiker bei diesem Vorgehen anwendet, sind weitgehend dieselben, die Freud uns benutzen lehrte: freie Assoziationen und Interpretationen als Mittel, unbewußte Vorgänge ins Bewußtsein zu heben; ein detailliertes Studium der Beziehungen zwischen Patient und Analytiker, um daran die Art der Beziehungen des Patienten zu anderen zu erkennen. Hier sind es zwei Faktorengruppen, in denen ich mich grundsätzlich von Freud unterscheide.

Die eine bezieht sich auf die Art der Interpretationen. Ihr Charakter ist von den Faktoren abhängig, die man für wesentlich hält. Da ich die hier bestehenden Unterschiede der Auffassung in diesem Buch wiederholt erörtert habe, brauche ich diesen Punkt hier nur zu erwähnen.

Die andere Gruppe bezieht sich auf Faktoren, die weniger greifbar und daher schwerer zu formulieren sind. Sie bestehen in der Art und Weise, in der der Analytiker den Prozeß handhabt: seine Aktivität oder Passivität, seine Haltung gegenüber dem Patienten, der Umstand, ob er Werturteile abgibt oder sich ihrer enthält, die Haltungen, die er bei dem Patienten fördert oder einschränkt. Einige dieser Punkte sind erörtert worden, andere wurden in den obigen Kapiteln angedeutet. Die wesentlichen Gedankengänge mögen hier kurz zusammengefaßt werden.

Nach Freud sollte der Analytiker eine verhältnismäßig passive Rolle spielen. Freud rät dem Analytiker, er solle den Assoziationen des Patienten mit »gleichbleibender Aufmerksamkeit« lauschen, ausgesprochenes Interesse für gewisse Details und bewußte Äußerungen vermeiden[3].

Natürlich kann der Analytiker, selbst nach Freuds Ansicht, nicht völlig passiv bleiben. Er übt einen aktiven Einfluß auf die Assoziationen des Patienten durch die Deutun-

[3] »Er soll dem gebenden Unbewußten des Kranken sein eigenes Unbewußtes als empfangendes Organ zuwenden, sich auf den Analysierten einstellen wie der Hörer des Telefons zum Mikrophon eingestellt ist. Wie der Hörer die von Schallwellen angeregten elektrischen Schwankungen der Leitung wieder in Schallwellen verwandelt, so ist das Unbewußte des Arztes befähigt, aus den ihm mitgeteilten Abkömmlingen des Unbewußten dies Unbewußte, welches die Einfälle des Kranken determiniert hat, wiederherzustellen.«
Sigmund Freud: »Ratschläge für den Arzt bei der psychoanalytischen Behandlung« in Collected Papers, Vol. II. (1924).

gen, die er gibt. Wenn der Analytiker z. B. die Vergangenheit zu rekonstruieren sucht, wird der Patient dadurch von selbst zur Nachforschung im Vergangenen veranlaßt. Ebenso wird jeder Analytiker aktiv eingreifen, wenn er bemerkt, daß der Patient hartnäckig gewissen Themen ausweicht. Nach Freuds Meinung wäre es das Ideal, daß der Patient dem Analytiker die Richtung gibt und dieser das Material nur deutet, wenn er es dazu für geeignet hält. Daß er bei diesem Vorgehen den Patienten auch beeinflußt, ist gewissermaßen eine Wirkung, die man wohl wünscht, aber nur zögernd zugibt.

Ich bin dagegen der Ansicht, daß der Analytiker ganz bewußt die Analyse leiten sollte. Diese Feststellung ist jedoch, ebenso wie Freuds Betonung der Passivität, cum grano salis zu verstehen, da es stets der Patient ist, der die allgemeine Richtung der Analyse bestimmt, indem er durch seine Assoziationen die ihn am meisten beschäftigenden Probleme offenbart. Auch wird der Analytiker nach meiner Erfahrung viele Stunden lediglich für Interpretationen benötigen. Eine Interpretation kann vielerlei zum Inhalt haben: die Klärung von Problemen, die der Patient, da er sich ihres Vorhandenseins nicht bewußt ist, nur in verhüllter und entstellter Form zeigt; den Hinweis auf bestehende Widersprüche; Ratschläge für die Lösung eines Problems auf Grund bereits gewonnener Einsichten in die Struktur des Patienten usw. Das sind Stunden, in denen der Patient sich auf fruchtbarem Boden bewegt. Sobald ich aber spüre, daß er sich in eine Sackgasse verirrt, würde ich unbedenklich höchst aktiv eingreifen und zu einem anderen Wege raten, obwohl ich natürlich analysieren würde, warum er eine bestimmte Linie bevorzugt, und ich würde auch begründen, warum ich es lieber sähe, wenn er in einer anderen Richtung nachzuforschen versuchte.

Es sei beispielsweise angenommen, ein Patient sei sich darüber klargeworden, daß er unter dem Zwange des Rechthabenmüssens steht. Er hat das so hinlänglich eingesehen, daß er sich darüber zu wundern beginnt und fragt, warum es wohl so wichtig sei. Meine Methode wäre nun, vorsichtig anzudeuten, daß man in der Regel mit einer unmittelbaren Suche nach den Ursachen nicht sehr weit kommt, daß es ergiebiger ist, zunächst im einzelnen alle die Folgen zu erkennen, die diese Haltung für ihn hat und zu verstehen, welche

Funktion sie erfüllt. Selbstverständlich riskiert der Analytiker auf diese Art mehr und hat eine größere Verantwortung. Verantwortung trägt der Analytiker jedoch auf jeden Fall, und das Risiko, falsche Hinweise zu geben und dadurch Zeit zu verlieren, ist erfahrungsgemäß geringer als das, überhaupt nicht einzugreifen. Wenn ich mich über einen dem Patienten gegebenen Hinweis unsicher fühle, mache ich darauf aufmerksam, daß er versuchsweise gegeben wurde. Wenn dann dieser Hinweis nicht zutrifft, kann der Umstand, daß der Patient mich gleichfalls auf der Suche nach einer Lösung sieht, seine aktive Mitarbeit bei der Korrektur oder der Qualifizierung meines Hinweises auslösen.

Der Analytiker sollte seinen wohlüberlegten Einfluß nicht nur auf die Richtung der Assoziationen des Patienten, sondern auch auf die seelischen Kräfte ausüben, die ihm schließlich bei der Überwindung seiner Neurose helfen können. Die vom Patienten zu leistende Arbeit ist überaus anstrengend und quälend. Sie bedeutet nichts Geringeres, als daß er alles bisherige Streben nach Sicherheit und Befriedigung aufgibt oder weitgehend modifiziert. Sie fordert, daß er sich von Illusionen über sich selbst freimacht, die ihn in seinen Augen bedeutend gemacht haben. Sie verlangt, daß er seine gesamten Beziehungen zu anderen und zu sich selbst auf eine andere Grundlage stellt. Was gibt dem Patienten den Antrieb zu einer so harten Arbeit? Die Patienten suchen nach analytischer Hilfe aus sehr verschiedenen Beweggründen und mit sehr verschiedenen Erwartungen. Meist wollen sie ihre manifesten neurotischen Störungen loswerden. Manchmal möchten sie besser mit gewissen Situationen fertig werden können. Manchmal fühlen sie, sie seien in ihrer Entwicklung stehengeblieben und möchten über einen toten Punkt hinwegkommen. Sehr selten kommen sie einfach mit der Hoffnung, glücklicher zu werden. Die Stärke und der konstruktive Wert dieser Beweggründe sind individuell verschieden, aber sie können alle zum Zwecke der Heilung wirksam genutzt werden.

Man muß sich jedoch darüber klar sein, daß diese Antriebe nicht ganz das sind, was sie scheinen. Der Patient will seine Ziele unter seinen eigenen Bedingungen erreichen. Er möchte von Leiden befreit werden, ohne daß man seine Persönlichkeit antastet. Sein Wunsch nach größerer Leistung oder nach besserer Entwicklung seiner Begabung ist fast stets weitgehend von der Erwartung bestimmt, daß die Analyse ihm dazu verhelfen würde, den Anschein seiner Unfehlbarkeit und Überlegenheit besser aufrechtzuerhalten. Selbst sein Glücksverlangen, an sich der wirksamste aller Antriebe, kann nicht wörtlich genommen werden, weil das Glück, das sich der Patient vorstellt, insgeheim die Erfüllung all seiner widersprechenden neurotischen Wünsche bedeutet. Während der Analyse verstärken sich aber erneut alle diese Antriebe. Bei einer sehr erfolgreichen Analyse geschieht das, ohne daß der Analytiker besondere Aufmerksamkeit darauf verwendet. Aber da diese Verstärkung, oder wie man sagen kann, ihre Mobilisierung von höchster Wichtigkeit für das Erzielen einer Heilung ist, ist es für den Analytiker wünschenswert zu wissen, welche Faktoren sie hervorrufen, und die Analyse so zu führen, daß sie wirksam werden können.

Während der Analyse verstärkt sich der Wunsch, vom Leiden befreit zu werden, weil der Patient, auch wenn seine Symptome geringer werden, allmählich erkennt, wieviel verborgene Leiden seine Neurose mit sich bringt und welche Hindernisse sie ihm in den Weg legt. Eine sorgfältige Herausarbeitung aller Folgen der neurotischen Tendenzen trägt dazu bei, daß der Patient sie erkennt und eine fruchtbare Unzufriedenheit mit sich selbst gewinnt.

Sein Wunsch, seine Persönlichkeit zu vervollkommnen, erhält eine solidere Grundlage, sobald seine falschen Ansprüche beseitigt sind. Perfektionistische Triebe z. B. werden durch den echten Wunsch ersetzt, die angeborenen Möglichkeiten zur Entfaltung zu bringen, gleich, ob es sich dabei um besondere Talente oder allgemein-menschliche Fähigkeiten handelt, wie die Fähigkeit zu Freundschaft und Liebe, die Fähigkeit, eine gute Leistung zu vollbringen und sich, um ihrer selbst willen, daran zu freuen.

Vor allem aber wird das Glücksverlangen stärker. Die meisten Patienten haben nur die Teilbefriedigung kennengelernt, die ihnen innerhalb der von ihrer Angst gesetzten Schranken erreichbar ist; sie haben niemals echtes Glück erlebt und sie haben auch nie danach zu trachten gewagt. Ein Grund dafür ist, daß der Neurotiker völlig von seinem Streben nach Sicherheit in Anspruch genommen worden ist und zufrieden war, wenn er nur von der quälenden Angst, von Depressionen, Migräne u. dgl. frei war. In vielen Fällen hat er sich auch verpflichtet geglaubt, den Anschein einer mißverstandenen »Selbstlosigkeit« vor sich selbst und vor den anderen aufrechtzuerhalten; daher wagte er trotz seiner tatsächlichen Egozentrizität niemals mit eigenen Wünschen herauszukommen. Oder es kann auch sein, daß er annahm, das Glück würde ihm ohne eigenes Dazutun wie die Sonne vom Himmel lächeln. Doch bedeutsamer als alle diese Gründe und wahrscheinlich deren eigentliche Ursache ist, daß der Betreffende ein aufgeblasener Ballon, eine Marionette, ein Erfolgsjäger, ein blinder Passagier, jedoch niemals er selbst war. Und es scheint, daß die Vorbedingung für das Glück darin besteht, daß man seinen Schwerpunkt in sich selbst hat.

Die Analyse kann nun auf verschiedene Art das Verlangen nach Glück verstärken. Durch Beseitigung der Angst des Patienten befreit sie Energien und Wünsche nach etwas Positiverem im Leben als nach bloßer risikoloser Sicherheit. Sie entlarvt auch die »Selbstlosigkeit« als eine Vorspiegelung, die aus Gründen der Furcht und aus Hunger nach Auszeichnung aufrechterhalten wird. Die Analyse dieses Teils der Fassade verdient besondere Aufmerksamkeit, weil hier besonders das Glücksverlangen befreit werden kann. Ferner verhilft die Analyse dem Patienten zu der allmählichen Einsicht, daß er sich auf dem falschen Weg befindet, wenn er erwartet, das Glück käme ihm von außen zu – daß das Glücksempfinden vielmehr eine von innen her zu erwerbende Fähigkeit ist. Es hat keinen Zweck, ihm das lediglich zu sagen, weil er es ohnedies als eine uralte und unbestrittene Wahrheit kennt und weil es für ihn eine abstrakte Tatsache ohne Einfluß auf die Wirklichkeit bleiben würde. Durch das psychoanalytische Vorgehen wird diese Wahrheit zur lebendigen Wirklichkeit. Ein Patient, der sich z. B. Glück in Form von Liebe und Kameradschaft wünscht, erkennt in der Analyse, daß »Liebe« für ihn unbewußt nur eine Beziehung darstellt, bei der er alles was er will von dem Partner erhält, der ihm auf jeden Wink folgt – daß er »bedingungslose Liebe« zu empfangen erwartet, während er sich innerlich völlig distanziert hält und verschlossen bleibt. Wenn er sich der Natur seiner Ansprüche bewußt wird, wenn er die Unmöglichkeit erkennt, daß sie je erfüllt werden, und besonders wenn ihm bewußt wird, welche Folgen diese Ansprüche und seine Reaktionen auf ihre Nichterfüllung tatsächlich auf seine Beziehungen gehabt haben, so wird er schließlich einsehen, daß er nicht darauf zu verzichten braucht, Glück durch Liebe zu erlangen, sondern daß er es erlangen kann, wenn er sich nur ausreichende Mühe gibt, seine innere Aktivität wiederzugewinnen. Je mehr ein Patient sich von seinen neurotischen Tendenzen befreien kann, desto mehr gewinnt er sein eigenes spontanes Ich zurück und kann die Suche nach seinem Glück zuverlässig selbst übernehmen.

Es gibt noch eine andere Möglichkeit, den Wunsch des Patienten nach innerer Wandlung zu mobilisieren und zu bestärken. Selbst wenn er mit der Psychoanalyse vertraut ist, hat er fast immer die Vorstellung, daß das Analysiertwerden nur bedeutet, daß man sich gewisser unangenehmer Dinge im eigenen Inneren bewußt wird, insbesondere vergangener Dinge, und daß ein solches Bewußtwerden ihm, wie durch magische Kraft, das rechte Verhältnis zum Leben gewinnen lassen würde. Wenn er die Möglichkeit, daß die Analyse eine Wandlung seiner Persönlichkeit erstrebt, überhaupt in Betracht zieht, dann erwartet er, daß dieser Wandel sich automatisch vollziehen müsse. Ich will mich hier nicht auf die philosophische Fragestellung bezüglich des Verhältnisses zwischen der Einsicht in eine unerwünschte Eigenschaft und dem Willensimpuls zur Änderung dieser Eigenschaft einlassen. Auf jeden Fall macht der Patient unbewußt aus subjektiven und nur zu verständlichen Gründen einen Unterschied zwischen der Erkenntnis und der eigentlichen Wandlung. Im Prinzip erkennt er die Notwendigkeit an, sich der unterdrückten Triebe bewußt zu werden – obwohl er im einzelnen natürlich jeden Schritt in dieser Richtung bekämpft –, aber er weigert sich, die Notwendigkeit einer Wandlung anzuerkennen. All das macht er sich nicht im einzelnen klar, aber wenn der Analytiker ihn vor die Notwendigkeit einer Wandlung stellt, wird er höchst betroffen sein.

Während manche Analytiker dem Patienten diese Notwendigkeit klarmachen, teilen andere die Haltung des Patienten. Ein Vorfall, den ich erlebte, als ich die Analyse eines Kollegen kontrollierte, mag dies illustrieren. Der Patient hatte dem Kollegen den Vorwurf gemacht, er wolle ihn völlig umändern, worauf dieser erwiderte, daß dies nicht in seiner Absicht läge, daß er nur gewisse seelische Momente aufdecken wollte. Ich fragte den Kollegen, ob er von der Wahrheit seiner Antwort überzeugt sei. Er gab zu, daß sie nicht ganz ehrlich war, aber er glaubte, es sei nicht richtig, zu wünschen, daß der Patient sich ändere.

Diese Frage birgt einen scheinbaren Widerspruch. Jeder Analytiker ist stolz, wenn er von anderen erfährt, daß ein Patient von ihm sich ungeheuer verändert habe, und doch würde er den vorsätzlichen Wunsch, eine Wandlung der Persönlichkeit des Patienten herbeizuführen, diesem gegenüber nicht gern zugeben oder äußern. Er wird heftig darauf bestehen, alles was er tue oder tun wolle, sei, unbewußte Vorgänge ins Bewußtsein zu heben, und es sei die Sache des Patienten, nun mit seiner besseren Kenntnis seiner selbst etwas anzufangen. Dieser Widerspruch ist aus theoretischen Gründen erklärlich. Da ist zunächst die allgemeine Vorstellung, daß der Analytiker ein Wissenschaftler sei, dessen einzige Aufgabe darin bestünde, zu beobachten, Material zu sammeln und darzubieten. Da ist ferner die Lehre von den begrenzten Funktionen des »Ich«. Bestenfalls wird ihm eine synthetische Funktion zugeschrieben, die automatisch, aber aus eigener Willenskraft heraus arbeitet, da alle Energien, wie man annimmt, triebhaften Ursprungs sind. In der Theorie glaubt der Analytiker nicht daran, daß wir fähig sind, etwas deswegen zu wollen, weil unser Verstand uns sagt, es sei das Richtigste oder Vernünftigste, um gewisse Ziele zu erreichen. Daher sieht er davon ab, die Willenskraft absichtlich in eine fruchtbare Richtung zu lenken[4].

Dennoch wäre es unrichtig, wenn man behauptete, Freud erkenne überhaupt nicht die Rolle, die die Willenskraft des

---

[4] *Otto Rank* kritisiert in seinem Buch Will Therapy (1936) mit Recht die Mißachtung dieser Fähigkeit in der Psychoanalyse. Willenskraft ist jedoch ein zu formales Prinzip, als daß es die theoretische Grundlage für die Therapie bilden könnte. Die wesentlichen Punkte bleiben inhaltlicher Art: aus welchen Fesseln und zu welchen Zwecken Energien freigemacht werden.

Patienten in der Therapie spielt. Indirekt erkennt er sie, wenn er fordert, daß die Verdrängung durch die Einsicht zu ersetzen sei oder daß wir mit der Vernunft des Patienten arbeiten, was besagt, daß die vernünftige Einsicht des Patienten einen Willensimpuls in Richtung auf eine innere Wandlung bewirkt. Jeder Analytiker verläßt sich ja auf solche in dem Patienten tätigen Impulse. Wenn er ihm z. B. das Vorhandensein einer »infantilen« Tendenz, wie Habgier oder Eigensinn, und ihre schädlichen Folgeerscheinungen beweisen kann, mobilisiert er zweifellos einen Willensimpuls zur Überwindung dieser Tendenz. Die Frage ist nur, ob es nicht vorzuziehen ist, das bewußt und vorsätzlich zu tun.

Die psychoanalytische Art, die Willenskraft zu mobilisieren, besteht darin, dem Patienten gewisse Zusammenhänge oder Motivierungen zum Bewußtsein zu bringen und ihn dadurch zu Urteil und Entscheidung zu befähigen. Bis zu welchem Grade diese Wirkung eintritt, hängt von der Tiefe der gewonnenen Einsicht ab. In der psychoanalytischen Literatur wird ein Unterschied gemacht zwischen einer »bloßen« verstandesmäßigen und einer gefühlsmäßigen Einsicht. Freud stellt ausdrücklich fest, die verstandesmäßige Einsicht sei zu schwach, um die Patienten zu einer Entscheidung zu befähigen[5]. Es ist richtig, daß ein Wertunterschied besteht, ob ein Patient nur auf die Existenz einer früheren Erfahrung schließt oder ob er sie wirklich fühlt, ob er nur von Todeswünschen spricht oder sie tatsächlich empfindet. Diese Unterscheidung hat zwar ihre Vorzüge, aber sie wird der verstandesmäßigen Einsicht nur ungenügend gerecht. »Verstandesmäßig« hat in diesem Zusammenhang unabsichtlich die Nebenbedeutung »oberflächlich« angenommen.

Eine verstandesmäßige Einsicht kann ein mächtiger An-

[5] »Wenn der Kranke den Normalkonflikt mit den Widerständen durchzukämpfen hat, die wir ihm in der Analyse aufgedeckt haben, so bedarf er eines mächtigen Antriebes, der die Entscheidung in dem von uns gewünschten, zur Genesung führenden Sinne beeinflußt. Sonst könnte es geschehen, daß er sich für die Wiederholung des früheren Ausgangs entscheidet und das ins Bewußtsein Gehobene wieder in die Verdrängung gleiten läßt. Den Ausschlag in diesem Kampfe gibt nicht seine intellektuelle Einsicht – die ist weder stark noch frei genug für solche Leistung –, sondern einzig sein Verhältnis zum Arzt.« (*Sigmund Freud*, Allgemeine Einführung in die Psychoanalyse).

trieb sein, vorausgesetzt, daß sie von ausreichender Überzeugung getragen wird. Die Art der Einsicht, die ich meine, läßt sich an einer Erfahrung erläutern, die wahrscheinlich jeder Analytiker gemacht hat. Der Patient ist sich manchmal bewußt, gewisse Neigungen, z. B. sadistischer Art, zu haben und empfindet sie wirklich. Aber einige Wochen später erscheinen sie ihm als eine gänzlich neue Entdeckung. Was ist geschehen? Was fehlte, war nicht das Gefühlsmäßige. Man könnte eher sagen, daß die Einsicht in die sadistischen Tendenzen kein Gewicht hatte, weil sie isoliert blieb. Zu ihrer Ergänzung ist folgendes nötig: das Wissen um verhüllte Äußerungen sadistischer Triebe und um ihre Intensität; das Wissen darum, welche Situationen sie hervorrufen und welche Folgen sie haben, wie etwa Angst, Hemmungen, Schuldgefühle, Störungen in den Beziehungen zu anderen. Nur eine Einsicht von diesem Ausmaß und dieser Präzision wäre stark genug, alle verfügbaren Energien des Patienten für einen Entschluß zur Wandlung zu mobilisieren.

Was man erreicht, wenn man den Wunsch des Patienten auslöst, sich zu ändern, gleicht bis zu einem gewissen Grade dem, was ein Arzt erreicht, wenn er einem Zuckerkranken sagt, daß er zur Überwindung seines Leidens eine bestimmte Diät einhalten müsse. Auch der Arzt mobilisiert Energien, wenn er dem Patienten einen Einblick in die Folgen gibt, die wahlloses Essen bei seinem Zustand für ihn haben würde. Der Unterschied ist nur, daß die Aufgabe des Analytikers unvergleichlich schwieriger ist. Der Internist weiß genau, was dem Patienten fehlt und was dieser vermeiden oder tun muß, um sein Leiden loszuwerden. Weder der Analytiker noch sein Patient jedoch sind sich darüber klar, welche Tendenzen welche Störungen verursachen, beide müssen sich, abgesehen davon, daß sie in einem ständigen Kampf mit der Furcht und Empfindlichkeit des Patienten stehen, ihren Weg durch ein verwirrendes Netzwerk von Rationalisierungen und scheinbar befremdlichen Gefühlsreaktionen bahnen, um endlich einen gewissen Zusammenhang zu erkennen, der diesen Weg aufhellt.

Der Entschluß, sich zu ändern, so unermeßlich wertvoll er sein mag, ist jedoch keineswegs gleichbedeutend mit der Fähigkeit, es auch zu tun. Um den Patienten zum Aufgeben seiner neurotischen Tendenzen zu befähigen, müssen diejenigen Faktoren seiner Struktur, die jene Tendenzen notwendig machten, durchgearbeitet werden. Die psychoanalytische Methode, diese soeben mobilisierte Energie zu nutzen, besteht infolgedessen darin, sie auf eine weitere Analyse zu richten.

Der Patient kann diesen weiteren Schritt spontan tun. Er kann z. B. genauere Beobachtungen anstellen über die Bedingungen, die sadistische Impulse hervorrufen, und begierig sein, diese Bedingungen zu analysieren. Andere wiederum, die sich noch gezwungen fühlen, jede unangenehme Tendenz sofort auszumerzen, bemühen sich, die sadistischen Impulse unmittelbar zu beherrschen, und wenn es ihnen mißlingt, werden sie enttäuscht. In diesem Falle würde ich dem Patienten erklären, daß seine Versuche zur Beherrschung der sadistischen Impulse solange unmöglich gelingen können, als er sich innerlich noch schwach, niedergeschlagen, leicht gedemütigt fühlt; daß er, solange Gefühle dieser Art bestehen, sich versucht fühlen muß, über andere rachsüchtig zu triumphieren, daß er daher, wenn er die sadistischen Triebe überwinden will, die psychischen Quellen untersuchen muß, denen sie entspringen. Je mehr ein Analytiker von dieser weiteren, noch zu leistenden Arbeit weiß, desto mehr vermag er einem Patienten nutzlose Enttäuschung zu ersparen, und um so mehr kann er seine Bemühungen in lohnendere Bahnen lenken.

Nach Freuds Auffassung gehen moralische Probleme oder Werturteile über das Interesse und die Kompetenz der Psychoanalyse hinaus. Auf die Therapie angewendet bedeutet es, daß der Analytiker Toleranz zu üben hat. Diese Haltung stimmt mit dem Anspruch der Psychoanalyse, eine Wissenschaft zu sein, überein und spiegelt das Prinzip des Laissezfaire, das eine bestimmte Phase der liberalen Ära kennzeichnete. Tatsächlich ist ja die Vermeidung von Werturteilen, die Scheu, sie zu verantworten, ein weit verbreitetes Charakteristikum des modernen liberalen Menschen[6]. Die unerschütterliche Toleranz des Analytikers sieht man als eine der uner-

---

[6] Die soziologische Begründung des psychoanalytischen Begriffs der Toleranz hat Erich Fromm dargestellt in »Die gesellschaftliche Bedingtheit der psychoanalytischen Therapie«, Zeitschrift für Sozialforschung (1935).

läßlichen Vorbedingungen dafür an, daß sich der Patient der verdrängten Impulse und Reaktionen bewußt zu werden und sie schließlich zu äußern vermag.

Hier entsteht zuerst die Frage, ob es möglich ist, solche Toleranz zu erreichen. Ist es dem Analytiker möglich, bis zu einem solchen Grade nur Spiegel zu sein, daß er seine eigenen Wertungen ausschließt? Wir haben bei der Erörterung der kulturellen Bedingtheiten der Neurosen gesehen, daß dies ein Ideal ist, das sich nicht verwirklichen läßt. Da Neurosen Fragen des menschlichen Verhaltens und menschlicher Antriebe umfassen, so bestimmen gesellschaftliche und überlieferte Wertungen unbewußt die in Angriff genommenen Probleme und die gesetzten Ziele. Freud selbst hält sich nicht streng an sein Ideal. Er läßt den Patienten nicht im Zweifel über seine eigene Stellung z. B. zu dem Wert der in der heutigen Gesellschaft gültigen Geschlechtsmoral, oder über seine Meinung, daß Aufrichtigkeit sich selbst gegenüber ein wertvolles Ziel ist. Wenn er die Psychoanalyse eine erneute Erziehung nennt, so widerspricht Freud de facto seinem eigenen Ideal, das der Illusion unterliegt, Erziehung sei denkbar ohne zumindest stillschweigend vorausgesetzte Maßstäbe und Zielsetzungen.

Da also der Analytiker Werturteile hat, auch wenn er sich ihrer nicht bewußt sein mag, überzeugt seine vorgebliche Toleranz den Patienten nicht; der Patient fühlt die wirkliche Haltung des Analytikers, ohne daß sie ausdrücklich festgestellt wird. Er erkennt sie an der Art, wie der Analytiker etwas äußert, an den Zügen, die er als unerwünscht betrachtet oder nicht. Wenn der Analytiker z. B. der Ansicht ist, daß Schuldgefühle über Masturbation analysiert werden müssen, so besagt dies, daß er die Masturbation nicht als etwas »Schlechtes« ansieht und daß sie daher Schuldgefühle nicht rechtfertigt. Ein Analytiker, der eine Tendenz des Patienten als »Schmarotzern« bezeichnet, anstatt sie einfach als »Aufnahmebereitschaft« aufzufassen, verrät dem Patienten damit sein Urteil darüber.

Toleranz ist also ein Ideal, dem man sich nur annähern, das man aber nicht verwirklichen kann. Je sorgsamer der Analytiker in der Wahl seiner Worte ist, desto näher wird er ihm kommen. Aber ist Toleranz im Sinne des Vermeidens von Werturteilen ein erstrebenswertes Ideal? Die Antwort ist letzten Endes eine Sache der persönlichen Weltanschauung und der persönlichen Entscheidung. Meine eigene Ansicht ist, daß die Eliminierung von Werturteilen zu jenen Idealen gehört, die wir lieber überwinden statt kultivieren sollten. Eine unbegrenzte Verständnisbereitschaft für die inneren Notwendigkeiten, die den Neurotiker zwingen, moralische Vorwände, schmarotzerhafte Wünsche, Machtgelüste usw. zu entwickeln und aufrechtzuerhalten, hindert mich nicht, diese Haltungen als Negativwerte zu betrachten, die einem wirklichen Glück im Wege stehen. Ich vermute sogar, daß die Überzeugung, Haltungen wie diese müßten überwunden werden, für mich einen der Antriebe darstellt, sie völlig zu verstehen.

Im Hinblick auf den Wert dieses Ideals für die Therapie stelle ich die Frage, ob es die darauf gesetzten Erwartungen erfüllt[7]. Erwartet wird, daß die Toleranz des Analytikers die Furcht des Patienten, verurteilt zu werden, mildert und dadurch eine größere Freiheit des Denkens und Sagens bewirkt.

Obwohl so offenbar einleuchtend, ist diese Erwartung substanzlos, da sie die eigentliche Natur dieser Verdammungsfurcht des Patienten nicht in Betracht zieht. Der Patient befürchtet nicht, daß eine unangenehme Tendenz in ihm als minderwertig betrachtet, sondern daß seine Persönlichkeit als Ganzes wegen einer solchen Tendenz verurteilt würde. Auch fürchtet er, daß diese Verdammung unbarmherzig sein würde und nicht berücksichtigte, was ihn zur Entwicklung der unerwünschten Tendenz veranlaßte. Da er ferner eine Verurteilung wegen verschiedener spezieller Züge befürchtet, ist seine Furcht im ganzen undifferenziert. Seine Annahme, daß er für alles, was er tut, verurteilt würde, ist teilweise eine Folge seiner intensiven Menschenfurcht, teilweise erklärt es sich daraus, daß sein eigenes Wertsystem unausgeglichen ist. Er kennt weder seine wirklichen Werte noch seine wirklichen Mängel, die ersteren repräsentieren sich ihm in seinen illusorischen Ansprüchen auf Vollkommenheit und Einzigartigkeit, die letzteren werden verdrängt. Daher ist er völlig unsicher, über die Dinge, derentwegen er verurteilt

[7] Vgl. *Erich Fromm* a. a. O.

werden könnte; er weiß z. B. nicht, ob dies wegen durchaus berechtigter, ihn selbst betreffender Wünsche geschieht, oder wegen einer kritischen Haltung oder wegen einer sexuellen Phantasie. Angesichts dieser Natur der neurotischen Furcht kann es kaum einen Zweifel darüber geben, daß die behauptete Objektivität nicht nur ungeeignet ist, die Furcht zu lindern, sondern daß sie sie im Gegenteil vermehren muß. Wenn der Patient niemals der Haltung des Analytikers sicher sein kann, wenn er überdies gelegentlich Einwände vermutet, ohne daß sie zugegeben werden, muß seine Furcht vor einer möglichen Verurteilung stärker werden.

Wenn diese Befürchtungen gebannt werden sollen, müssen sie analysiert werden. Was zu ihrer Milderung beiträgt, ist das Wissen des Patienten, daß der Analytiker, wenn er auch gewisse Züge als unerwünscht betrachtet, ihn nicht im ganzen verurteilt. An die Stelle von Toleranz, oder vielmehr Pseudotoleranz, sollte eine positive Freundlichkeit treten, bei der die Erkenntnis gewisser Mängel nicht von der Fähigkeit zur Bewunderung guter Qualitäten und Möglichkeiten abhält. In der Therapie bedeutet das nicht, den Patienten dauernd auf die Schulter zu klopfen, sondern vielmehr eine Bereitschaft, an die guten und echten Elemente in einer Tendenz zu glauben, auch wenn man zugleich auf ihre fragwürdigen Seiten hinweist. Es ist z. B. wichtig, ausdrücklich zwischen den guten kritischen Fähigkeiten eines Patienten und dem schädlichen Gebrauch, den er von ihnen macht, zu unterscheiden, zwischen seinem Würdegefühl und seinem Hochmut, zwischen seiner echten Freundschaft – soweit eine solche besteht – und seinem Anspruch, ein besonders liebevoller und großmütiger Mensch zu sein.

Man könnte hier einwenden, daß dies alles keine Rolle spielt, weil der Patient den Analytiker nur durch die Brille der Gefühle sieht, die er jeweils hat. Es ist jedoch nicht zu vergessen, daß nur die eine Hälfte des Patienten den Analytiker als gefährliches Ungeheuer oder als höheres Wesen sieht. Gewiß können solche Empfindungen zeitweise vorherrschen, aber da ist stets noch die andere Hälfte vorhanden, die, wenn auch nicht immer bemerkbar, ihren klaren Wirklichkeitssinn bewahrt. In späteren Phasen der Analyse kann ein Patient sich völlig klar darüber sein, daß er dem Analytiker gegenüber auf zweierlei Weise empfindet. Er wird z. B. sagen: »Ich bin sicher, daß Sie mich gern haben und doch kommt es mir vor, als verabscheuten Sie mich.« Daher ist die Vertrautheit des Patienten mit der Haltung des Analytikers wichtig, nicht nur weil sie die Furcht vor Verurteilung lindert, sondern auch, damit er seine Projektionen als solche erkennen kann.

Die Geschichte der Psychiatrie zeigt, daß es bereits in Alt-Ägypten oder Griechenland zwei Auffassungen über psychische Störungen gegeben hat: eine medizinisch-wissenschaftliche und eine moralische. Ganz allgemein gesagt überwog meistens die Moral-Theorie. Es ist das Verdienst Freuds und auch seiner Zeitgenossen, der medizinischen Auffassung einen solchen Sieg erkämpft zu haben, daß er – wie mir scheint – niemals wieder ausgelöscht werden kann.

Dennoch sollte uns unser Wissen um Ursache und Wirkung bei seelischen Leiden nicht blind machen gegenüber der Tatsache, daß sie moralische Probleme in sich bergen. Der Neurotiker entwickelt oft besonders gute Eigenschaften, wie etwa Mitgefühl mit den Leiden anderer, Verständnis für ihre Konflikte, Loslösung von traditionellen Maßstäben, verfeinertes Empfinden für ästhetische und moralische Werte, aber er entwickelt auch gewisse Züge von zweifelhaftem Wert. Infolge der Befürchtungen, Feindseligkeiten, Schwächegefühle, die die Wurzel neurotischer Prozesse bilden und von diesen wiederum verstärkt werden, wird er notwendigerweise unaufrichtig, anmaßend, feige, egozentrisch. Der Umstand, daß er sich dieser Tendenzen nicht bewußt ist, ändert nichts daran, daß sie bestehen und – was den Therapeuten vor allem angeht – es bewahrt ihn nicht davor, daß er unter ihnen leidet.

Der Unterschied zwischen unserer heutigen Haltung und jener, die man in der Zeit vor der Psychoanalyse meist einnahm, ist der, daß wir diese Probleme nun in einer anderen Perspektive sehen. Wir haben eingesehen, daß der Neurotiker innerlich so wenig träge, verloren, habsüchtig oder eingebildet ist wie irgend jemand sonst, sondern daß die widrigen Umstände seiner Kindheit ihn gezwungen haben, ein ausgeklügeltes System von Verteidigungs- und Befriedigungsmaßnahmen auszuarbeiten, das die Entwicklung gewisser ungünstiger Tendenzen nach sich zog. Daher machen wir ihn nicht für diese Tendenzen verantwortlich. Mit anderen Worten, der Widerspruch zwischen den medizinischen und den moralischen Auffassungen über seelische Störungen ist nicht so unausgleichbar, wie es den Anschein hatte: die Moralprobleme sind ein integraler Bestandteil der Krankheit. Deshalb sollten wir es als einen Teil unserer ärztlichen Aufgabe betrachten, dem Patienten bei Klärung dieser Probleme zu helfen.

Daß die Rolle, die sie bei Neurosen tatsächlich spielen, in der Psychoanalyse nicht klar erkannt wird, liegt an gewissen theoretischen Vorurteilen, wie sie vor allem in der Libido-Theorie und dem »Über-Ich«-Begriff enthalten sind.

Die tatsächlich vorgebrachten Moralprobleme sind in der Regel pseudomoralischer Natur, denn sie hängen mit dem Bedürfnis des Patienten zusammen, in seinen eigenen Augen vollkommen und überlegen zu erscheinen. Daher besteht der erste Schritt darin, die moralischen Vorspiegelungen aufzudecken und ihre eigentliche Funktion für den Patienten zu erkennen.

Seine wirklichen moralischen Probleme ist der Patient dagegen ängstlich bemüht zu verbergen. Es ist kaum eine Übertreibung, wenn man sagt, daß er sie ängstlicher verbirgt als alles andere. Die perfektionistische und narzißtische Fassade ist gerade aus dem Grund unentbehrlich, weil sie als Schirm dient, jene Probleme dahinter zu verstecken. Aber der Patient muß dazu befähigt werden, ihren Charakter deutlich zu erkennen, denn auf eine andere Art kann er weder von der Qual eines Doppellebens noch von der daraus entstehenden Angst und den Hemmungen befreit werden. Aus diesem Grunde sollte der Analytiker moralische Erkenntnisse ebenso offen behandeln wie sexuelle Verirrungen. Der Patient kann zu ihnen nur Stellung nehmen, wenn er sie richtig ins Auge gefaßt hat.

Freud erkennt, daß die neurotischen Grundkonflikte letzten Endes durch den Entschluß des Patienten gelöst werden müssen. Hier ist gleichfalls die Frage, ob dieser Vorgang nicht geflissentlich gefördert werden sollte. Viele Patienten nehmen, wenn sie bestimmte Probleme einmal erkannt haben, spontan dazu Stellung. Wenn z. B. ein Patient das aus der besonderen Art seines Stolzes erwachsene Unheil erkennt, kann er ihn spontan als seinen »falschen Stolz« bezeichnen. Andere wieder sind zu sehr in ihren Konflikten befangen, um zu solchen Urteilen zu gelangen. In solchen Fällen erscheint es zweckmäßig, auf die Notwendigkeit einer schließlichen Entscheidung hinzuweisen. Wenn z. B. ein Patient einmal seiner Bewunderung für Menschen Ausdruck gibt, die skrupellos sich jedes verfügbaren Mittels bedienen, um Erfolg zu haben, und ein andermal behauptet, es läge ihm nichts am Erfolg, er sei lediglich am Gegenstand seiner Arbeit interessiert, so sollte der Analytiker nicht nur auf den hier vorliegenden Widerspruch aufmerksam machen, sondern auch darauf hinweisen, daß der Patient sich schließlich entscheiden müsse, was er nun tatsächlich wolle. Ich würde jedoch vorschnelle und oberflächliche Entscheidungen nicht begünstigen; wichtig ist, daß der Patient nachdrücklich dazu veranlaßt wird, zu analysieren, was ihn in eine der beiden Richtungen treibt und was er jeweils dabei zu gewinnen oder zu verlieren hat.

Wenn der Analytiker sich diese Einstellung bei der Therapie zu eigen machen soll, ist es in erster Linie erforderlich, daß seine Haltung dem Patienten gegenüber eine wirkliche und von innen heraus freundliche ist und daß er sich über seine eigenen Probleme völlig klar ist. Solange er selbst noch gewisse falsche Ansprüche hegt, muß er sie unweigerlich auch bei dem Patienten in Schutz nehmen. Nicht nur sollte die »Lehr-Analyse« des Analytikers ausgiebig und durchgreifend sein, er muß sich auch einer unaufhörlichen Selbstanalyse unterziehen. Wenn die Hauptaufgabe darin besteht, die derzeitigen Probleme des Patienten zu entwirren, so bleibt diese Selbsterkenntnis stets eine unentbehrliche Vorbedingung dafür, andere zu analysieren.

Ich möchte diese Bemerkungen über die psychoanalytische Therapie mit einer Betrachtung darüber beschließen, ob die gezeigten neuen Methoden einen Einfluß auf die Dauer der Analyse haben.

Die Dauer einer Analyse hängt (ebenso wie ihre Erfolgsaussicht) von einer Reihe von Umständen ab, wie dem Ausmaß der zugrundeliegenden Angst, dem Ausmaß der vorhandenen Zerstörungstendenzen, von dem Grade, bis zu dem der

Patient in der Phantasie lebt, dem Umfang und der Tiefe seiner Resignation u. dgl. Für eine provisorische Schätzung der voraussichtlichen Dauer kann man verschiedene Kriterien heranziehen. Die größte Aufmerksamkeit widme ich dabei dem Ausmaß der in der Vergangenheit oder Gegenwart in konstruktivem Sinne betätigten Energie, dem Vorhandensein positiver, realer Lebenswünsche, der Stärke der Gesamtstruktur. Wenn diese Faktoren günstig sind, so kann mit einem aktiven und direkten Angriff auf die eigentlichen Probleme viel erreicht werden. Ich möchte sagen, daß derartigen Menschen ohne eine systematische Analyse viel häufiger geholfen werden kann, als man gewöhnlich annimmt.

Was die chronischen Neurosen anlangt, so habe ich Umfang und Art der hier zu leistenden Arbeit im allgemeinen zu zeigen versucht. Ohne noch mehr ins Detail zu gehen, ist es unmöglich, ein Bild von ihrer Vielfältigkeit zu geben. Bei Ausmaß und Mühseligkeit der Arbeit ist es unmöglich, sie in Eile zu vollziehen. Freuds wiederholte Feststellung bleibt also wahr, daß die Möglichkeiten einer schnellen Heilung von Neurosen an der Schwere des Leidens zu bemessen sind.

Verschiedene Vorschläge sind für die Abkürzung des Prozesses gemacht worden, so die Festsetzung eines mehr oder weniger willkürlichen Zeitpunktes für die Beendigung der Analyse oder ihre Weiterführung mit Unterbrechungen. Solche Versuche, so wirksam sie auch manchmal sein mögen, halten nicht, was man sich von ihnen verspricht und können es auch unmöglich halten, weil sie die tatsächlich zu leistende Arbeit nicht berücksichtigen. Meiner Ansicht nach gibt es nur ein vernünftiges Mittel zur Abkürzung der Analyse: Zeitverschwendungen zu vermeiden.

Ich glaube, daß es kein kurzes und einfaches Rezept zum Erreichen dieses Zieles gibt. Wenn man einen Mechaniker fragt, wie er es fertigbringt, einen verborgenen Fehler in einer Maschine augenblicklich zu entdecken, so sagt er einem, daß seine gründliche Kenntnis der Maschine es ihm ermöglicht, aus der Beobachtung der sichtbaren Störung auf ihre wahrscheinliche Ursache zu schließen und daß er auf diese Weise mit dem Suchen in einer falschen Richtung keine Zeit verliert. Wir müssen uns darüber klar sein, daß trotz der in den letzten Jahrzehnten geleisteten Arbeit unsere Kenntnis der menschlichen Seele laienhaft ist im Vergleich zu der Kenntnis, die ein guter Techniker von der Maschine hat. Wahrscheinlich wird sie niemals so präzis sein wie diese. Aber die Erfahrung mit meinen eigenen Analysen wie auch mit denen, die ich beaufsichtigte, läßt mich annehmen, daß wir, je besser unser Verständnis für ein seelisches Problem ist, desto weniger Zeit verlieren, um zu einer Lösung zu gelangen. So mag die Hoffnung berechtigt sein, daß wir mit dem Fortschritt unserer Erkenntnis nicht nur den durch Analyse erreichbaren Problemkreis zu erweitern vermögen, sondern auch imstande sind, innerhalb einer vernünftigen Frist zur Lösung der Probleme zu gelangen.

Wann sollte eine Analyse beendet werden? Wieder ist hier die Warnung davor angebracht, eine leichte Lösung dadurch zu suchen, daß man sich auf äußere Anzeichen oder vereinzelte Kriterien verläßt, wie das Verschwinden grober Symptome, die Fähigkeit zum Sexualgenuß, die Veränderung in der Struktur der Träume oder dergleichen.

Im Grunde berührt die Frage wieder die persönliche Lebensanschauung. Beabsichtigen wir ein fertiges Ergebnis zu erzielen, bei dem alle Probleme ganz und gar gelöst sind? Wenn wir das für möglich halten, sehen wir es auch als wünschenswert an? Oder verstehen wir unter dem Leben einen Entwicklungsprozeß, der niemals endet und bis zum letzten Tag des Daseins nicht enden sollte? Wie ich im Verlauf dieses Buches gezeigt habe, glaube ich, daß eine Neurose die Entwicklung des Individuums dadurch aufhält, daß sie es in seinem Streben und in seinen Reaktionen starr macht und es in Konflikte verwickelt, die es nicht lösen kann. So meine ich, ist das Ziel der Analyse nicht, das Leben risikolos und konfliktlos zu machen, sondern den Menschen zu befähigen, seine Probleme selbst zu lösen.

Wann aber ist der Patient fähig, seine Entwicklung selbst in die Hand zu nehmen? Die Frage ist die gleiche wie die nach dem letzten Ziel der psychoanalytischen Therapie. Den Patienten von der Angst zu befreien, ist, glaube ich, nur ein Mittel zum Zweck. Der Zweck aber ist, ihm dazu zu verhelfen, seine Spontaneität wiederzugewinnen, seine Wertmaßstäbe in sich selbst zu finden, kurz: ihm den Mut zu sich selbst zu geben.

REGISTER

KINDLER TASCHENBÜCHER
GEIST UND PSYCHE

In GEIST UND PSYCHE erscheinen die Schriften namhafter Psychologen, Psychoanalytiker und Pädagogen.

* Einfachband:	DM 4,80; sfr. 6,30
** Zweifachband:	DM 6,80; sfr. 8,90
*** Dreifachband:	DM 7,80; sfr. 10,20
**** Vierfachband:	DM 9,80; sfr. 12,80
***** Fünffachband:	DM 11,80; sfr. 15,40

Alle Preisangaben sind unverbindlich